Geschichte im Rampenlicht

Medien der Geschichte

Herausgegeben von
Thorsten Logge, Andreas Körber und Thomas Weber

Band 3

Geschichte im Rampenlicht

Inszenierungen historischer Quellen im Theater

Herausgegeben von
Thorsten Logge, Eva Schöck-Quinteros
und Nils Steffen

DE GRUYTER
OLDENBOURG

ISBN 978-3-11-109006-1
e-ISBN (PDF) 978-3-11-066186-6
e-ISBN (EPUB) 978-3-11-065809-5
ISSN 2569-7633

Library of Congress Control Number: 2020945103

Bibliografische Information der Deutschen Nationalbibliothek
Die Deutsche Nationalbibliothek verzeichnet diese Publikation in der Deutschen Nationalbibliografie; detaillierte bibliografische Daten sind im Internet über http://dnb.dnb.de abrufbar.

© 2022 Walter de Gruyter GmbH, Berlin/Boston
Dieser Band ist text- und seitenidentisch mit der 2020 erschienenen gebundenen Ausgabe.
Umschlagabbildung: aerogondo/iStock/Getty Images Plus / Opening Scene of Mutter Courage und ihre Kinder (Ausschnitt), 1949, Deutsches Theater Berlin, Foto: Ruth Berlau, © by Ruth Berlau/Hoffmann
Druck und Bindung: CPI books GmbH, Leck

www.degruyter.com

Inhalt

Einleitung

Thorsten Logge, Eva Schöck-Quinteros, Nils Steffen
Geschichte und dokumentarisches Theater
    Einleitende Bemerkungen zur Inszenierung von Zeitzeugnissen —— 3

Teil I: **Performativität**

Freddie Rokem
Angels of History
    A Reconsideration of the Actor as a "Hyper-Historian" —— 27

Gangolf Hübinger
Geschichte und Hyper-Geschichte —— 49

Ulrike Jureit
Alles nur Theater?
    Zur Produktion kultureller Bedeutungen durch Kontextwechsel —— 63

Teil II: **Medialität**

Guido Isekenmeier
Zur Medialität des Geschichtstheaters —— 79

Thorsten Logge
Performative Historiographie
    Geschichtssorte „Zeitzeugnistheater" —— 99

Teil III: **Authentizität**

Achim Saupe
„War es wirklich so?"
    Zur Authentizität von Quellen —— 119

Nils Steffen
„Ich wusste nicht, dass es so war!"
    Authentizität im Zeitzeugnistheater —— 145

Teil IV: Inszenierungspraktiken

„In der kleinen Geschichte liegt die große Geschichte."
    Gespräch mit Peter Lüchinger von der *bremer shakespeare company* —— 167

„Wir schaffen durch die Zusammenarbeit eine Mehrdimensionalität."
    Gespräch mit Wolfgang G. Schmidt von der *Theaterwerkstatt Heidelberg* —— 185

Oliver Hermann, Erik Schäffler, Markus Voigt
Das Hamburger *Axensprung Theater*
    Berichte aus der Praxis —— 199

Die Autor*innen —— 225

Abbildungsverzeichnis —— 229

Literaturverzeichnis —— 231

Einleitung

Thorsten Logge, Eva Schöck-Quinteros, Nils Steffen
Geschichte und dokumentarisches Theater

Einleitende Bemerkungen zur Inszenierung von Zeitzeugnissen

> Als Dokumentartheater bezeichnet man ein Theaterformat, das nicht auf der Aufführung einer fiktiven Stückvorlage beruht, sondern tatsächliche historische oder aktuelle Begebenheiten inszeniert. Einer Aufführung gehen oft lange Phasen der Recherche zu einem Thema hinaus, weshalb der Begriff „Recherchetheater" mitunter synonym verwendet wird. Dokumente aller Art wie Reportagen, Reisen, Filme, aber auch Zeugenaussagen oder Akten dienen als Quellen.[1]

Dokumentarische Ansätze haben Tradition: Im deutschsprachigen Raum machen es sich Theaterschaffende seit rund 100 Jahren zum Ziel, vergangene oder gegenwärtige Wirklichkeiten im artifiziellen Rahmen des Theaters zu verhandeln. In diesen 100 Jahren hat eine Vielzahl von Theaterschaffenden die Möglichkeiten mit Medialität, Performativität und Authentizität der Dokumente und Inszenierungen sondiert und erprobt – und damit stetig neue Varianten des Umgangs mit Geschichte auf der Theaterbühne entwickelt. Im Mittelpunkt steht das Dokument, das Zeitzeugnis, die historische Quelle sowie eine politisch-aufklärerische Intention. Es mag daher überraschen, dass Formen des dokumentarischen Theaters zwar stets ein Arbeitsgebiet der Theaterwissenschaft waren, die Geschichtswissenschaft hingegen das Theater als historiographischen Raum bislang weitgehend ignorierte, obwohl hier aktiv mit historischen Quellen gearbeitet wird.[2]

---

1 Definition Dokumentartheater, Nachtkritik.de. https://nachtkritik.de/index.php?option=com_seoglossary&view=glossary&catid=78&id=567&Itemid=67# (14.8.2020)
2 Siehe grundlegend zum dokumentarischen Theater: Barton, Brian: Das Dokumentartheater. Stuttgart 1987; Bachmann, Michael: Dokumentartheater/Dokumentardrama. In: Handbuch Drama. Theorie, Analyse, Geschichte. Hrsg. von Peter W. Marx. Stuttgart 2012. S. 305–310; Bottoms, Stephen: Putting the Document into Documentary. An Unwelcome Corrective? In: The Drama Review 50 (2006). S. 56–68; Forsyth, Alyson u. Chris Megson (Hrsg.): Get Real. Documentary Theatre Past and Present. Basingstoke [u.a.] 2009 (Performance interventions); Hilzinger, Klaus H.: Die Dramaturgie des dokumentarischen Theaters. Tübingen 1976 (Untersuchungen zur deutschen Literaturgeschichte 15); Irmer, Thomas: A Search for New Realities. Documentary Theatre in Germany. In: The Drama Review 50 (2006). S. 16–28; Marschall, Brigitte: Politisches Theater nach 1950. Wien [u.a.] 2010; Nikitin, Boris, Carena Schlewitt u. Tobias Brenk (Hrsg.): Dokument, Fälschung, Wirklichkeit. Materialband zum zeitgenössischen Dokumentarischen Theater. Berlin 2014 (Theater der Zeit 110); Otto, Ulf u. Jens Roselt (Hrsg.): Theater als Zeitmaschine. Zur performativen Praxis des Reenactments. Theater- und kulturwissenschaftliche Perspektiven. Bielefeld 2012 (Theater 45); Schneider, Rebecca: Performing Remains. Art and War in Times of Theatrical Reenactment. London [u.a.] 2011.

https://doi.org/10.1515/9783110661866-001

Dieser Band verfolgt daher zwei zentrale Ziele: Er möchte zum einen das dokumentarische Theater aus geschichts- und kulturwissenschaftlicher Perspektive untersuchen und zum anderen Wissenschaftler*innen und Theaterschaffende zusammenbringen, die damit wechselseitig ihre Fragestellungen, Positionen und Herangehensweisen kennenlernen und diskutieren können.

Das Politische im Dokumentarischen

Es lassen sich drei historische Impulse identifizieren, die die Entwicklung der dokumentarischen Konzepte – nicht nur im Theater[3] – befördert haben: die Folgen des Ersten Weltkriegs in den 1920er Jahren, die Auseinandersetzung mit dem Erbe des Zweiten Weltkriegs seit den 1960er Jahren und das gesteigerte gesellschaftliche und mediale Interesse an der Geschichte seit spätestens den 1990er Jahren. Diese dokumentarischen Wellen würden immer in Zeiten entstehen, so Brian Barton 1987, „in denen bestimmte soziale und politische Fragen der Zeit als zu dringend, zu komplex oder zu überwältigend empfunden werden, um mit fiktiven Handlungen und Figuren behandelt zu werden. Künstlerische Wahrheit muß dann durch den konkreten dokumentarischen Beleg beglaubigt werden."[4]

Nach dem Ersten Weltkrieg entwickelten Erwin Piscator und Bertold Brecht erste Konzepte für ein dokumentarisches Theater. Beide verband der Anspruch, die gesellschaftlichen und sozialen Probleme, Herausforderungen und Hoffnungen der Zeit auf der Theaterbühne zu verhandeln. Das Epische Theater Brechts war ein wirkungsmächtiger Nukleus für die Ausbildung des dokumentarischen Theaters der 1960er Jahre, auch wenn es selbst noch keines war. Brechts Ziel war es, ein Theater für das „wissenschaftliche Zeitalter" zu schaffen: Während die Menschen die Natur weitgehend verstünden und beherrschten, bliebe für viele das soziale Miteinander, die zwischenmenschlichen Beziehungen, undurchschaubar und unkontrollierbar, weshalb der technische Fortschritt das Leben nicht verbessere, sondern durch neue Mittel der Vernichtung bedrohe.[5] Hinter dieser Haltung stecken nicht nur die Erfahrungen des Ersten Weltkriegs und ihre Folgen für das Alltagsleben der Menschen, sondern auch die Nähe Brechts zum

---

[3] Dokumentarische Ansätze finden sich auch in der Literatur. Siehe Porombka, Stephan: Really Ground Zero. Die Wiederkehr des Dokumentarischen. In: Literatur der Jahrtausendwende. Themen, Schreibverfahren und Buchmarkt um 2000. Hrsg. von Evi Zemanek u. Susanne Krones. Bielefeld 2008 (Lettre). S. 267–280.
[4] Barton, Dokumentartheater (wie Anm. 2), S. 2.
[5] Kittstein, Ulrich: Episches Theater. In: Marx, Handbuch Drama (wie Anm. 1), S. 296–304. S. 298 f.

Marxismus und zur Politik der deutschen Arbeiter*innenbewegung. Theater sollte Belehrung, Aufklärung und lebensweltliche Orientierung leisten.[6] Insbesondere wenn die sozialen Probleme der Zeit verhandelt werden, wie in der *Dreigroschenoper* (1928) oder in *Mutter Courage und ihre Kinder* (1939), versuchte Brecht, durch künstlerische Eingriffe wie Verfremdungseffekte und Unterbrechungen eine distanzierte Reflexion bei den Zuschauer*innen anzuregen. Verfremdung entsteht für Brecht beispielsweise durch kritische Distanz, die durch die Historisierung der inszenierten Zustände und Ereignisse erzeugt wird. Die Zuschauer*innen werden dazu befähigt, in ihre eigene Lebenswelt einzugreifen und diese umzugestalten.[7]

Auch Erwin Piscators „politische Revuen" der 1920er Jahre trugen maßgeblich zur Ausbildung des dokumentarischen Theaters bei: Um politische, gesellschaftliche und ökonomische Hintergründe der dramatischen Vorgänge darzustellen, griff er auf zeithistorische Dokumente, Chöre, Projektionen, Filme und andere technische Hilfsmittel zurück. Als wirkmächtiger Regisseur seiner Zeit versuchte er so, die Abhängigkeit der Figuren von übergreifenden Faktoren herauszuarbeiten.[8] In seinem 1929 veröffentlichten Band *Das Politische Theater* sieht er die Wurzeln dieser Art des Theaters nicht nur in der „sozialen Umschichtung von 1918"[9], sondern in den Entwicklungen der Literatur und der gesellschaftlichen Lage des Proletariats seit Ende des 19. Jahrhunderts.

Es ist keine Überraschung, dass der Ost-Berliner *Henschelverlag Kunst und Gesellschaft* 1968 die Erstausgabe von Piscators politischem Theater erneut veröffentlichte. Der Verlag zählte mit Peter Weiss und Heiner Müller auch zwei der wichtigsten deutschen Dramatiker zu seinen Autoren. Insbesondere Weiss gilt als herausragende Kraft des dokumentarischen Theaters der 1960er Jahre, das getrieben von dem Aufklärungswillen der Nachkriegsgeneration versuchte, Ereignis und Erbe des Nationalsozialismus auf der Bühne zu verhandeln. Die Theaterschaffenden der 1960er Jahre griffen in vielerlei Hinsicht auf die Ansätze der

---

6 Kittstein, Episches Theater (wie Anm. 5), S. 299. Brecht führt dies in seinem Essay *Die Straßenszene* aus. Brecht, Bertolt: Die Straßenszene (1938). In: Bertolt Brecht. Gesammelte Werke. Bd. 16: Schriften zum Theater 2. Frankfurt am Main 1967. S. 546–558.
7 Eine didaktische Sonderform des epischen Theaters bilden die sogenannten Lehrstücke Brechts, die am Ende der 1920er Jahre entstanden. Sie verzichten auf jede Form einer Realitätsillusion und bringen stattdessen stilisierte Modelle menschlichen Verhaltens und sozialer Konflikte auf die Bühne. Die Komplexitätsreduktion dient auch dem kollektiven Lernen der Schauspieler*innen, bei denen Brecht vor allem an Laien und insbesondere Schüler*innen dachte. Steinweg, Reiner: Das Lehrstück. Brechts Theorie einer politisch-ästhetischen Erziehung. 2. Aufl. Stuttgart 1976.
8 Kittstein, Episches Theater (wie Anm. 5), S. 297.
9 Piscator, Erwin: Das Politische Theater. Berlin 1968.

1920er Jahre zurück, wie die Theaterwissenschaftlerin Brigitte Marschall pointiert zusammenfasst:

> „Kunst in das Leben zu überführen, die Grenze von Bühnenraum und Zuschauerraum aufzuheben, Nähe anstelle von Distanz, Aktivierung des Zuschauers waren die programmatischen Inhalte des politischen, dokumentarischen Theaters der 1960er Jahre. Im Wissen um die Verbrechen und Massenmorde im Holocaust sollte das Theater als Instrument der Aufklärung dienen, Verdrängtes sichtbar und erfahrbar machen."[10]

Piscator selbst war es, der Anfang der 1960er Jahre als Intendant an der Freien Volksbühne in West-Berlin Aufsehen erregende Inszenierungen auf die Bühne brachte. Besonders hervorzuheben sind *Der Stellvertreter* von Rolf Hochhuth (1963), eine dokumentarische Auseinandersetzung mit der Rolle des Papstes in der Zeit des Holocausts, sowie *Die Ermittlung* von Peter Weiss (1965), in der die Protokolle des ersten Frankfurter Auschwitz-Prozesses aufgearbeitet wurden. Die dokumentarischen Ansätze beider Inszenierungen wichen stark voneinander ab. Beide Stücke einte hingegen die politisch-moralische Frage nach Verantwortung und Schuld des Individuums in der Diktatur. Sie führten in Deutschland, aber auch international zu breiten geschichtspolitischen Auseinandersetzungen.[11]

Im dokumentarischen Theater der 1960er Jahre war nicht der dokumentarische Ansatz ausschlaggebend, auch wenn dieser genreprägend war und ist, sondern die Re-Politisierung des Theaters auf Grundlage von Wirklichkeitsfragmenten. Diese Arbeitsweise und die Haltung dahinter fasste Peter Weiss 1968 in seinen *Notizen zum Dokumentarischen Theater* zusammen: „Die Stärke des dokumentarischen Theaters liegt darin, dass es aus den Fragmenten der Wirklichkeit ein verwendbares Muster, ein Modell der aktuellen Vorgänge, zusammenzustellen vermag. Es befindet sich nicht im Zentrum des Ereignisses, sondern nimmt die Stellung des Beobachtenden und Analysierenden ein."[12]

Das dokumentarische Theater der 1960er Jahre blieb keineswegs frei von Kritik. Kunst könne nicht Wirklichkeit abbilden, so das Credo der Kritiker. Martin Walser formulierte 1976 besonders scharf: „Dokumentartheater ist Illusionstheater, täuscht Wirklichkeit vor mit dem Material der Kunst."[13] Dahinter steckt

---

10 Marschall, Politisches Theater (wie Anm. 1), S. 111.
11 Wannemacher, Klaus: Der Amnesie des Publikums begegnen. Nachkriegstheater als Inkubator des „Aufarbeitungs"-Diskurses. In: Erfolgsgeschichte Bundesrepublik? Die Nachkriegsgesellschaft im langen Schatten des Nationalsozialismus. Hrsg. von Stephan A. Glienke, Volker Paulmann u. Joachim Perels. Göttingen 2008. S. 263–291.
12 Peter Weiss, Notizen zum Dokumentarischen Theater (1968). In: Ders.: Rapporte 2. Frankfurt am Main 1971. S. 91–104. S. 97.
13 Walser, Martin: Tagtraum vom Theater. In: Theater heute 11 (1976). S. 22.

die Frage, ob Theater überhaupt ein Ort gesellschaftlicher Veränderung in jenen bewegten Zeiten sein kann oder ob es in seiner formalisierten Kunstform nur einen Reflexionsraum schafft. „Das Theater", so Peter Handke 1969, „formalisiert jede Bewegung, jede Bedeutungslosigkeit, jedes Wort, jedes Schweigen: es taugt nichts zu Lösungsvorschlägen, höchstens für ein Spiel mit Widersprüchen."[14] Die Schärfe der Kritik resultierte auch aus den Selbstansprüchen des dokumentarischen Theaters. Es wollte zwar nicht – wie noch in den 1920er Jahren – agitatorisch wirken und sich aktiv in den politischen Kampf einmischen. Wohl aber wollte das Theater operativ wirken, als Motor und Medium der Aufklärung und der Bewusstseinsveränderung.[15]

Die dritte dokumentarische Welle seit den 1990er Jahren hat sich wiederum verändert, sie ist weder agitatorisch noch operativ. Der Literatur- und Kulturwissenschaftler Stephan Porombka stellt für die dritte Welle in Bezug auf die Literatur fest, dass ihr „die politische Sicherheit abhanden gekommen" ist:

> „Sie zeigt sich von dem, was gerade jetzt passiert, eher irritiert. [...] Die dokumentarische Literatur der Gegenwart versucht deshalb die Wirklichkeit entweder zu ertasten oder Verfahren ihrer Herstellung experimentell in Gang zu setzen, um von dort aus die strukturellen Mechanismen der kulturellen Produktion von Wirklichkeit zu verstehen."[16]

Dieser Befund lässt sich auf das dokumentarische Theater übertragen: Insbesondere der Rückgriff auf die Vergangenheit wird zu einer Suche nach den damaligen Wirklichkeiten und ihren Bedeutungen für Gegenwart und Zukunft. Die Suche – Recherche, Sondierung von Möglichkeiten, Vielfalt von Stimmen, Ringen um „wahr" oder „falsch" – steht über einer politischen Aussage oder Haltung. Hier „tritt [...] der Glaube an die Kraft von Fakten und eine direkte politische Wirkung zurück zugunsten einer Reflexion der medialen Bedingungen des ‚Dokumentarischen' und der Inszenierung von Wirklichkeit".[17] Es geht in den meisten Inszenierungen nicht mehr darum, etwas aufzudecken, sondern bekannte Narrative zu hinterfragen und im übertragenen Sinne den Blick hinter die Kulissen zu ermöglichen.

Die Entwicklung der letzten Jahrzehnte verlief keineswegs einheitlich. Michael Bachmann schreibt von einer „Diffusion des ‚Dokumentarischen'"[18], die

---

14 Handke, Peter: Straßentheater und Theatertheater. In: Ders.: Prosa, Gedichte, Theaterstücke, Hörspiel, Aufsätze. Frankfurt am Main 1969. S. 303–307. S. 305.
15 Porombka, Really Ground Zero (wie Anm. 3), S. 279.
16 Porombka, Really Ground Zero (wie Anm. 3), S. 279f.
17 Bachmann, Dokumentartheater (wie Anm. 2), S. 309.
18 Bachmann, Dokumentartheater (wie Anm. 2), S. 309.

sich seit den späten 1990er Jahren entwickelt hat. Impulsgeber für die deutschsprachige Entwicklung war und ist das 1982 in Gießen gegründete Institut für Angewandte Theaterwissenschaften, das durch die maßgeblichen Theoretiker des postdramatischen Theaters Andrzej Wirth und Hans-Thies Lehmann geprägt wurde. Zu ihren Absolvent*innen gehören einige der wichtigsten Theaterschaffenden, die gegenwärtig mit dokumentarischen Ansätzen arbeiten, darunter Helgard Haug und Daniel Wetzel von *Rimini Protokoll*, das Performance-Kollektiv *She She Pop*, Hans-Werner Kroesinger und René Pollesch. Ihnen ist gemein, dass sie die medialen und performativen Möglichkeiten des postdramatischen Theaters ausloten. Parallel dazu hat sich ein Ansatz etabliert, der gezielt die historischen Quellen in den Mittelpunkt der Inszenierungen stellt und neben einer politischen Diskursfunktion auch eine erinnerungskulturelle Funktion bedient. In ihren Beiträgen schlagen Thorsten Logge und Nils Steffen vor, diesen offenen Ansatz als Zeitzeugnistheater zu definieren. Das Zeitzeugnistheater gehört neben Formaten wie Reenactment,[19] Museumstheater, Zeitzeug*innen-Diskussionen oder Erklärvideos auf YouTube in eine Reihe performativer Angebote, die Geschichte „erlebbar" machen wollen. Sie sind nicht nur Teil eines generellen „Geschichtsbooms" seit den 1970er Jahren[20], sondern entstehen zum Teil auch als Reaktion auf das in den vergangenen beiden Jahrzehnten zunehmend beklagte „Verschwinden" der Zeitzeug*innen.[21]

---

19 Eine Abgrenzung zwischen Zeitzeugnistheater und Reenactment ist noch ein Desiderat, auf das dieser Band nicht eingeht. Die Übergänge zwischen beiden Formaten sind fließend. In der Theaterwissenschaft ist der Begriff des Reenactments als Form der Performance, in der Personen oder materielle Hinterlassenschaften verkörpert werden, etabliert. Schneider, Performing Remains (wie Anm. 2); Engelke, Heike: Geschichte wiederholen. Strategien des Reenactment in der Gegenwartskunst. Omer Fast, Andrea Geyer und Rod Dickinson. Bielefeld 2017 (Image 118).
20 Lücke, Martin u. Irmgard Zündorf: Einführung in die Public History. Göttingen 2018. S. 13 f.
21 Skriebeleit, Jörg: Das Verschwinden der Zeitzeugen. Metapher eines Übergangs. In: Zeitzeugenberichte zur Kultur und Geschichte der Deutschen im östlichen Europa im 20. Jahrhundert. Neue Forschungen. Hrsg. von Heinke M. Kalinke. Oldenburg 2011/2012. https://www.bkge.de/Downloads/Zeitzeugenberichte/Skriebeleit_Verschwinden_der_Zeitzeugen.pdf?m=1427270921& (10.8.2020).

Überall Geschichte(n)

Der *performative turn* hat seit den frühen 2000er Jahren auch in der Geschichtswissenschaft den Blick geweitet für die Bedeutung kommunikativen Handelns.[22] Geschichte ist eine besondere Form gesellschaftlicher Kommunikation, die über den Vergangenheitsbezug Gegenwartsorientierung ermöglicht sowie gesellschaftliche Entscheidungen informiert und begründen hilft. Der „Geschichtsboom" seit den 1970er Jahren brachte dabei zunehmend diverse, auch popkulturelle Formen von Geschichte in den gesellschaftlichen Diskurs ein. Als Auftakt wird häufig die 1978 in den USA, ein Jahr später auch in der Bundesrepublik und Österreich ausgestrahlte Fernsehserie *Holocaust – Die Geschichte der Familie Weiss* von Marvin J. Chomsky[23] genannt. Auch neuartige und außerordentlich erfolgreiche Geschichtsausstellungen gehören dazu, wie die 1971 in Berlin eröffnete Ausstellung *1871 – Fragen an die deutsche Geschichte*[24] oder die zahlreichen dokumentarischen Fernsehformate, die von der Redaktion Zeitgeschichte des ZDF unter der Leitung von Guido Knopp ab 1984 produziert und ausgestrahlt wurden. Seit den 1990er Jahren breiten sich auch geschichtsjournalistische Printformate stärker aus, sodass sich heute neben dem bereits 1969 gegründeten Magazin Damals zahlreiche weitere, inzwischen zum Teil auch crossmedial erweiternde Printprodukte wie Spiegel Geschichte, Geo Epoche oder Zeit Geschichte mit historischen Themen befassen.[25] Die unverändert hohe Nachfrage nach Geschichte als Unterhaltung und Erlebnis lässt immer neue mediale Formate entstehen. Geschichte ist auch in *Augmented* und *Virtual Realities* wichtig und findet den Weg auf die *mobile devices*[26] und in die sozialen Medien wie YouTube.[27] Selbst das

---

[22] Martschukat, Jürgen u. Steffen Patzold (Hrsg.): Geschichtswissenschaft und „performative turn". Ritual, Inszenierung und Performanz vom Mittelalter bis zur Neuzeit. Köln [u. a.] 2003 (Norm und Struktur. Studien zum sozialen Wandel in Mittelalter und früher Neuzeit 19).
[23] Bösch, Frank: Zeitenwende 1979. Als die Welt von heute begann. München 2019. S. 363–395.
[24] Kühne, Jonas, Tobias von Borcke u. Aya Zarfati: 1871 – Fragen an die deutsche Geschichte. In: Museumskrise und Ausstellungserfolg. Die Entwicklung der Geschichtsausstellung in den Siebzigern. Hrsg. von Schulze, Mario, Anke te Heesen u. Vincent Dold. Berlin 2015. S. 18–33.
[25] Lücke/Zündorf, Einführung (wie Anm. 20), S. 98.
[26] Beispiele hierfür sind etwa der kommerzielle VR-Geschichts-Anbieter *TimeRide*, der inzwischen in Köln, Dresden, München, Berlin und Frankfurt vertreten ist – https://timeride.de/ (6.8.2020) – oder die mehr der historisch-politischen Bildung zuzuordnende und mit dem Grimme Online Award 2020 nominierte App *WDR AR 1933–1945* – https://www1.wdr.de/fernsehen/unterwegs-im-westen/ar-app/index.html (6.8.2020).
[27] Bunnenberg, Christian u. Nils Steffen (Hrsg.): Geschichte auf YouTube. Neue Herausforderungen für Geschichtsvermittlung und historische Bildung. Berlin [u. a.] 2019. (Medien der Geschichte 2).

bereits im 19. Jahrhundert populäre Geschichtspanorama wurde in Deutschland seit den 2000er Jahren durch Yadegar Asisis Arbeiten erfolgreich wiederbelebt.[28] Der Markt für Geschichte ist heute in einem hohen Maße diversifiziert und reicht von der nach wie vor textlastigen akademischen Historiographie bis zu Serienformaten wie *The Man in the High Castle* (2015–2019) oder *Hunters* (seit 2020) sowie digitalen Geschichtsspielen wie die Reihe *Assassin's Creed* (seit 2007). Kurz: Geschichte steht schon lange im Rampenlicht – nicht nur, aber auch im Theater.

Mit der Inszenierung historischer Quellen wandelte sich das Theater von einem Ort der kontemplativen, künstlerisch-ästhetischen Absonderung von der Wirklichkeit zu einem Ort der Aufklärung und Aufarbeitung, in den im Westdeutschland der Nachkriegszeit die Wirklichkeit vor allem in Form der unverarbeiteten, verdrängten und zurückgehaltenen unmittelbaren Zeitgeschichte geradezu hineinbrach. In diesem Sinne war das dokumentarische Theater der 1960er Jahre auch eine Form des Protests. Heute sind weder Dokumentar- noch Zeitzeugnistheater Protestveranstaltungen. Theaterprojekte, die Geschichte auf die Bühne bringen, werden ausgezeichnet und auch von institutioneller Seite häufiger als Vermittlungsformat in der historisch-politischen Bildung oder als Transferaktivitäten für geisteswissenschaftliche Forschungsprojekte genutzt.

Die Inszenierung historischer Quellen auf der Bühne hat sich als eine spezifische mediale Form etabliert, Geschichte in der Öffentlichkeit zu präsentieren und zu verhandeln. Eine forschende Annäherung an die hier vollzogenen Praktiken ermöglicht es, den Prozess dieser Geschichtsproduktion zielgerichtet zu untersuchen unter der Leitfrage, wie Geschichte gemacht wird, wie die überlieferten Spuren der Vergangenheit Eingang finden in die dargestellte(n) Geschichte(n). Über die Beschäftigung mit einer bestimmten Form des Geschichtemachens wird schließlich auch der Einstieg ermöglicht in eine vergleichende Analyse unterschiedlicher textueller und nicht primär textueller, in der Regel crossmedialer Geschichtssorten wie Geschichtsausstellungen, digitale Geschichtsspiele, Geschichte in Film und Fernsehen, geschichtsjournalistische Formate, historische Stadtführungen oder Reenactments. Das Erzählen über Vergangenheit kennt schließlich viele unterschiedliche Formen und Formate, zu denen selbstverständlich auch die akademische Historiographie gehört, die zwar als wissenschaftlich fundierte Geschichte sehr anerkannt ist, aber bei weitem nicht die größten Reichweiten generiert.

Der Herausforderung, sich mit den zahlreichen Formen und Formaten von Geschichte ernsthaft zu beschäftigen, sollte sich die Geschichtswissenschaft dringend stellen, wenn sie im 21. Jahrhundert nicht in die Bedeutungslosigkeit

---

28 Zu den Geschichtspanoramen von Yadegar Asisi siehe https://www.asisi.de/ (6.8.2020).

abrutschen möchte.²⁹ Der Erstkontakt mit Geschichte findet in der Regel nicht über geschichtswissenschaftliche Monographien oder Sammelbände statt, sondern über Comics, Filme, Fernsehserien, digitale Geschichtsspiele und vielleicht noch über Ausstellungen, Museen oder eben im Theater. Schüler*innen werden – sofern noch genuiner Geschichtsunterricht in der Schule stattfindet – mit diesen Formaten abgeholt; Lehrer*innen nutzen sie zudem, um ihren Schüler*innen einen Einstieg in ein Thema zu ermöglichen oder um im Unterricht behandelte Inhalte noch einmal unter neuen Perspektivierungen zu veranschaulichen. Geschichte gehört zur Unterhaltungs- und Freizeitkultur und das Interesse daran, Geschichte zu „erleben", erlaubt es auch spezialisierten kommerziellen Anbieter*innen, sich auf den unterschiedlichen Geschichtsmärkten zu betätigen. Hier finden auch Absolvent*innen geschichtswissenschaftlicher Studiengänge eine Anstellung oder selbständige Beschäftigung. Universitäten oder historische Forschungsinstitute hingegen verfügen nicht über genügend Stellen, um den Absolvent*innen geschichtswissenschaftlicher Studiengänge eine gesicherte und attraktive Anstellung anzubieten. Die Geschichtswissenschaft wäre gut beraten, die Kolleg*innen nicht abzuschreiben, wenn sie die Akademie verlassen: Fast überall, wo nicht-akademische Geschichte hergestellt und angeboten wird, sind auch Historiker*innen beteiligt. Mit ihnen müsste die Geschichtswissenschaft eher mehr als weniger den Austausch suchen – vielleicht lässt sich hier ja auch noch etwas lernen: Die außerhalb der Universität hergestellte Geschichte ist durchaus erfolgreich und wird aktiv nachgefragt. Die im Kreis der Historiker*innen häufig beobachtete Geringschätzung vor allem populärer und popkultureller Formate ändert jedenfalls nichts an deren Existenz und Wirksamkeit.

Tagung *Geschichte im Rampenlicht* 2017

Ausgehend von dem Phänomen eines zunehmend nachgefragten Dokumentar- und Zeitzeugnistheaters, das bislang von der Public History und der Geschichtswissenschaft noch nicht systematisch untersucht wurde, sowie anlässlich des zehnjährigen Jubiläums des Bremer Projekts *Aus den Akten auf die Bühne* fand im Herbst 2017 die Tagung *Geschichte im Rampenlicht. Inszenierungen historischer Quellen im Theater* in Bremen statt.³⁰ Sie verstand sich als ein erster

---

29 Arendes, Cord [u. a.]: Geschichtswissenschaft im 21. Jahrhundert. Interventionen zu aktuellen Debatten. Berlin 2020.
30 Wir danken der *Hamburger Stiftung zur Förderung von Wissenschaft und Kultur*, der Stiftung *die schwelle. Beiträge zum Frieden*, der *Stiftung Bremer Wertpapierbörse*, der *Manfred und Ursula Fluß-Stiftung*, der *Karin und Heinz-Otto Peitgen-Stiftung*, der *Karin und Uwe Hollweg Stiftung*, der

Versuch, sich mit der Inszenierung historischer Quellen im Theater sowohl analytisch als auch interdisziplinär auseinanderzusetzen. Was passiert auf der Bühne und mit den Zuschauer*innen, wenn historische Quellen aufgeführt und durch die Schauspieler*innen „live geschrieben" werden? Wie und warum wirkt diese Form der Quellenvermittlung „authentisch"? Welche Rolle spielen Raum, Ort und Modus der Aufführung oder: Wie funktioniert das Medium „Geschichtstheater" insgesamt? Im Mittelpunkt der Tagung standen Performativität und Medialität von Geschichte im öffentlichen Raum, die hier an einem konkreten Beispiel exemplarisch diskutiert werden sollten.

Wir haben für diese Tagung den universitären Raum bewusst verlassen: Veranstaltungsort war das Theater am Leibnizplatz, in dem die *bremer shakespeare company* ihren Sitz hat. Drei szenische Lesungen wurden in das Tagungsprogramm integriert: *„Im Lager hat man auch mich zum Verbrecher gemacht." – Margarete Ries: Vom „asozialen" Häftling in Ravensbrück zum Kapo in Auschwitz* der *bremer shakespeare company*, die im Bremer *Haus des Reichs*, dem damaligen Sitz der US-Militärregierung und somit am Ort des historischen Geschehens aufgeführt wurde, und zwei Inszenierungen der *bremer shakespeare company* und der *Theaterwerkstatt Heidelberg* unter dem Titel *Geflüchtet, unerwünscht, abgeschoben. „Lästige Ausländer" in der Weimarer Republik*. Es war uns wichtig, den Teilnehmer*innen der Tagung das gemeinsame Erlebnis dieser Aufführungen am „authentischen" Aufführungsort des Theaters zu ermöglichen, um exemplarisch spezifische Formen der Remediation von Geschichte zu analysieren. Die drei Aufführungen waren also Anlass für die Diskussionen vor Ort, dienen aber auch in vielen Beiträgen dieses Bandes als Beispiele.

Zugleich haben wir ein partizipatorisches Format für den Ablauf der Tagung ausprobiert. Abgesehen von den Keynotes zur Performativität von Freddie Rokem und zur Medialität von Guido Isekenmeier wurden keine fertigen wissenschaftlichen Vorträge zur Aufführung gebracht, sondern über kurze Impulse das unmittelbare Gespräch mit den Teilnehmenden in einzelnen Panels gesucht.[31] Unsere Hoffnung, dass sich aus diesen Gesprächen kollaborative Schreibprojekte entwickeln könnten, in denen unsere Expert*innen gemeinsam mit allen Teil-

---

Sparkasse Bremen und dem *Alumni der Universität Bremen e. V.* für die großzügige Förderung und Unterstützung der Tagung. Den damaligen studentischen Hilfskräften Benjamin Roers und Hannah Rentschler danken wir für die helfenden Hände auf allen Ebenen. Ein besonderer Dank geht an die *bremer shakespeare company* für die Bereitstellung der Räume in ihrem Theater am Leibnizplatz.

31 Sachs, Christina, Annika Bärwald: Tagungsbericht. Geschichte im Rampenlicht. Inszenierungen historischer Quellen im Theater. www.hsozkult.de/conferencereport/id/tagungsberichte-7521 (12. 8. 2020).

nehmer*innen ihre gemeinsame Arbeit schriftlich niederlegen, hat sich leider nicht erfüllt. Die Beiträge dieses Bandes wurden nach der Tagung geschrieben und so konnten einige Impulse aus den Gesprächen mit den Teilnehmer*innen in die Ausführungen eingehen. Leider sind einige Panel-Speaker im Anschluss an die Tagung aus unterschiedlichen Gründen nicht mehr dazu gekommen, ihre Eindrücke zu verschriftlichen. Dafür ermöglicht uns das offene Konzept, nachträglich noch einen Praxisbericht des Hamburger *Axensprung Theaters* in den Band aufzunehmen und damit eine weitere Perspektive aus dem Feld der Theaterschaffenden anbieten zu können.

Auf der Tagung haben wir drei zentrale Ebenen oder Dimensionen identifiziert, die für das Dokumentar- und Zeitzeugnistheater von herausragender Bedeutung sind:

- *Performativität* – über die einerseits die Aufführung und die Aufführenden in den Blick geraten, darüber hinaus aber die historiographische Praxis selbst, deren Konstruktionsleistung nicht allein im Bericht vom vergangenen Geschehen besteht, sondern über die narrative Fassung die Ereignisse erst schafft, von denen sie vermeintlich nur berichtet. *Performing History* soll dabei in der doppelten Wortbedeutung des Ausführens *und* Aufführens verstanden werden, womit auch die Möglichkeit einer grundsätzlichen Übertragbarkeit des Konzepts auf andere Formen und Praktiken des Geschichtemachens angesprochen ist.
- *Medialität* – hierzu gehört die spezifische Medialität der zum Einsatz kommenden Dokumente und Zeitzeugnisse, die Medialität der Aufführung und des Theaters sowie der Schauspieler*innen, aber auch die Medialität des Dokumentartheaters insgesamt. Sie geht über das Theater hinaus und umfasst eine ganze Reihe von kommunikativen Strategien und Praktiken, die sich insbesondere um die indexikalische Funktion der zum Einsatz kommenden Dokumente entfalten und primär auf die Herstellung, Bekräftigung und Beglaubigung ihrer Authentizität zielen.
- *Authentizität* – das Dokumentartheater lebt vom Wirklichkeitsbezug. Die Authentizität der Materialien aber auch der präsentierten Geschichte(n) spielt daher eine wichtige Rolle. Worin aber besteht diese Authentizität? Liegt sie in den Materialien oder wird sie diskursiv erzeugt? Welche Rolle spielen bei der Authentifizierung und Authentisierung die Zuschauer*innen?

Alle drei Dimensionen nehmen Bezug auf zum Teil umfangreiche Forschungsdiskurse in den einzelnen kulturwissenschaftlichen Disziplinen. Die Beiträge enthalten daher keine abschließenden Antworten. Sie öffnen aber hoffentlich das interdisziplinäre Gespräch und bieten Möglichkeiten und Wege der Annäherung an für eine analytische und systematische Auseinandersetzung mit dem Dokumentartheater als eine wirkmächtige Form öffentlicher Geschichte.

Performativität

Der Begriff Performativität kommt ursprünglich aus der Sprechakttheorie, in der er dazu dient, den Zusammenhang zwischen Sprechen und Handeln und den wirklichkeitskonstruierenden Charakter sprachlicher Äußerungen zu beschreiben, die als Handlungen wahrgenommen werden.[32] Seine Breite wird auch durch die zwei Bedeutungen des Verbs „to perform" deutlich: aufführen und ausführen.[33] Inzwischen hat sich der Begriff von der Sprechakttheorie gelöst und in den Geistes- und Kulturwissenschaften zu einem *umbrella term* entwickelt, mit dem in den unterschiedlichen Disziplinen wirklichkeitskonstituierende Dimensionen menschlicher Kommunikation und menschlichen Handelns allgemein beschrieben und analysiert werden können.[34] Im Theaterkontext eröffnet der Begriff den Blick für Handlungen und Praktiken aller Beteiligten, die Sinn und Bedeutung herstellen – von den Theaterschaffenden bis hin zu den Zuschauer*innen.

Im Dokumentartheater kommt den Schauspieler*innen eine besondere Rolle zu, weil sie nicht nur den Text über ein historisches Ereignis sprechen, sondern im Moment der Aufführung durch ihre Verkörperung live Geschichte auf der Bühne performativ schreiben. Freddie ROKEM hat schon Anfang der 2000er Jahre das Konzept von Schauspieler*innen als „Hyper-Historiker*innen" entwickelt.[35] In seinem Beitrag zu diesem Sammelband greift er dieses Konzept wieder auf und entwickelt es aus theaterwissenschaftlicher Perspektive weiter. Durch das Ausführen und Aufführen von Geschichte (*performing history*) in einem ästhetischen Kontext entstehen Kunstwerke, die auf historischen Fakten basieren. Rokem sieht

---

32 Austin, John L.: How to do things with words. Oxford 1962 (The William James Lectures).
33 Eine Auswahl zentraler Texte findet sich bei Wirth, Uwe: Performanz. Zwischen Sprachphilosophie und Kulturwissenschaften. Frankfurt am Main 2002; Fischer-Lichte, Erika: Performativität. Eine Einführung. Bielefeld 2012 (Edition Kulturwissenschaft 10).
34 Bachmann-Medick, Doris: Cultural Turns. Neuorientierungen in den Kulturwissenschaften. Reinbek 2006. S. 104–143; Martschukat/Patzold, Geschichtswissenschaft (wie Anm. 23); siehe auch Fischer-Lichte, Erika: Performativität/performativ. In: Metzler Lexikon Theatertheorie. Hrsg. von Erika Fischer-Lichte, Doris Kolesch u. Matthias Warstat. 2. Aufl. Stuttgart [u. a.] 2014. S. 251–258.
35 Rokem, Freddie: Performing History. Theatrical Representations of the Past in Contemporary Theatre. Iowa 2000 (Studies in theatre history and culture); deutsche Übersetzung: Rokem, Freddie: Geschichte aufführen. Darstellungen der Vergangenheit im Gegenwartstheater. Berlin 2012.

die Ursache für diese Geschichtsaufführung in einem Bedürfnis der Gegenwart nach Orientierung, das aus der Perspektive von Walter Benjamins pessimistisch-dialektischem Geschichtsverständnis auch als „Gefahrensituation" beschrieben werden kann. Er führt Ereignisse auf, die Gefahrensituationen in der Vergangenheit waren und vielleicht gerade deshalb der Orientierung in der Gegenwart besonders zuträglich sind. Die ästhetische Historiographie der Hyper-Historiker*innen beinhaltet nach Rokem eine übernatürliche und metaphysische Dimension, die einerseits in den historiographischen Praktiken der Schauspieler*innen zu sehen ist, andererseits häufig durch das Erscheinen von Engeln als Zeug*innen der Vergangenheit repräsentiert wird. Sie helfen, die Lücke zu überbrücken zwischen den Erfahrungen der Menschen in der Vergangenheit und dem retrospektiven Verständnis dieser Ereignisse durch die Menschen in der Gegenwart.

Einer dieser Engel findet sich auch auf dem Cover dieses Bandes. Es ist der Engel, den Bertolt Brecht bei seiner Produktion *Mutter Courage und ihre Kinder* (1949) in der ikonisch gewordenen Eröffnungsszene erscheinen ließ. Bekannt ist die Szene über zahlreiche Coverbilder, auf denen stets nur ein Wagen und die nach oben schauende Mutter Courage zu sehen sind. Tatsächlich schaut sie auf zu einem Engel, der immer dann erscheint, wenn im Stück ein Lied erklingt – vielleicht ein Symbol des Krieges, wie Rokem vorschlägt? Der Engel verweist auf Paul Klees *Angelus Novus* und den damit verbundenen „Engel der Geschichte" Walter Benjamins. Er steht für ein pessimistisches Geschichtsbild des 20. Jahrhunderts, das eine Geschichte des Niedergangs und der Katastrophen erzählt und sich dabei oft auf die (Vor)Geschichte des Nationalsozialismus konzentriert. Es sind Geschichten dieser Art, die seit der zweiten Hälfte des 20. Jahrhunderts häufig im Mittelpunkt des Dokumentartheaters standen. Werden sie auch im 21. Jahrhundert eine zentrale Referenz bleiben? Neuere Produktionen wie René Pollesch *Black Maria* (2019), das *Kongo Tribunal* (2017) von Milo Rau oder *Uni für Alle? Die Gründungsgeschichte der Universität Hamburg* (2019) deuten bereits darauf hin, dass zukünftig andere Inhalte und Perspektiven stärker an Gewicht gewinnen werden.

Gangolf HÜBINGER bezieht sich in seinem Beitrag auf Rokem und fragt, wie sich Hyper-Historiker*innen und Historiker*innen zueinander verhalten. Am Beispiel der Inszenierung der *bremer shakespeare company* analysiert er den Weg der Akten „über die Bühne in die Köpfe des Publikums" und reflektiert das Verhältnis von angewandter und akademischer Geschichte. Aufgabe der Historiker*innen sei es, ihrer Gegenwart die Vergangenheit zu vermitteln; sie sind als Wissenschaftler*innen der Erkenntnisbildung verpflichtet. Wie unterscheidet sich diese Vermittlung der „großen Geschichtsschreiber" von der der Hyper-Historiker*innen? Hübinger arbeitet heraus, wie sich Wissenschaft und Theater zu einem

„eindeutigen Narrativ" verbündet haben: dem Narrativ „der liberal-kosmopolitischen Weltaneignung". Ziel sei eine „Identitätsbildung". Er betont, dass sich die Verhältnisse in den Anfängen der Weimarer Republik von der heutigen Wohlstandsgesellschaft deutlich unterscheiden. Doch er erwähnt auch, dass sich Migrationsforscher*innen wie Jochen Oltmer auch auf die Zwischenkriegszeit beziehen, wenn sie die „Europäisierung der protektionistischen Migrationspolitik" des späten 20. und frühen 21. Jahrhunderts charakterisieren. Abschließend konstatiert Hübinger, dass sich mit dem Geschichtstheater Geschichte „nachdrücklicher und nachhaltiger in den außerwissenschaftlichen Diskurs" vermitteln lässt.

Ulrike JUREIT untersucht in ihrem Beitrag den Umgang des Theaters mit dem Quellenmaterial aus einer historiographischen Perspektive. Sie fragt konkret, was geschieht, „wenn in Archiven verwahrte schriftliche Quellen zu gesprochenen Texten auf der Theaterbühne werden". Dabei geht sie sowohl auf die „Textveränderungen" durch die Montage, „Ent- und Rekontextualisierungen" von Quellen sowie die „Effekte, die sich durch das Zusammenfügen [...] ergeben" ein. Die Authentizität der Quellen, von der das Theater ausgehe, wertet sie als Trugschluss: Überlieferungs- und Tradierungsgeschichten einzelner Dokumente zeigen vielfältige Bearbeitungsprozesse, die im Theater fortgesetzt werden. Durch Ergänzungen und Kürzung einzelner Quellen, aber auch durch ihre Rekontextualisierung im Theatertext werden „bestimmte Aussagen fokussiert und autorisiert". So würden „authentische" Quellen „faktisch zu einem fiktionalen Stoff" verarbeitet. Jureit kritisiert die Parallelisierung von historischen (und gegenwärtigen) Geschehnissen als Simplifizierung, um das gewählte Narrativ zu bedienen und schließt mit der These: „Historiographisch handelt es sich um ein eindimensionales Deutungsangebot, das die mit Wirklichkeitsreferenzen assoziierten Quellenmaterialien im Sinne der intendierten Aussagen fiktionalisiert."

Medialität

Ein zentrales Merkmal des Dokumentartheaters ist der Einsatz „authentischer" Dokumente und Materialien als Medien, die ein bestimmtes Geschehen, ein Ereignis oder einen thematischen Zusammenhang in der Vergangenheit repräsentieren. Sie stellen die Grundlage und das Gerüst dar für eine Geschichtsdarstellung, die auf eine Illusion des Faktischen zielt. Neben Theater, Bühne, Ausstattung und Schauspieler*innen kommen damit der Überlieferung, den Spuren der Vergangenheit, eine wichtige Rolle und Funktion zu. Die Dokumente oder Quellen sind der lebensweltlichen Wirklichkeit der Theatermacher*innen und der Zuschauer*innen, also ihrem Erfahrungsraum, entnommen und verweisen zugleich auf diesen zurück, sie vermitteln zwischen den Welten Kunst und

Wirklichkeit und transzendieren deren Grenzen. Sie sind nicht für den mündlichen Vortrag oder die theatrale Inszenierung vorgesehen und führen zu dramaturgischen Herausforderungen, insbesondere dann, wenn zur Bewahrung ihrer Integrität und Authentizität inhaltliche Eingriffe möglichst vermieden werden sollen. In Ermangelung direkter Dialoghaftigkeit schriftlicher Quellen müssen nicht nur die Dokumente repräsentierter Inhalte medialisiert werden, sondern auch die Bezüge der Dokumente untereinander sowie zur Gegenwart ihrer Inszenierung und Aufführung, in der sie von den Zuschauer*innen im Zuge der Rezeption aktualisiert und auf ihre eigene Gegenwart angewandt werden müssen.

Am Beispiel der Inszenierung *Geflüchtet, unerwünscht, abgeschoben. „Lästige Ausländer" in der Weimarer Republik* (2016) der *Theaterwerkstatt Heidelberg* diskutiert Guido ISEKENMEIER Aspekte der Medialität des stets gegenwartsbezogenen und Vergangenheit aktualisierenden Dokumentartheaters. Dieses unterscheidet sich vom klassischen Geschichtstheater in seinem Bemühen, historische Kontexte nicht nur als Inspirationen zu nutzen, sondern die materiellen Spuren der Überlieferung selbst aufzuführen und die durch sie verbürgte Authentizität dramaturgisch zu nutzen, die eine mittelbare Repräsentation echter Geschehnisse gleichermaßen behauptet und beglaubigt. Über die Darstellung der Medialität der Quellen und Dokumente inszeniert das Dokumentartheater eben nicht nur Geschichte, sondern mit ihr auch die Materialität der Überlieferung. Indem im Dokumentartheater nicht mehr Ereignisse aufgeführt, sondern Akten „zum Sprechen" gebracht werden, lassen sich die Authentizitätseffekte und die Strategien ihrer Etablierung und Entfaltung als dramaturgische Funktionen lesen, die nicht nur dazu dienen können, Bezüge zur Vergangenheit herzustellen, sondern auch die Bezugnahmen selbst thematisieren und inszenieren.

Während sich Isekenmeiers Beitrag mit der Medialität und Mediologie *im* Dokumentartheater befasst, fasst Thorsten LOGGE das Dokumentar- oder Zeitzeugnistheater als eine Geschichtssorte, als eigenständiges mediales Format von Geschichte, dessen Produktionen als vergangenheitsbezogene Diskurse betrachtet und erschlossen werden können und über den Theatertext und die Aufführung hinausgehende Kommunikationen beinhalten. Die Funktion der inszenierten Zeitzeugnisse sieht er primär darin, die Grenzen zwischen dem Kunst-Raum des Theaters und dem alltäglichen Handlungsraum der gesellschaftlichen „Wirklichkeit" zu transzendieren, um den Zuschauer*innen (manchmal auch den Theaterschaffenden selbst) eine Wirklichkeitserfahrung auf dem Theater zu ermöglichen. Zur Beglaubigung der aufgeführten Geschichte und der „Wirklichkeitspartikel", aus denen diese zusammengesetzt wird, finden auch das Theater flankierende Kommunikationen statt, die zwar nicht primär der Aufführung zuzurechnen sind, jedoch als Bestandteil der Geschichtssorte Dokumentartheater betrachtet werden müssen: Sie rahmen die Inszenierung, strukturieren die Rezeption der Aufführung und gestalten darüber auch das Verhältnis zwischen Kunst und Wirklichkeit mit.

Authentizität

Authentizität ist ein ebenso omnipräsenter wie schwammiger Begriff. Die Suche nach Glaubwürdigkeit, Verifizierung und Echtheit hat längst auch das Theater als Raum der Kunst erreicht, ist aber auch fester Bestandteil der Geschichtswissenschaft. Achim SAUPE nähert sich dem Konzept der Authentizität mit einem begriffsgeschichtlichen Zugriff, zeigt historische und gegenwärtige Bedeutungsebenen auf und stellt fest, dass ein Bedürfnis danach im Zeitalter von „Faktenchecks" und „Fake News" besonders groß ist. In der Geschichtswissenschaft gehört die Authentizitätsprüfung von Quellen seit ihrer fachlichen Institutionalisierung im 19. Jahrhundert zum Handwerkszeug der historischen Zunft. Bis heute sind Authentisierung und Authentifizierung von Quellen und historischen Erzählungen als „Beglaubigungspraktik, Wissenstechnik und Forschungsinszenierung" klar erkennbar. Am Beispiel der Oral History zeigt Saupe die doppelte Authentizitätszuschreibung beziehungsweise -problematisierung von Quellen, die von Zeitzeug*innen stammen: zum einen die Authentizität des Berichteten (Objektebene) und zum anderen die Authentizität der*des Berichtenden (Subjektebene).

Zentral für das dokumentarische Theater ist die Authentizität der Dokumente und Materialien. Es wird ein entsprechender Aufwand betrieben, um die Authentizität herzustellen, zu beglaubigen und zu bekräftigen. Dafür kommen verschiedene Authentifizierungs- und Authentisierungsstrategien zum Einsatz, wie Nils STEFFEN in seinem Beitrag ausführt. Die Frage nach Authentizität auf dem Theater ist dabei nicht auf das simple Gegensatzpaar *Fiktionen versus Fakten* zu reduzieren. Vielmehr wird Authentizität überall dort wahrgenommen, wo sie einer historischen Quelle, einer Inszenierung oder einer Aufführung zugeschrieben wird. Damit es zu dieser Zuschreibung kommt, können Theaterschaffende in allen Phasen ihrer Arbeit Authentizitätsanker schaffen und so den Eindruck von Glaubwürdigkeit und Echtheit herstellen. Dieser Authentisierung durch die Theaterschaffenden steht die subjektive Authentifizierung durch das Publikum gegenüber. Die Authentifizierung ist maßgeblich durch das individuelle Vorwissen und die kreierten Atmosphären im szenischen Raum geprägt, die sich wiederum aus dem inszenatorischen Umgang mit Text, Raum und Körper speisen. Insbesondere das Zeitzeugnistheater als gegenwärtige Spielform des Dokumentarischen hat diese Authentisierungsstrategien zum Markenkern gemacht: Im Mittelpunkt steht das Zeitzeugnis, dessen zugeschriebene Echtheit und Glaubwürdigkeit durch eine wissenschaftliche Begleitung vieler Theaterprojekte noch verstärkt wird.

Inszenierungspraktiken

In der letzten Sektion berichten Theaterschaffende, seit wann und wie sie das Dokumentartheater für ihre eigene Arbeit entdeckt haben und was sie motivierte, sich durch Berge von Dokumenten zu wühlen. Der Umgang mit verschiedenen Quellensorten, die Umsetzung auf der Bühne und die Zusammenarbeit mit Wissenschaftler*innen stehen im Mittelpunkt ihrer Beiträge. Diese verstehen wir zugleich als Quellentexte, die unmittelbare Einblicke in Auffassungen, Perspektiven und vor allem Praktiken derjenigen erlauben, die sehr erfolgreich Geschichte auf die Bühne bringen.

Peter Lüchinger von der *bremer shakespeare company* und Wolfgang G. Schmidt von der *Theaterwerkstatt Heidelberg* beteiligten sich mit ihren parallel entstandenen, aber völlig unterschiedlichen Inszenierungen von *Geflüchtet, unerwünscht, abgeschoben. „Lästige Ausländer" in der Weimarer Republik* sowie einer gemeinsamen Diskussionsrunde an der Tagung. Mit beiden haben wir 2020 für diesen Band Einzelinterviews geführt, die sich an den Leitfragen der Tagung orientierten und – insbesondere wenn man sie zusammen liest – Gemeinsamkeiten und Unterschiede, Schwerpunkte und Methoden der Inszenierungspraktiken sichtbar machen.

Peter LÜCHINGER blickt nicht nur auf die in Bremen gezeigten Inszenierungen, sondern auch auf über zehn Jahre Arbeit für *Aus den Akten auf die Bühne*, einer Kooperation von Theater und Universität. Er vertritt eine „Trennung zwischen Wissenschaft und der Erstellung der Lesung", beide Ebenen seien ein „Gegenüber", die in der Produktion nicht vermischt werden dürften. An der Auswahl der Themen und Entwicklung der Fragen seien gegenwärtige Verhältnisse beteiligt. Er beschreibt detailliert, wie er Quellen liest, auswählt, montiert und eine Lesung konzipiert. Im Mittelpunkt steht für ihn die Frage nach der Motivation der Handelnden. Die gemeinsame Lektüre der ersten Fassung mit seinem Ensemble wird auch zum Test, ob der Stoff ohne Vorwissen verständlich ist. Das Publikum soll von der „großen Geschichte" zur „kleinen Geschichte" von einzelnen, auch unbekannten Personen geführt werden. Die Lesungen sollen Türen zu Geschichten und Schicksalen öffnen, die sonst nur mehr oder weniger verschlossen unter Historiker*innen und vielleicht in Feuilletons diskutiert werden. Auf diese Weise leiste *Aus den Akten auf die Bühne* einen Beitrag gegen das Vergessen. Für Peter Lüchinger ist es ein wichtiges Ergebnis der Projektarbeit, dass sich Besucher*innen, inspiriert durch die Lesungen, auf Spurensuche nach ihrer eigenen Familiengeschichte begeben und deren Erzählungen überprüfen wollen. Lüchingers Fazit ist zugleich ein Beispiel, dass Dokumentartheater einen Beitrag zu historisch-politischer Aufklärungsarbeit leisten kann, wenn Zuschauer*innen einen Transfer der Aufführung in ihre eigene Geschichte vollziehen.

Wolfgang G. SCHMIDT konzentriert sich in seinen Ausführungen auf die Zusammenarbeit der *Theaterwerkstatt Heidelberg* mit der Universität Heidelberg am Beispiel der Inszenierung von *Geflüchtet, unerwünscht, abgeschoben*. Geschichtsstudierende unter der Leitung von Nils Steffen recherchierten 2016 in badischen Archiven und stellten in Workshops den Theaterschaffenden der *Theaterwerkstatt Heidelberg* die Quellen und ihre Forschungsergebnisse vor. Die Zusammenarbeit zwischen Wissenschaft und Theater soll idealiter zu einem „Zusammenspiel" werden, so Schmidt. Dabei sollte die Multiperspektivität der Zeitzeugnisse in die Inszenierung integriert werden. Das Erkenntnisinteresse entsteht auch für Schmidt aus den Fragen der Gegenwart an historischen Themen. Eine alleinige Fokussierung auf die Sprache, die Stimmen der Schauspieler*innen, könne nicht authentisch, sondern müsse eher künstlich wirken. Schmidt plädiert für einen freien ästhetischen Forschungsprozess: Heute sei dem „Dokumentarischen Theater alles dienlich, solange das Thema wahrheitsgetreu vermittelt wird". Dank der Entwicklung der theatralen Formen könnten Dokumente auf der Bühne auch mit ästhetischen Mitteln wie Projektionen oder Nebelmaschinen unterstützend inszeniert werden. Durch die Mehrdimensionalität wird das Publikum eingeladen, sich mit allen Sinnen mit einem Thema auseinanderzusetzen und zugleich Teil der Erzählung zu werden. Dies bringe eine Verantwortung der Theaterschaffenden gegenüber dem Publikum mit sich.

Wir freuen uns, dass auch die Gründungsmitglieder des Hamburger *Axensprung Theaters* einen Einblick in ihre Arbeit geben.[36] Dieses Ensemble repräsentiert eine weitere Spielart des Dokumentar- oder Zeitzeugnistheaters. Durch ihren Bericht wird die Spannbreite der hier vorgestellten Inszenierungspraktiken erweitert: von der auf Anwendung theatralischer Mittel fast völlig verzichtenden und auf die Sprache der historischen Akteur*innen konzentrierten Arbeitsweise der *bremer shakespeare company* über einen freieren ästhetischen Ansatz der *Theaterwerkstatt Heidelberg* mit der Einbindung von Musik und Projektionen bis zum *Axensprung Theater,* das darüber hinaus bewusst mit fiktionalen Inhalten

---

[36] Der Kontakt ergab sich über ein Jubiläumsprojekt zum 100. Gründungstag der Universität Hamburg, zu dem Nils Steffen im Frühjahr 2019 eine szenische Lesung mit Oliver Hermann und Markus Voigt vom *Axensprung Theater* sowie mit Studierenden der Universität Hamburg auf die Bühne gebracht hat. Steffen, Nils und Benjamin Roers (Hrsg.): Uni für Alle? Zur Gründungsgeschichte der Universität Hamburg. Hamburg 2019. Die Aufführung ist online zu sehen: https://lecture2go.uni-hamburg.de/l2go/-/get/v/25572. (12.08.2020)

arbeitet. Auch das *Axensprung Theater* setzt auf eine Zusammenarbeit mit Historiker*innen, recherchiert selbständig in Archiven und führt Interviews mit Zeitzeug*innen. Auf der Bühne inszeniert das Ensemble Quellenausschnitte zusammen mit ausgewählten Requisiten, Projektionen und fiktionalen Versatzstücken. Es erweitert seine Inszenierungen in der Regel um in den Quellen nicht überlieferte persönliche Themen und emotionale Auseinandersetzungen. Wichtiger Bestandteil seiner Arbeit sind zudem eigene Kompositionen und Klangwelten, die eine musikalische Brücke zwischen Szenen und Themen schlagen sollen. Damit versucht das Ensemble eine intensive Erfahrung für die Zuschauer*innen zu kreieren: „Es ermöglicht ein hohes Maß an Identifikation mit historischen Figuren und Ereignissen und schafft eine sinnliche Erfahrung, die beim Lesen eines Buches oder dem Anschauen einer Dokumentation so nicht möglich ist."

Auf dem Weg zu einer erweiterten Historiographiegeschichte?

Das Geschichts-, Dokumentar- oder Zeitzeugnistheater ist keine Geschichtswissenschaft. Es will auch keine sein – auch dann nicht, wenn es einen zum Teil erheblichen Aufwand betreibt, um den Wahrheitsgehalt und den Wirklichkeitsbezug der eigenen Darstellung zu bezeugen und zu bekräftigen. Es erzählt Geschichte öffentlich auf eine eigenständige Art und Weise, und bringt sich so als Akteur*in ein in vergangenheitsbezogene Diskurse der Gegenwart. Da es primär den ästhetisch-künstlerischen Darstellungspraktiken des Theaters verpflichtet ist, eignet es sich in herausragender Weise, ästhetische Dimensionen des Geschichtemachens exemplarisch zu diskutieren und zu untersuchen: Wie werden Wirklichkeitsfragmente der Vergangenheit im Dokumentartheater zu Geschichte? Wie wird das historische Material recherchiert, aufbereitet und zur Darstellung gebracht? Welche Authentifizierungstechniken und -praktiken kommen zum Einsatz, um eine von den Zuschauer*innen akzeptierbare und im Zuge der Aufführung auch akzeptierte Version der Vergangenheit zu inszenieren? Welche rahmenden Kommunikationen und Sprechakte sind als Teil der Geschichtssorte Dokumentartheater zu berücksichtigen und wie wirken sie sich aus auf die Wahrnehmung und Rezeption der Aufführung?

Die Inspiration des *performative turn* besteht unter anderem darin, theaterwissenschaftliche Begriffe und Analyseinstrumente auch auf andere Disziplinen zu übertragen und darüber neue Fragestellungen zu generieren. Insofern wäre es spannend, Fragen, die an das Dokumentartheater gerichtet werden, auch auf andere Formen der Geschichtsdarstellung im öffentlichen Raum zu übertragen. Ist tatsächlich „jedes Verfahren, eine Version dessen, was geschehen ist, zu erzählen oder aufzuschreiben, eine Form, Geschichte aufzuführen und jene Vergangenheit zu neuem Leben zu erwecken"[37]? Allen diesen Formen gemeinsam ist jedenfalls die Bezugnahme auf die Vergangenheit und die Produktion von Geschichte als Erzählung.

Jedes Ausführen und Aufführen (*performing*) von Geschichte unterliegt bestimmten, feldbezogenen Regeln, medialen Bedingungen, Möglichkeiten und Grenzen. In diesem Band nähern sich die Beiträge dem Diskursfeld des Dokumentar- oder Zeitzeugnistheaters. Es wäre zu prüfen, ob eine erweiterte Aufführungsanalyse nicht auch ertragreich sein kann für die Analyse von Fernsehdokumentationen, Geschichtsausstellungen, AR-/VR-Formaten, Geschichtspanoramen oder digitalen Geschichtsspielen. Und nicht zuletzt interessiert uns, wie eine unter diesen Vorzeichen durchgeführte Analyse universitärer Geschichtsschreibung aussehen könnte. Es ist nämlich nicht nur möglich, das Dokumentartheater als Geschichtssorte, als eine spezielle Form von Historiographie zu verstehen – auch die akademische Geschichtsschreibung lässt sich weit über ihre Texte hinaus als eine Aufführungspraxis untersuchen. Das würde bedeuten, die unter dem Regelsystem der „Wissenschaftlichkeit" generierten akademischen Vergangenheitserzählungen – von der Recherche über die Aufbereitung des Materials bis zur Darstellung der Arbeitsergebnisse – in den Blick zu nehmen. Dazu gehörten dann auch die zum Einsatz kommenden Authentifizierungs- und Authentisierungsstrategien, primäre und sekundäre Aufführungsformate und -orte, flankierende Kommunikationen und Sprechakte sowie die Zuschauer*innen und Publika und deren durchaus aktive Beiträge zur Beglaubigung universitärer Geschichte(n). Auch über sie und nicht allein über die historiographischen Produkte wird Autorität und Wirksamkeit bezeugt, beglaubigt und damit erst wirksam. Überspitzt gesagt: Lässt sich mit Hayden White nicht auch begründet fragen, ob nicht jedwede Form des Ausführens und Aufführens von Geschichte als Illusionstheater verstanden werden kann? Erzeugt nicht auch die Geschichtswissenschaft durch ihre Praktiken den Glauben an die Wissenschaftlichkeit des eigenen Tuns gleich mit? Gegenwärtige Geschichtswissenschaft setzt immer noch auf die Monographie als wichtigstes Format der Wissenspräsentation. Der schriftliche Text und die geschichtswissenschaftliche Arbeit wird aber immer häufiger begleitet und flankiert von crossmedialen Kommunikationen von Historiker*innen, die Vorträge halten, Interviews geben oder etwa auf den einschlägigen Social-Media-Plattformen einen kommunikativen Rahmen schaffen, in dem die geschichtswissenschaftliche Arbeit eingebettet und präsentiert wird. Oder anders: Wer Geschichte ausführt und aufführt,

---

37 Rokem, Geschichte aufführen (wie Anm. 33), S. 34.

stellt nicht nur eine Geschichte her, sondern immer auch sich selbst – als Historiker*in einer bestimmten Spielart von Geschichte, die den jeweils aktuellen Regeln und Standards folgt, die „erfolgreiche" Geschichte in den spezifischen Handlungsfeldern kennzeichnen. Das Kennen und Nachvollziehen von Aufführungsregeln und -praktiken beim Ausführen und Aufführen von Geschichte ist ebenso Teil der Sozialisation in den unterschiedlichen historiographischen Produktionsstätten. Dazu gehören auch der Erwerb und die Übernahme von – mehr oder weniger auf Erfahrungswissen gründenden, selten valide geprüften – Präkonzepten darüber, was ein Zielpublikum erwartet, wünscht und braucht. Das Gelingen von Geschichtssorten im Sinne ihres Erfolgs – gemessen in der Regel daran, welche Einschaltquoten, Ticketverkäufe oder Zuschauer*innenzahlen erreicht werden – muss daher auch Gegenstand einer forschenden Beschäftigung mit den Praktiken des Geschichtemachens sein.

Dank

Auch dieses Projekt steht auf vielen Schultern: Wir danken den Autor*innen und dem Verlag – insbesondere Rabea Rittgerodt – für Engagement, Interesse, Flexibilität und vor allem für die Geduld. Jana Matthies und Luise Eckardt haben uns mit ihrer umsichtigen und gewissenhaften Unterstützung bei der Zusammenführung des Manuskripts und der Transkription der Interviews unterstützt. Wir freuen uns, dass der Band in der Reihe *Medien der Geschichte* erscheint. Die Abschlussarbeiten fielen in die in vielerlei Hinsicht bemerkenswerte Zeit der Covid-19-Pandemie, die auch den Wissenschaftsbetrieb seit März 2020 erheblich beeinflusst hat. Auch neben der Pandemie war das Jahr ereignisreich: Während wir den Band im Home Office fertigstellten, haben wir mit größter Aufmerksamkeit die Massenproteste der Black-Lives-Matter-Bewegung nach dem Tod von George Floyd, Diskussionen um problematische Denkmäler auch in Europa und Deutschland, den an Fahrt aufnehmenden Wahlkampf in den USA sowie die Entwicklungen in Hongkong, Belarus, Brasilien, Chile und in anderen Teilen der Welt verfolgt. Wir sind gespannt, ob und auf welche Art und Weise die Ereignisse des Jahres 2020 auf die Bühne gelangen werden – Dokumente und Materialien gibt es jedenfalls genug.

Hamburg/Bremen im August 2020   Thorsten Logge,
Eva Schöck-Quinteros,
Nils Steffen

Teil I: **Performativität**

Freddie Rokem
Angels of History

A Reconsideration of the Actor as a "Hyper-Historian"[1]

> "I can't see you, but I know you're here. I feel it. You've been hanging around since I got here. I wish I could see your face. Just look into your eyes and tell you how good it is to be here. Just to touch something. See that's cold; that feels good. Or to smoke. Have coffee. Or if you do it together, that's fantastic. Or to draw. You know, you take a pencil and you make a dark line, then you make a light line and together it's a good line. Or when your hands are cold and you rub them together. See that's good, that feels good. There's so many good things, but you're not here. I'm here. I wish you were here. I wish you could talk to me ... cuz I'm a friend. Compañero ..."
>
> Peter Falk in Wim Wenders, *Der Himmel über Berlin* (1987)

One of the first shots of Wim Wenders' 1987 film *Der Himmel über Berlin* shows the actor Peter Falk in an airplane about to land at Tegel Airport in Berlin, coming to participate in a movie about the Second World War. Situating Peter Falk on the thin line between his identity as Lieutenant Colombo in the long-running TV series (1968–2003) and as the actor Peter Falk, playing himself, Wenders sets up one of the main topics of his film: how the art of acting explores the historical past, performing history retrospectively, in the present. *Der Himmel über Berlin* presents a multifaceted, self-reflexive exploration of the art of acting and in particular how this particular aesthetic practice through which an actor*actress transforms him- or herself into a work of art, can evoke historical situations, enabling the spectators to accept that these "glimpses" into the past are – or at least seem to be – "authentic".

This particular form of authenticity implies that what we see on the stage or on the screen is (in some sense) both true to the facts and to our understanding of the past as a collective event which we do not necessarily have to remember as a personal experience to know about it or to form an opinion about it, even making moral judgements about it based on a work of art; though it is obvious that there are individuals who have experienced these events and can in some way

---

[1] An earlier version of this essay was presented at the conference *Geschichte im Rampenlicht*, October 19–21, 2017 in Bremen, where the notion of the actor as a hyper-historian, which I had developed in my book *Performing History. Theatrical Representations of the Past in Contemporary Theatre* (Iowa 2000) was extensively discussed; I want to thank Thorsten Logge and Eva Schöck-Quinteros for inviting me to address the participants and for their constructive comments on my contribution which have now led to a more extensive reconsideration of this notion.

https://doi.org/10.1515/9783110661866-002

serve as direct witnesses. In what follows, I want to suggest, perhaps even counterintuitively, that this fusion of actor and historian – performing history in an aesthetic context, creating a work of art based on historical facts – frequently involves a supernatural and even metaphysical dimension.

To develop this line of thought I will begin by examining Wenders' poetic and often enigmatic film, which I want to suggest is a paradigmatic demonstration of how this supernatural involvement is constituted. *Der Himmel über Berlin* is based on the hypothesis that there is a host of angels hovering over the (then, when the film was made) still divided city of Berlin who are invisible to the grown-ups, but not to the children. They serve as witnesses of the city's present as well as of its past. They can overhear the thoughts of the human inhabitants in the city and show a basic empathy for them, but are unable to intervene in their lives, to prevent their suffering or to contribute to their happiness. The angels – all dressed in grey overcoats and wearing a scarf – are "impartial", uninvolved witnesses of the present, basically observing and recording the minute, daily routines of the city. But they also, by overhearing the readers in "Stabi", the Staatsbibliothek an der Potsdamer Straße, where they all gather, know about the past. Focusing on two angels: Damiel (played by Bruno Ganz) and his companion Cassiel (played by Otto Sander) who like all angels are unable to experience the physical experience and enjoyment of the human senses, Wenders shows how Damiel falls in love with the trapeze artist Marion (played by Solveig Dommartin), who wears feathered wings when practicing and performing in the circus, and realizes that he literally has to "fall" (in love), becoming a fallen angel (that is a human being) in order to realize his passion for her. The central narrative of the film shows how Damiel "falls" and finally finds Marion in the club where Nick Cave, another variation of artistic angels, is singing.

Peter Falk's arrival to Berlin, descending in the airplane, with which the film begins, suggests that by coming to this particular city to make a film about the Nazi period – which he has not experienced directly, but remembers fragments of from what his grandmother has told him – he is going to serve as a witness of the past. And as we will gradually understand, Peter Falk is also a fallen angel who is performing history in the film-within-the-film. Wenders' film will in fact present several such former, fallen angels who have all become performers, like Nick Cave, who sings several of his songs in the film, Marion, who wears feathered wings when she performs, and of course Peter Falk himself. The veteran actor Curt Bois who appears in the film as the old story-teller, the angel who has a direct, epic access to the past, and was a famous German child actor who had to flee Germany when the Nazis took over political power in 1933, is an interesting variation on the theme of actor/angel. As an emigré to Hollywood during the Second World War, Bois also plays a small role in the film *Casablanca*.

We begin to understand that there is a special connection between the angels and the performers/actors*actresses when Peter Falk talks to Damiel while drinking a cup of coffee at an outdoor kiosk. Falk says to Damiel (who is at this point not yet a fallen angel) that "I can't see you, but I know you're here."[2] And later, after Damiel has actually become a fallen angel and has sold the armor which he now no longer needs to a pawnbroker – a symbolic expression of his transformation from a supernatural creature to a human – he will eventually (in Wenders' sequel film *In weiter Ferne, so nah!*, from 1993, after *die Wende*), like Falk, become an actor who is occupied with the past.

In *Der Himmel über Berlin*, when Damiel, now in "human" clothes, meets Peter Falk at the location where the movie about the Second World War is being shot (in the fictional world of Wenders' film), Falk somehow "recognizes" Damiel from their previous meeting at the kiosk – while Damiel was still invisible to him – and asks how much he got for the armor. When Falk hears Damiel's response, Falk replies that he got a better price when he sold his armor in New York, many years ago. At this point we realize that the seemingly unstructured narrative of *Der Himmel über Berlin* focuses on the idea that actors*actresses and performers are actually fallen angels and that this characteristic gives them both a privileged access to the historical past as well as a capacity to transmit their knowledge to others in the present, through performances.

The reason for beginning my reflections on the requirements (or prerequisites) for performing history by referring to *Der Himmel über Berlin* is that I regard Wenders' film about a broad variety of performers who in different ways have an "angelic" origin to be a foundational narrative for how the art of acting is conceptually constructed as having a supernatural origin which implies having an access to history in ways which humans do not necessarily possess. This idea, that performers are in some sense fallen angels who know about and have a profound understanding of historical events is of course a narrative hypothesis, not a proposition about historians. This construction, as I will explain more in detail below, is inspired by Walter Benjamin's meditation on Paul Klee's painting *Angelus Novus*, in which Benjamin sees the angel of history, who "Where a chain of events appears before *us*, *he* [the angel] sees one single catastrophe which keeps piling wreckage upon wreckage and hurls it at his feet."[3] I will also show how Bertolt Brecht uses a similar supernatural construc-

---

2 Quoted in full in the epigraph above.
3 Benjamin, Walter: On the Concept of History. In: Selected Writings. Bd. 4: 1938–1940. Hrsg. von Michael Jennings [u. a.]. Cambridge 2003. S. 389–400. S. 392. – "Wo eine Kette von Begebenheiten vor *uns* erscheint, da sieht *er* eine einzige Katastrophe, die unablässig Trümmer auf Trümmer häuft und sie ihm vor die Füße schleudert." Benjamin, Walter: Über den Begriff der

tion in his own production of *Mutter Courage und ihre Kinder*, which he directed in Berlin in 1949, based on the world premiere of this play in Zurich in 1941, both designed by the scenographer Teo Otto. This design, drawing attention to the interactions between the human and the supernatural spheres has previously not been examined in connection with this performance of historical events.

At the same time as we are viewing aesthetic representations of historical events on the screen or on the stage, in contexts involving supernatural agents, which as I argue reinforces our acceptance that what we are watching on the stage (or on the screen) is in some way "true" to history – to how history is experienced and narrated from an omniscient, a-temporal perspective – we also have to consider the direct references to historical events in these works of art. We can accept the appearance of supernatural beings on the stage, like ghosts or angels, without necessarily having to believe that they actually exist – and, this is a crucial point – these supernatural modalities of inspiration, incorporating the "ghostly" or "angelic" in some sense strengthen the forms of empathy and identification that actors are able to create. But at the same time we also have to consider what it means to watch performances where the characters bear names we know from history books, like Jean-Paul Marat, Georges Danton and Maximilien Robespierre, presenting events in which these people were involved called "The French Revolution"; or watching performances about the Second World War or the Shoah featuring men and women whose names are perhaps unknown to us, but from what they say and do we understand that these events and what they say refer to this particular period.

One of the first questions we also have to address when watching performances of Shakespeare's *Julius Caesar*, Georg Büchner's *Danton's Death*, Peter Weiss' *Marat-Sade* or Joshua Sobol's *Ghetto*, which are all in some way based on historical documents, is therefore what makes watching them different from watching plays about bourgeois family life during the latter half of the 19th century, featuring fictional characters like Ibsen's Nora Helmer or Hedda Gabler. Even if the distinctions between "fictionality" and "historicity" are not always clear-cut, we somehow demand "more" from historical plays, a more direct sense of authenticity, which we as a rule do not expect from the fictional.

Therefore, even if fictional and historical plays are based on different ontological assumptions, they do not necessarily look different from each other when they are performed on the stage. Do fictional plays make us involved differently

---

Geschichte. In: Walter Benjamin. Gesammelte Schriften. Bd. 2: Das Kunstwerk im Zeitalter seiner technischen Reproduzierbarkeit und andere Schriften. Frankfurt am Main 2011. S. 957–966. S. 963.

in what we see, compared to figures bearing names like Danton, Marat or Robespierre, whose dates of birth and death are known, which is not the case with Nora Helmer or Hedda Gabler? And does a certified "historicity", that certain events have actually occurred make them in some way more "serious" – in the sense Aristotle discussed with regard to the closeness of tragedy to philosophy, rather than to history – as I am suggesting[4] – demanding a more serious respect or attention than we are willing to grant fictional characters or events? Yes, these are complex issues that are no doubt (consciously or unconsciously) taken into consideration when watching (or reflecting on) theatre productions that "perform history". And to this we also have to add another complication that on the stage the historical events are unfolding in the present, as a theatre performance we are watching "now", while at the same time implying that what we see on the stage has actually "happened" somewhere else, usually a long time ago. In this respect, live performances also differ from recorded media, which by being recorded are already firmly anchored in the past.

However, in spite of the inherent discrepancy between the present and the past-ness of what we are watching on the stage, we are no doubt willing to accept that actors can take on the "roles" of historical figures. And even if the French Revolution did obviously not happen exactly the way it is depicted on the stage, the notion that historical events are in themselves a form of spectacle is also deeply rooted in our imagination. This "theatricality" of the historical has no doubt also influenced the strategies for re-imagining (and performing) historical events on theatre stages. Take for example *The Eighteenth Brumaire of Louis Bonaparte*, published in 1852, where Karl Marx, quoting Georg Friedrich Wilhelm Hegel remarked "that all great world-historic facts and personages appear, so to speak, twice. He [Hegel] forgot [Marx adds] to add: the first time as tragedy, the second time as farce."[5] According to Marx, historical events repeat themselves, as if they are in some sense "performances", enacted the first time in the form of a tragedy – and Marx is referring to the date when Napoleon Bonaparte seized power in 1799 (on the 18th of Brumaire in year VIII of the new revolutionary cal-

---

4 See Aristotle's Poetics (chapter IX): "Poetry, therefore, is a more philosophical and a higher [or: 'more serious'] thing than history: for poetry tends to express the universal, history the particular." The Poetics of Aristotle. https://www.amherst.edu/system/files/media/1812/The%252520Poetics%252520of%252520Aristotle%25252C%252520by%252520Aristotle.pdf (19.10.2019).
5 Marx, Karl: The Eighteenth Brumaire of Louis Bonaparte. http://www.marxists.org/archive/marx/works/1852/18th-brumaire/ch01.htm (1.8.2018). – "Hegel bemerkt irgendwo, dass alle großen weltgeschichtlichen Tatsachen und Personen sich sozusagen zweimal ereignen. Er hat vergessen hinzuzufügen: das eine Mal als Tragödie, das andere Mal als Farce." Marx, Karl: Der achtzehnte Brumaire des Louis Bonaparte. 2. Aufl. Hamburg 1869. S. 1.

endar; about 20 years before Marx himself was born) – while the second time, when Louis-Napoleon Bonaparte seized power in 1851, when Marx was thirty-three years old, this earlier "performance" with its tragic consequences had as he suggests, become a farce.

However, if instead of regarding a particular historical event as a farce we regard historical events as a series of human failures, drawing attention to the catastrophic dimensions of history – in particular when looking back at the 20th century with the First and the Second World Wars (and now also directing our attention to a future ecological catastrophe or a pandemic) – it is difficult to think of these events as farcical spectacles, repeating a previous tragedy. And as we constantly repeat the slogan "Never Again!" we also have to take more recent political developments into consideration, like the growing popular support for extreme right wing politicians, threatening our post-war liberal democracies, religious fanaticism and the refugee crisis; and in Israel, where I live, also the ongoing Israeli refusal to take the necessary steps for the establishment of a Palestinian state (including the escalating injustices caused by the ongoing occupation itself) and as I make the final edits of this text the global Covid 19 pandemic. These developments make artistic representations of history both more urgent and more complex. And they are obviously not a farce. Performances about the historical past must instead be seen as an important feature of the open, public sphere where issues both about the past and the present are raised.

And we must also consider the question of witnessing and giving testimony. In his poem *Aschenglorie* Paul Celan says that "nobody can bear witness for the witnesses" ("Niemand zeugt für den Zeugen"),[6] meaning that the experiences of a survivor – in this case referring to the Shoah – can only be communicated by the witnesses themselves, implying that even the historian (who has not experienced this event directly) cannot say anything truly significant about the particular experiences of that time, which in Celan's case is as a survivor from a workcamp whose parents were murdered in extermination camps. The experience of historical events is unique and can, Celan claims, only be passed on by those who have actually lived and witnessed them. However, the performing arts – and in particular theatre and film – constantly transgress Celan's imperative and will continue to do so, by "bearing witness" – even after there will not be any more survivors (or direct witnesses) – extending the chain of witnessing beyond the life of those who have experienced the atrocities of a gradually more distant past. It is necessary to consider this complex dilemma if we do not

---

6 Celan, Paul: Aschenglorie. In: Paul Celan. Gesammelte Werke. Hrsg. von Allemann Beda [u. a.]. Bd. 2. Frankfurt am Main 2000. S. 72.

only want to know the facts but also how these events were experienced by those who have actually survived them. The theatre does not only strive to create a matter-of-fact representation of events, but to depict the experience of these events, trying to imagine what they meant for those who have actually lived them as well.

What I have presented so far are an expansion of some of the issues I explored in my book *Performing History. Theatrical Representations of the Past in Contemporary Theatre* which was published in 2000.[7] In this book I analyzed nine carefully selected theatre productions about the French Revolution and the Shoah, which had all, except for one, been performed after the Second World War, from the 1960's until the 1990's. These performances no doubt reflected a certain cultural moment when the more recent historical past was re-evaluated (also by going back to the French Revolution, marking its bi-centennial anniversary). The explicit aim for analyzing these performances – many of which I had seen myself – was to explore how they contributed to a collective *Trauerarbeit*, enabling the spectators to confront and mourn the recurring failures of history, which were finally the result of human failures, not of natural catastrophes or mere accidents.

One of the central ideas of my book was that there are many striking similarities between the French Revolution (analyzed through three European and three US productions), on the one hand, and the Shoah, as reflected in three Israeli productions, on the other. They were all confronting the "industrialization of death" which the two historical events share by using sophisticated machineries for executions or developing "factories of death". All the performances were also in different ways presenting forms of witnessing and victimization, generally with a survivor from the catastrophic events serving as a witness within the performance itself, initiating the theatrical retelling of the past. But instead of depicting a traditional, more theological understanding of witnessing, based on the Greek term *martyrion*, meaning testimony, a term which had been used already in the New Testament (Joh 5, 34), where the witness bears testimony of the existence of God and is killed, becoming a martyr, I found that the theatre productions I analyzed had in different ways reversed this narrative formula, turning the victim into a survivor/witness of the blatant human failures in specific historical contexts. The performance is the testimony of someone who has survived victimization, rather than turning the witness into a victim, as in the

---

[7] Rokem, Performing History (wie Anm. 1), which has been translated to German, as Geschichte aufführen. Darstellungen der Vergangenheit im Gegenwartstheater. Berlin 2012.

religious context. In both cases there is a strong bond between victimization and witnessing but in the reverse order.

In order to confront the many epistemological and moral dilemmas of performing history I coined the notion of the "hyper-historian", a term, which I want to reconsider here, beginning by taking the liberty to quote myself (from the book):

> "When 'performing history' the actors serve as a connecting link between the historical past and the 'fictional'-performed *here* and *now* of the theatrical event; they become a kind of historian, what I will call a 'hyper-historian', who makes it possible for us – even in cases where the re-enacted events are not fully acceptable for the academic historian as a 'scientific' representation of that past – to recognize that he or she is 're-doing' or 're-appearing' as some-thing/body who has actually existed in the past. 'Performing history' means to re-enact certain conditions or characteristic traits inherent in such historical events, presenting them to the spectators through the creative act of doing a performance, but it can never become these events or the historical figures themselves. In order to understand the notion of the actor as a 'hyper-historian' when he or she is 'performing history' we have to examine how the aesthetic potentials and effectiveness of the actor's body as well as his or her emotions and ideological commitments are utilized as aesthetic materials through different kinds of embodiment and inscription."[8]

Looking back at these formulations I think that there were two basic issues which I somehow evaded (or was simply not fully aware of) when coining the notion of the "hyper-historian".

At the same time as the narrative procedures for "performing history" draw attention to the juridical aspects of these performances, situating the spectator in the "court-room" of history, they also draw attention to the gap between the

---

8 Rokem, Performing History (wie Anm. 1), S. 13. – "Die Schauspieler fungieren als ein Bindeglied zwischen der historischen Vergangenheit und dem 'fiktionalen', aufgeführten *Hier* und *Jetzt* des Theaterereignisses; sie werden zu einer Art Historiker, die ich als 'Hyper-Historiker' bezeichnen möchte, der es uns – sogar in Fällen, da die szenisch nachvollzogenen Ereignisse für den akademischen Historiker als eine 'wissenschaftliche' Darstellung jener Vergangenheit nicht uneingeschränkt annehmbar sind – zu erkennen ermöglicht, dass der Schauspieler etwas 'wieder tut' oder als jemand 'wiedererscheint', das in der Vergangenheit tatsächlich existiert hat. Geschichte aufzuführen bedeutet, gewisse Verhältnisse oder charakteristische Wesenszüge, die solchen historischen Ereignissen eigen sind, szenisch nachzuvollziehen und sie den Zuschauern mit der Aufführung zu zeigen, aber es kann nie zu diesen Ereignissen oder den historischen Gestalten selbst werden. Um die Idee des Schauspielers als eines Hyper-Historikers, sobald er Geschichte aufführt, zu verstehen, müssen wir untersuchen, wie die ästhetischen Potentiale des Schauspielerkörpers und ebenso emotionale und ideologische Engagements durch verschiedene Arten der Verkörperung und der Einschreibung als ästhetische Materialen nutzbar gemacht werden." Rokem, Geschichte aufführen (wie Anm. 7), S. 38.

individual experience at the time of the events and the retrospective retelling of those events, looking back at them as their larger significance can be more clearly seen and hopefully even understood. Having stated this position however, the basic issue which I believe needs to be further clarified when we theorize the notion of "performing history", is how to bridge the gap between the experiences of those who had to cope with the everyday threats and extreme challenges at the time they occurred, on the one hand, and how these hardships are understood in retrospect, acquiring the "dimensions" of a historical event by those who have survived, by professional historians and by the public at large, presenting a dialectical process between the past and its presentation on the stage or the screen, in a performative "now". At the time of the experience itself, the events were limited to a specific perspective from which it was impossible to grasp the "whole picture". In retrospect, however, these experiences become integrated within a larger context, enabling us to draw conclusions or even reach some basic understanding of human nature at times of crisis.[9]

This complex interaction between the limited understanding at the time of the experience itself and the retrospective retelling of the event from a position where we believe that we can see the "whole picture", can be approached from at least two perspectives. The first is that within modernity, in particular as formulated by Walter Benjamin, the notion of "human experience", though not necessarily of a specific individual's private life or biography, beginning in early childhood, extending into the maturity of the "thinking person" or the philosopher/citizen active within the public sphere, has changed our understanding of history. Benjamin has systematically examined under which circumstances individual, human experiences become legitimate objects for a philosophy of history; becoming a central aspect of his own "thinking practice". Texts like *Berliner Kindheit um neunzehnhundert*, *Das Passagen-Werk* and *Über den Begriff der Geschichte*, to mention three very different expressions of Benjamin's philosophical project, examining the significance of human experience as a source and prov-

---

[9] I want to thank Thorsten Logge for drawing my attention to an article by Jacques Derrida, where he draws attention to the challenges of creating an event from what seems to be more random. I was in particular struck by Derrida's resistance to finding a resolution in and through speech-acts in such a context, claiming that "If I've forgiven without knowing it, without saying it, especially without saying it to the other, if I've forgiven, the forgiving must still be impossible, it must remain forgiveness for the unforgivable. [...] The unforgivable must remain unforgivable in forgiveness, the impossibility of forgiving must continue to haunt forgiveness and the impossibility of giving continue to haunt giving. This haunting is the spectral structure of this experience of the event; it is absolutely essential." Derrida, Jacques: A Certain Impossible Possibility of Saying the Event. In: Critical Inquiry 33 (2007). S. 441–461. S. 452f. There is something theatrical in the resistances and challenges of this dynamics between the possible and the impossible.

ocation for reflection, complementing his thinking on a broad range of aesthetic issues. Benjamin both rejected the traditional forms of historicism based on Ranke's dictum to find out *"wie es eigentlich gewesen war"* or a Hegelian teleological understanding of history, focusing instead on the interactions between aesthetic representations and the philosophical significance of human experiences in history.

The second issue which I feel has to be clarified and can be seen as a complement to Benjamin's philosophy of history, was the re-conceptualization of the art of acting in Brecht's theory and practice of the epic theatre. There are two sides to Brecht's epic theatre; first the historical materialism of the Marxist Brecht, which is fairly well known and has dominated the critical understanding of his contribution to modern theatre. But there is no doubt also an aspect of the theatre as a form of cultural production which can serve the utopian aims of Marxist theories which was also expressed through the metaphysical or supernatural dimension of the art of the theatre.

In his 1938-essay *The Street Scene*, Brecht developed a theory of acting for the epic theatre based on the practices of witnessing and of giving testimony, claiming that:

> "It is comparatively easy to set up a basic model for the epic theatre. For practical experiments I usually picked as my example of completely simple, 'natural' epic theatre an incident such as can be seen at every street corner: an eyewitness demonstrating to a collection of people how a traffic accident took place. The bystanders may not have observed what happened, or they may simply not agree with him, may 'see things in a different way'; the point is that the demonstrator acts the behaviour of driver or victim or both in such a way that the bystanders are able to form an opinion about the accident."[10]

Brecht's epic actor is an attentive bystander-witness (rather than a victim) who immediately passes on his experience of the "everyday" experience of an accident at a street-corner to the bystanders who have not observed this accident

---

[10] Brecht, Bertolt: The Street Scene. In: Brecht on Theatre. Hrsg. von Marc Silberman, Steve Giles and Tom Kuhn. London 2015 (Bloomsbury). S. 176. – "Es ist verhältnismäßig einfach, ein Grundmodell für episches Theater aufzustellen. Bei praktischen Versuchen wählte ich für gewöhnlich als Beispiel allereinfachsten, sozusagen 'natürlichen' epischen Theaters einen Vorgang, der sich an irgendeiner Straßenecke abspielen kann: Der Augenzeuge eines Verkehrsunfalls demonstriert einer Menschenansammlung, wie das Unglück passierte. Die Umstehenden können den Vorgang nicht gesehen haben oder nur nicht seiner Meinung sein, ihn 'anders sehen' – die Hauptsache ist, daß der Demonstrierende das Verhalten des Fahrers oder des Überfahrenen oder beider in einer solchen Weise vormacht, daß die Umstehenden sich über den Unfall ein Urteil bilden können." Brecht, Bertolt: Die Straßenszene (1938). In: Bertolt Brecht. Gesammelte Werke. Bd. 16: Schriften zum Theater 2. Frankfurt am Main 1967. S. 546.

closely, or may argue about what really occurred, so that they can form an opinion. It is important to note that Brecht seperates the functions of victimization and witnessing, giving the witness no other aim than to tell the truth.

But besides this rational negotiating process, which can be transferred to a broad range of social situations, there is also a much less recognized metaphysical dimension in Brecht's work and thinking, which even if it is not always dominant, must also be considered in order to understand their full complexity. The relationship of the theatre to other-worldly or supernatural phenomena has a long and complex history, beginning with the *deus ex machina* in the Classical Greek theatre, when a divine figure appears on the stage, solving the issues which humans are not able to resolve, ultimately also enabling the performance itself to come to an end. This expression of immanence is an important aspect of the dispositive of the theatre, its *langue*, to use Ferdinand de Saussure's term for the language reservoir from which a specific speech-act, a *parole*, is constructed and I also want to suggest here that 20th century theatre – including the theatre of Brecht – has consistently continued to employ this device, but in new and innovative forms.

Brecht both understood and accepted that in order for the theatre to express itself in its own idiom – by actors*actresses appearing on the stage – or to put it in another way: for the theatre to employ its traditional aesthetic resources, its "apparatus" for what he termed "a scientific age", it must also – but critically – integrate its inherent metaphysical resources that neither comply with the laws of logic nor with Marxist materialism. But for Brecht and for much of the 20th century theatre, the representation of metaphysical/supernatural dimensions affects the ways in which the actor*actress as a hyper-historian is constituted as well as the role of witnessing in the theatre. In order to clarify how such an approach works in the material and ideological terms of Brecht's theatre, we also have to consider the close friendship between Brecht and Benjamin.[11]

The close contacts between Brecht and Benjamin, beginning in 1929, during the last years before they were forced into exile immediately after the Nazi takeover of power in Germany – mostly spent in Berlin – as well as during the years before the outbreak of the Second World War, in particular during Benjamin's three extended summer visits – in 1934, 1936 and 1938 – to Brecht's exilic home in Svendborg, on the Danish island of Fyn, were no doubt crucial for

---

11 For a discussion of the supernatural in Brecht see my articles: Rokem, Freddie: Materializations of the Supernatural. *Deus ex machina* and *plumpes Denken* in Brecht and Benjamin. In: Paragrana 23 (2014). S. 71–87; and Rokem, Freddie: Theatralische Immanenz. Der *deus ex machina* nach dem Tod des Gottes. In: Performance Philosophy 3 (2017). S. 548–562.

the work and thinking of both.[12] During the year after they had met there was a major change in Brecht's work, in particular expressed in the so-called *Lehrstücke*, the Learning Plays, while at this time Benjamin also begins writing several articles about Brecht's work, even planning to publish a book on his work based on these essays, most of which were however only published posthumously. Brecht was no doubt also familiar with Benjamin's ideas, and as I want to suggest here, their "dialogue" continued after Benjamin's suicide in September 1940, also leaving several significant traces in Brecht's post-war work and thinking. As mentioned before, I will exemplify this by analyzing the supernatural elements in two early productions of Brecht's *Mutter Courage und ihre Kinder* in Zurich in 1941 and of his own 1949-production of this play in Berlin, both designed by Teo Otto.

But first I want to draw attention to the "theatricality" of Benjamin's historiographical ideas, combining the philosophical role of the supernatural with the appearance of "flashes" from the past at moments of danger in the present. In *On the Concept of History*, considered to be the last text Benjamin wrote before his suicide, he presents a series of reflections or meditations on the nature of history, formulated as a series of theses. In these short, aphoristic texts, Benjamin repeatedly rejects the notion of the past as a continuum of progress, arguing instead for an understanding of history as a constantly developing dialectics of crisis where "images" (or flashes) from the past return, somewhat like ghosts in the theatre.

In the fifth theses for example, Benjamin suggests that our experience of the past is ephemeral (*flüchtig*) and hard to grasp, because

> "The true image of the past flits by. The past can be seized only as an image that flashes up at the moment of its recognizability, and is never seen again."[13]

This is no doubt something like the experience of ephemerality experienced by the spectators in the theatre. And in the sixth thesis Benjamin further develops the idea that the interruption of images from the past in the flow of the present – at a moment of danger – is a characteristic feature of historiography, where:

---

[12] Wizisla, Erdmut: Benjamin und Brecht. Die Geschichte einer Freundschaft. Frankfurt am Main 2004; and my book *Philosophers and Thespians. Thinking Performance* (Stanford 2010), which has also been translated to German, as TheaterDenken. Begegnungen und Konstellationen zwischen Philosophen und Theatermachern. Berlin 2017.

[13] Benjamin, Concept of History (wie Anm. 3), S. 390. – "Das wahre Bild der Vergangenheit *huscht* vorbei. Nur als Bild, das auf Nimmerwiedersehen im Augenblick seiner Erkennbarkeit eben aufblitzt, ist die Vergangenheit festzuhalten." Benjamin, Begriff der Geschichte (wie Anm. 3), S. 958.

"Articulating the past historically does not mean recognizing it 'the way it really was'. It means seizing hold of a memory as it flashes up at a moment of danger. Historical materialism wishes to retain that image of the past which unexpectedly appears to man singled out by history at a moment of danger. [...] Only that historian will have the gift of fanning the spark of hope in the past who is firmly convinced that *even the dead* will not be safe from the enemy if he wins. And this enemy has not ceased to be victorious."[14]

A performance takes place at a moment of danger in the present, at a moment when the actors transform the flashes of memory containing images from the past into a work of art for the stage. This is what "performing history" means, and not (Benjamin remarks) as the historian Ranke would claim, that the past should be shown the way it supposedly was, or as a "document". Instead, what makes historiography possible is the interaction of the present with the past. This is the crucial dilemma of "performing history", taking place in the present, confronting a moment of danger in the past.

Benjamin's ninth thesis *On the Concept of History* is a meditation on Klee's picture *Angelus Novus* – "the angel of history" – and it depicts an even more manifest performative event. In this text Benjamin invites us to take on the role of observers of Klee's picture, describing the gaze of the angel looking back at us. This exchange of gazes enables the spectator to grasp how the chain of failures in the past (as perceived by this spectator) turn into one single catastrophe, which only the supernatural figure, the *Angelus Novus* is capable of grasping. I want to quote all of this text, which has become iconic for our understanding of history and which as I have suggested in this essay has also been formative for our understanding of the art of acting:

"There is a picture by Klee called *Angelus Novus*. It shows an angel who seems to be moving away from something he stares at. His eyes are wide, his mouth is open, his wings are spread. This is how the angel of history must look. His face is turned toward the past. Where a chain of events appears before *us*, *he* sees one single catastrophe which keeps piling wreckage upon wreckage and hurls it at his feet. The angel would like to stay, awaken the dead, and make whole what has been smashed. But a storm is blowing in from Paradise and has got caught in his wings; it is so strong that the angel can no longer close them. This

---

14 Benjamin, Concept of History (wie Anm. 2), S. 391. – "Vergangenes historisch artikulieren heißt nicht, es erkennen 'wie es denn eigentlich gewesen ist'. Es heißt, sich einer Erinnerung bemächtigen, wie sie im Augenblick einer Gefahr aufblitzt. Dem historischen Materialismus geht es darum, ein Bild der Vergangenheit festzuhalten, wie es sich im Augenblick der Gefahr dem historischen Subjekt unversehens einstellt. Die Gefahr droht sowohl dem Bestand der Tradition wie ihren Empfängern. [...] Nur *dem* Geschichtsschreiber wohnt die Gabe bei, im Vergangenen den Funken der Hoffnung anzufachen, der davon durchdrungen ist: auch die Toten werden vor dem Feind, wenn er siegt, nicht sicher sein. Und dieser Feind hat zu siegen nicht aufgehört." Benjamin, Begriff der Geschichte (wie Anm. 3), S. 959.

storm drives him irresistibly into the future, to which his back is turned, while the pile of debris before him grows toward the sky. What we call progress is *this* storm."[15]

Because of the storm blowing from Paradise, which has got caught in the wings of the angel, driving it into the future, the angel cannot carry out its wish to "awaken the dead, and make whole what has been smashed". Though incapable of doing anything about the catastrophe itself, the angel is able grasp the scope of the devastation, transmitting this understanding to the (secondary) human witnesses, who are also looking at the painting and are only able to perceive what Benjamin terms "a chain of events." We have been inclined (or deceived) to believe that *this* is the storm of progress. The supernatural, angelic witness however, who is a "complete" witness in Celan's sense, complements the limited scope of knowledge of the human witnesses, who are watching this wholeness indirectly by imagining what the *Angelus Novus* sees. This creates a two-directional "double gaze", where we are witnessing a supernatural agent who is experiencing and understanding the historical past at the same time, finally even making us realize that what we have called progress is actually this storm of devastation, perceived by the angel as a single catastrophe.

Brecht's renowned 1949-production in Berlin of his *Mutter Courage und ihre Kinder*, depicting (fictional) events based on chronicles from the Thirty Years' War was Brecht's first production in Germany after returning to Europe after the Second World War, featuring his wife Helene Weigel in the title role. This was Brecht's second production after his return to Europe from the years of exile in the United States. Prior to *Mutter Courage* … he had directed his own adaptation of Sophocles' *Antigone* in Switzerland the previous year, also with Weigel in the title-role. And it is of course significant that both plays focus on the effects of war and have female protagonists. But whereas *Antigone* was performed less than ten times, *Mutter Courage* … became a mile-stone not only for

---

15 Benjamin, Concept of History (wie Anm. 2), S. 392 (Thesis four). – "Es gibt ein Bild von Klee, das Angelus Novus heißt. Ein Engel ist darauf dargestellt, der aussieht, als wäre er im Begriff, sich von etwas zu entfernen, worauf er starrt. Seine Augen sind aufgerissen, sein Mund steht offen und seine Flügel sind ausgespannt. Der Engel der Geschichte muß so aussehen. Er hat das Antlitz der Vergangenheit zugewendet. Wo eine Kette von Begebenheiten vor *uns* erscheint, da sieht *er* eine einzige Katastrophe, die unablässig Trümmer auf Trümmer häuft und sie ihm vor die Füße schleudert. Er möchte wohl verweilen, die Toten wecken und das Zerschlagene zusammenfügen. Aber ein Sturm weht vom Paradiese her, der sich in seinen Flügeln verfangen hat und so stark ist, daß der Engel sie nicht mehr schließen kann. Dieser Sturm treibt ihn unaufhaltsam in die Zukunft, der er den Rücken kehrt, während der Trümmerhaufen vor ihm zum Himmel wächst. Das, was wir den Fortschritt nennen, ist *dieser* Sturm." Benjamin, Begriff der Geschichte (wie Anm. 3), S. 961.

Abb. 1: Paul Klee, *Angelus Novus*, 1920

the restoration of the German theatre after the Second World War, subsequently leading to the establishment of the *Berliner Ensemble* less than a year after the Berlin premiere, but also as an exemplary production for post-World War II theatre in general, representing and confronting the forms of loss and failure which characterize performances of history.

The performance begins with Mother Courage who is standing on the wagon singing a march of triumph together with her two sons Eilif and Swiss Cheese, who are pulling the wagon while Courage's mute daughter Kattrin is seated on the coach-bench playing the harmonica. This mobile canteen is their "home" as well as their source of income, trailing the war to its battlefields in order to make a living. But even if the two sons pull the wagon energetically and its wheels are rolling, it remains in one spot, because the revolving stage underneath them is moving in the opposite direction, literally creating a standstill, what Benjamin in *Das Passagen-Werk* termed an "image", "wherein what has been comes together in a flash with the now to form a constellation. In other words, image is dialectics at a standstill. For while the relation of the present to the past is a purely temporal, continuous one, the relation of what-has-been to the now is dialectical: is not progression but image, suddenly emergent."[16]

At the end of the performance – after all her three children have been killed in the war – the image of the moving wagon is repeated, but now Mother Courage has to pull the wagon by herself.

Because of its iconic nature this production has been discussed in numerous books and articles, beginning already with those for which Brecht himself was responsible, like the volume *Theaterarbeit*, published in 1952 (which includes a large section on *Mutter Courage* …) and the *Couragemodell 1949* which was published in 1958, after Brecht's death (in 1956) and almost ten years after the Berlin premiere. The latter of these publications is composed according to the method of publications on his own performances which Brecht himself, together with the photographer Ruth Berlau had initiated and it includes three distinct volumes: the first with the text of the play itself, the second, with almost two hundred photographs from its productions in Berlin as well as in Munich (in 1950), and the third with approximately 60 pages of comments on the two productions which Brecht himself had directed together with Erich Engel.

In his opening remarks to the *Couragemodell 1949*, Brecht clearly echoes Benjamin's meditation on the Klee picture of *Angelus Novus*, the angel of history:

"If life goes on in our ruined cities after the great war, then it is a different life, the life of different or differently composed groups, inhibited or guided by the new surroundings, new because so much has been destroyed. There are heaps of rubble piled high (*Wo die grossen Schutthaufen liegen*), but underneath them lie the city's invaluable infrastructures, the water and drainage pipes, the gas mains and electric cables. Even those large buildings that has remained intact are affected by the damage and rubble around them, and may become an obstacle to planning. Temporary structures have to be built and there is always a danger that they will become permanent. All of these things are reflected in art, for our way of thinking is part of our way of living. As for the theatre, we deliver these models into the breach. They immediately meet with strong opposition from all supporters of the old ways, of the routine that masquerades as experience and of the convention that calls itself creative freedom. And they are endangered by those who take them up without having learned

---

16 Benjamin, Walter: The Arcades Project. Cambridge [u. a.] 2002. S. 462. – Ein Bild, "worin das Gewesene mit dem Jetzt blitzhaft zu einer Konstellation zusammentritt. Mit anderen Worten: Bild ist die Dialektik im Stillstand. Denn während die Beziehung der Gegenwart zur Vergangenheit eine rein zeitliche, kontinuierliche ist, ist die des Gewesenen zum Jetzt dialektisch: ist nicht Verlauf, sondern Bild, sprunghaft." Benjamin, Walter: Das Passagen-Werk. In: Gesammelte Schriften. Hrsg. von Rolf Tiedemann u. Hermann Schweppenhäuser. Bd. 4. Frankfurt am Main 1980. S. 576 f.

to use them properly. For although they are meant to simplify matters, they are not simple to use. And they were designed not to make thought unnecessary but to provoke it; not to replace but to compel artistic creation."[17]

Here Brecht presents a program for renewed creativity in the shadow of what at the time must have been perceived as ultimate destruction, a practical view echoing Benjamin's poetic meditation, written just before his suicide (in 1940) and before the dimensions of the catastrophe could be known.

Literally all publications about this production refer to the triumphant entrance of Mother Courage in the first scene. And as a rule, they present photographs focusing on the wagon with the "family" or exclusively on Mother Courage with the wagon more in the background. This is the case in Brecht's own volumes about this production, in *Theaterarbeit* as well as *Couragemodell 1949*, which are the more or less official accounts of this performance, and also in the numerous photos of this scene in the critical literature of Brecht's production, including book-covers and even a stamp commemorating the performance. However, when looking at a photograph of this scene in an article by Roland Barthes, with seven photographs by the French photographer Roger Pic, on which Barthes comments, made me aware that these photos do not show us the "whole picture" of what the spectators actually saw as they were watching the Brecht performance.[18]

---

17 In: Kuhn, Tom, Steve Giles u. Marc Silberman: Brecht on Performance. Messingkauf and Modelbooks. London [u.a.] 2014. S. 183. – "Wenn in unsern Ruinenstädten nach dem großen Krieg das Leben weitergeht, so ist es ein anderes Leben, das Leben anderer oder wenigstens anders zusammengesetzter Gruppen und gehemmt und geleitet von der neuen Umgebung, an der neu die Zerstörtheit ist. Wo die großen Schutthaufen liegen, liegen auch die wertvollen Unterbauten, die Kanalisation und das Gas- und Elektrizitätsnetz. Selbst das unversehrte große Gebäude ist durch das Halbzerstörte und das Geröll, zwischen denen es steht, in Mitleidenschaft gezogen und unter Umständen ein Hindernis der Planung. Provisorisches muß gebaut werden, und die Gefahr besteht, es bleibt. die Kunst spiegelt all dies wider; Denkweisen sind Teil der Lebensweisen. Was das Theater betrifft, werfen wir in den Bruch hinein die Modelle. Sie werden sogleich heftig bekämpft von den Verfechtern des Alten, der Routine, die als Erfahrung, und der Konvention, die als freies Schöpfertum auftritt. Und sie werden gefährdet von den Übernehmern die nicht gelernt haben, sie zu handhaben. Gedacht als Erleichterung, sind sie nicht leicht zu handhaben. Sie sind auch nicht gemacht, das Denken zu ersparen, sondern es anzuregen; nicht gemacht, das künstlerische Schaffen zu ersetzen, sondern es zu erzwingen." Brecht, Bertolt: Zu "Mutter Courage und ihre Kinder". In: Bertolt Brecht. Gesammelte Werke. Bd. 17: Schriften zum Theater 3. Frankfurt am Main 1967. S. 1134.
18 Barthes, Roland: Seven Photo Models of *Mother Courage*. In: The Drama Review 12 (1967). S. 44–55; appeared originally as Sept photo-modèles de *Mère Courage*. In: Théâtre Populaire 35 (1959). S. 997–1013. Roger Pic documented several of Brecht's performances in Paris and pub-

Abb. 2: Opening Scene of *Mutter Courage und ihre Kinder*, Berlin 1949

Having wondered many times what Courage/Weigel, with her face turned upwards, was looking at as she was standing on the wagon (a pose in which she has frequently been depicted), it is possible to see something hanging above the string for the so-called Brecht-Gardine, which served to hold the curtain which marked the transition from one scene to the following one. Returning to the Brecht archives, carefully going through the complete photographic records of the performance several times it turns out that in all the scenes where a musical number is presented this emblem was visible in the upper part of the stage space.

In the model-book Brecht himself even comments in detail on his intentions with this image hanging from the ceiling:

"Paul Dessau's music for Mother Courage is not particularly catchy; like the stage set, it left something for the audience to contribute: in the act of listening they had to link the voices with the melody. Art is no land of idle plenty. In order to make the transition to the musical items, to let the music have its say, we lowered a musical emblem from the rigging whenever there was a song which did not spring directly from the action, or which did spring from it but remained clearly apart. This emblem consisted of a trumpet, a drum, a flag, and electric globes that lit up; a slight and delicate thing, pleasant to look at, even if it was badly damaged in scene 9. Some people regarded this as sheer playfulness, as an unrealistic element. But on the one hand playfulness in the theatre should not be condemned too harshly as long as it is kept within bounds, and on the other hand it was not wholly unrealistic, for it served to set the music apart from the reality of the action. It provided us with a visible sign of the shift to another artistic level – that of music – and allowed us to give the right impression, that there were musical insertions, rather than to lead people to think quite mistakenly, that the songs 'grew out of the action.' Those who object to this are quite simply opposed to anything erratic, 'inorganic', pieced together – chiefly because they object to any shattering of illusion. They ought to object not to the tangible symbol of music, but to the manner in which the musical numbers are built into the play, that is as insertions."[19]

---

lished the book *Brecht et le Berliner ensemble à Paris* (Paris 1995). The photograph which Barthes analyses in his article is not reproduced here.

19 Kuhn [u. a.], Brecht on Performance (wie Anm. 17), S. 184 f. – "Die Musik Paul Dessaus zur Courage ist nicht hauptsächlich eingängig; wie beim Bühnenbau war auch bei ihr dem Publikum etwas zu tun übriggelassen: das Ohr hatte die Stimmten und die Weise zu vereinigen. Die Kunst ist kein Schlaraffenland. Um zum Musikalischen umzuschalten, der Musik das Wort zu erteilen, ließen wir jedesmal, wenn ein Lied kam, das nicht unmittelbar aus der Handlung herauskam oder, aus ihr herausgekommen, deutlich außen blieb, vom Schnürboden ein Musikemblem herunter, bestehend aus Trompete, Trommel, Fahnentuch und Lampenbällen, welche aufleuchten. Ein zartes und leichtes Ding, schön anzuschauen, auch wenn es in der neunten Szene zerschlissen und zerstört war. Es erschien einigen als bloße Spielerei und als ein unrealistisches Element. Aber einerseits sollte man gegen das Spielerische, solange es nicht alles überwuchert, nicht allzu streng auf dem Theater verfahren, andrerseits war es insofern nicht einfach unrealistisch,

At the same time as the image and the motivations Brecht gives for using this "musical emblem" are quite transparent, almost all photographs, with *very* few exceptions had been cropped so that the suspended image, the "musical emblem" is left out.

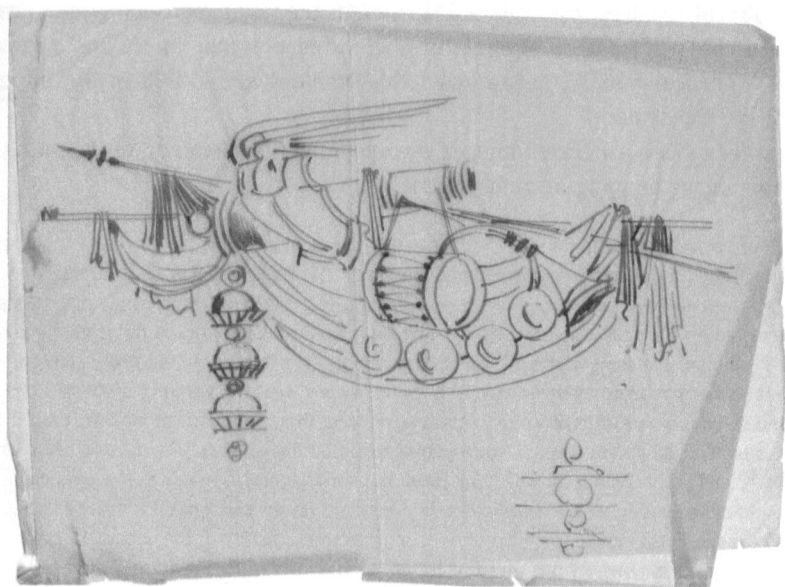

Abb. 3: Teo Otto, *Emblem für Chansons* (für Mutter Courage). Emblem for Mutter Courage Scenography – by Teo Otto. Theaterwissenschaftliche Sammlung der Universität zu Köln; Archiv Teo Otto

Brecht was no doubt aware what he and his scenographer Teo Otto were doing in this production, and what Otto had already done for the world premiere of the play in Zürich in 1941, directed by Leopold Lindtberg with the actress Therese Giehse in the lead role. She played this role again in the 1950-production in Munich. There must have been reasons why the obvious presence of the em-

---

als es die Musik aus der realen Handlung heraushob; es diente uns dazu, den Wechsel zu einer andern ästhetischen Ebene, der musikalischen, sichtbar zu machen, so daß nicht der falsche Eindruck entstand, die Lieder 'wüchsen aus der Handlung heraus', sondern der richtige Eindruck, sie seien Einlagen. Die dagegen sind, sind einfach gegen das Sprunghafte, 'Unorganische', Montierte, hauptsächlich weil sie gegen die Zerreißung der Illusion sind. Sie müßten sich nicht gegen das Musikzeichen protestieren, sondern gegen die Art, wie die Musikstücke in das Stück eingebaut sind, eben als Einlagen." Brecht, Mutter Courage (wie Anm. 17), S. 1135f.

blem,[20] which can be seen in several unpublished photographs in the Bertolt-Brecht-Archiv of all the scenes in the performance where a song is being presented, has been supressed in the publications about this production. This is an issue for future theatre historians to ponder, which is not, at least not directly, what I am interested in here.

What I have wanted to suggest is that the emblem which descends every time there is a song, and there are many songs in this play, the world presented on the stage expands to include an emblem which could be seen as an angel, or any kind of supernatural intervention we want it to be. There are musical instruments, a drum and a French horn, and there is a piece of cloth hanging over a stick. It could be a symbol of the armies fighting a meaningless war. The supernatural is as a rule introduced on the stage on the vertical axis, as opposed to the horizontal axis which characterizes the dynamics of social forces. The stage represents the intersection of the horizontal and the vertical forces, activating the cog-wheels of history. As we can see on the photo, the gaze of Mother Courage is directed towards the emblem; and through the contact she makes with it, it becomes possible for her, both as Weigel and as Mother Courage to perform history. And reformulating the words of Peter Falk which I quoted in the opening epigraph of these reflections we can now say, that even if we have seen the angel, we can never be sure that it really is *there*, where and when it is most needed.

---

20 I want to thank Sofie Taubert from the University of Cologne and the Theatre Collection at Schloss Wahn for taking me to the drawer where this drawing and many more by Theo Otto himself can be found.

Gangolf Hübinger
Geschichte und Hyper-Geschichte

Wenn Geschichte im wörtlichen Sinne ins Rampenlicht rückt, dann wirft das unter anderem folgende Fragen auf: Agieren Schauspieler*innen als Hyper-Historiker*innen?[1] Und wie verhalten sich Hyper-Historiker*innen und Historiker*innen zueinander? Was Historiker*innen tun, lässt sich – vorläufig – in einen simplen Satz fassen: Ihre Aufgabe ist es, ihrer Gegenwart die Vergangenheit zu vermitteln.[2] Was unter Hyper-Historiker*innen verstanden wird, bedarf der näheren Erläuterung.

In die kulturwissenschaftliche Debatte eingeführt wurde der Begriff des „hyper-historian" durch den Theaterwissenschaftler Freddie Rokem in seinem Buch *Performing History*.[3] An berühmten Theaterinszenierungen zur Französischen Revolution und zum Holocaust untersucht Rokem das „doing history on stage" als eine schöpferische Vergegenwärtigung der Vergangenheit. Schauspieler „create modes of representation", zugespitzt, sie konstruieren Geschichte in Konkurrenz zum „academic historian" und agieren als „hyper-historians".[4] Rokems Definition der Hyper-Historiker*innen lautet im Zusammenhang,

> „actors serve as a connecting link between the historical past and the ‚fictional' performed *here* and *now* of the theatrical event; they become a kind of historian, what I call a ‚hyper-historian' who makes it possible for us – even in cases where the reenacted events are not fully acceptable for the academic historian as a ‚scientific' representation of the past – to recognize that the actor is ‚redoing' or ‚reappearing' as something/somebody that has actually existed in the past."[5]

Wenn Hyper-Historiker*innen die Vergangenheit vergegenwärtigen, ist das für den Theaterwissenschaftler primär ein ästhetisches Problem:

---

1 *Schauspieler als Hyper-Historiker* war der Titel des Panels, das im Rahmen der Tagung *Geschichte im Rampenlicht. Inszenierungen historischer Quellen im Theater* stattfand. Die folgenden Überlegungen führen meine Einführung in dieses Panel weiter aus.
2 Ich übernehme einige Aspekte aus dem Kapitel *Über die Aufgaben des Historikers*, aus: Hübinger, Gangolf: Engagierte Beobachter der Moderne. Von Max Weber bis Ralf Dahrendorf. Göttingen 2016. S. 233–271.
3 Rokem, Freddie: Performing History. Theatrical Representations of the Past in Contemporary Theatre. Iowa 2000 (Studies in theatre history and culture). Deutsche Ausgabe: Rokem, Freddie: Geschichte aufführen. Darstellungen der Vergangenheit im Gegenwartstheater. Berlin 2012.
4 Rokem, Performing History (wie Anm. 3), S. 12–13.
5 Rokem, Performing History (wie Anm. 3), S. 13.

https://doi.org/10.1515/9783110661866-003

„In order to understand the notion of the actor as a hyper-historian when performing history, we have to examine how the aesthetic potentials of the actor's body as well as emotional and ideological commitments are utilized as aesthetic materials through different kinds of embodiment and inscription."[6]

Als Hyper-Historiker*innen legen Schauspieler*innen Zeugnis ab, insbesondere ein „witness of the human failure". Ihre Darstellung des menschlichen Grauens, des Verstummens vor der Gewalt, der Zerstörung und der stets wiederkehrenden Barbarei bringt sie in die geschichtsphilosophische Nähe zu Walter Benjamins *Angelus Novus*, der als „Engel der Geschichte" und „der Vergangenheit zugewendet" den historischen Prozess als „eine einzige Katastrophe" erblickt.[7]

Warum *Hyper*-Historiker*innen? Auf die performative Verstärkung, Vergrößerung, Verdichtung historischer Botschaften kommt es Rokem an. Schauspieler*innen bieten in ihren Rollen der Geschichtsvermittlung nicht nur eine willkommene Bereicherung auf dem außerwissenschaftlichen Geschichtsmarkt, sie fordern die Berufshistoriker*innen auf ihrem ureigenen Feld regelrecht heraus: „Theatre performing history partially takes over the role of the professional historian. But the means used by the theatre are indeed very different from those used by the academic historiographers."[8]

Auch Fachhistoriker*innen beschränken sich nicht asketisch auf Forschungsliteratur. Sie lesen Geschichtsromane, sehen Geschichtsfilme und gehen ins Geschichtstheater. Auch wir lieben die Spannung, die sich aufbaut zwischen Aufklärung und Unterhaltung. Es ist eine Spannung eigener Art zwischen Emotionalität und reflektierender Distanz, zwischen Berührtsein und kritischem Urteil, zwischen moralischem Orientierungsbedürfnis und historischer Kontingenzerfahrung. Worin liegt nun die Spannung zwischen Historiker*innen und Hyper-Historiker*innen? Sie kann als sehr oppositionell angesehen werden wie in manchen Zweigen der Angewandten Geschichte oder bei entschiedenen Verfechter*innen eines *performative turn*. Sie kann auch als gut überbrückbar gelten, etwa in kritischer Rückbindung an übergreifende geschichtstheoretische Positionen.

In unserem Fall geht es um eine Erörterung des seit 2007 durchgeführten Bremer Projektes *Aus den Akten auf die Bühne* am Beispiel der im Jubiläumsjahr

---

6 Rokem, Performing History (wie Anm. 3), S. 13.
7 Vgl. zur Deutung des Angelus Novus in Benjamins *Über den Begriff der Geschichte* den Beitrag von Freddie Rokem in diesem Band; zu „witness" siehe Rokem, Performing History (wie Anm. 3), S. 73, 205.
8 Rokem, Performing History (wie Anm. 3), S. 24.

2017 behandelten Thematik „Lästige Ausländer" in der Weimarer Republik.⁹ Hierauf bezogen werde ich zum Verhältnis von Historiker*innen und Hyper-Historiker*innen drei Aspekte beleuchten: den Weg der historischen Akten auf die Bühne und deren Präsentation durch die *bremer shakespeare company* (I.); die übergreifende und seit jeher vielstimmig intonierte Frage nach den Aufgaben der Historiker*innen (II.); einige abschließende Beobachtungen zur Europäischen Neuordnung nach 1918 und zur frühen Weimarer Republik (III.).

I.

Die Tagung *Geschichte im Rampenlicht* hat sich zum Geschichtstheater ausdrücklich die Frage nach den Schauspieler*innen als Hyper-Historiker*innen gestellt. In Auseinandersetzung mit dem Konzept von Freddie Rokem als Erfinder dieser Kategorie ist eine grundsätzliche Differenz zu beachten: Hyper-Historiker*in kann sich auf eine sehr expressionistische Dramaturgie beziehen, der Schauspieler*innen unterworfen sind, um mit drastischen Ausdrucksmitteln einen existentiellen Überlebenskampf in Szene zu setzen. Rokem wählt als eines seiner Beispiele zur Shoah die Inszenierung von Dudu Ma'ayan *Arbeit macht frei vom Toitland Europa* mit Semandar Yaron-Ma'ayan als Selma.[10] In die Tradition bildstarker Geschichts-Performationen gehört auch die Aufführung *The Head & the Load*, mit der der südafrikanische Regisseur William Kentridge 2018 die Ruhrtriennale in Duisburg eröffnete. Afrika im Ersten Weltkrieg, Afrikaner in den Kolonialarmeen ist das Thema, gesprochen, gesungen und getanzt, arrangiert zwischen „Dada" und historischen Filmaufnahmen.[11]

Das Bremer Projekt orientiert sich nicht in diese Richtung. Ihm geht es mit den „Inszenierungen historischer Quellen im Theater" um „einen Beitrag zum neuen Dokumentationstheater".[12] In enger Kooperation zwischen Universität und Theater nehmen die historischen Quellen, „die Akten", ihren Weg vom Archiv über die Bühne in die Köpfe des Publikums. Die Hyper-Historiker*innen der *bremer shakespeare company* – Peter Lüchinger, zugleich Regisseur,[13] Christian

---

9 Mamzer, Anna u. Eva Schöck-Quinteros (Hrsg.): Geflüchtet, unerwünscht, abgeschoben. „Lästige Ausländer" in der Weimarer Republik. Bremen 2016 (Aus den Akten auf die Bühne, 9).
10 Rokem, Performing History (wie Anm. 3), S. 72–73.
11 Vgl. die Premierenbesprechung von Tholl, Egbert: Kanonenfutter. In: Süddeutsche Zeitung vom 11./12. 8. 2018. S. 15.
12 Diese und folgende Zitate aus der Konzeptbeschreibung sind entnommen aus Mamzer/ Schöck-Quinteros, Geflüchtet (wie Anm. 9), S. 96.
13 Vgl. den Beitrag von Peter Lüchinger in diesem Band.

Bergmann, Michael Meyer, Petra Janina Schultz, Markus Seuß und Erika Spalke – stehen in einem signifikanten Kommunikationszusammenhang mit quellenforschenden Historiker*innen, hier das Team von Studierenden um Eva Schöck-Quinteros. Der intellektuelle Antrieb liegt darin, drängende Probleme der Gegenwart in einen aufklärenden „Vergangenheitsbezug" zu rücken, was mit der Jahrhundertthematik Flucht, Migration, Administration, Ausweisung zweifelsfrei gegeben ist. Die Besonderheit der Bremer Regie liegt in der Zurückhaltung bei dramaturgischen Mitteln und der völligen Konzentration auf die sprachliche Ausdruckskraft: „Die Projekte setzen im Zeitalter der medialen Visualisierung auf die Sprache(n) der historischen Akteur*innen und ermöglichen so unterschiedliche Perspektiven auf die Vergangenheit." Zu Hyper-Historiker*innen wird das Ensemble der *bremer shakespeare company* allein durch seine stimmlichen Mittel, die dazu dienen, den „staubtrockenen" Archivalien Leben einzuhauchen, sie „zum Sprechen" zu bringen und im klassischen Theatersinn beim Publikum kathartische Wirkungen von Läuterung und Mitleiden zu erzeugen.

Worum geht es inhaltlich? Im Zentrum stehen Flucht, Vertreibung und Migration der „Ostjuden" infolge der Herrschaftswechsel, Staatsbildungen und neuen Grenzziehungen von 1918. Aus vier Perspektiven haben die Historiker*innen der Universität Quellen für die szenische Lesung recherchiert. Die Exekutive wird unter anderem repräsentiert durch einen Erlass des preußischen Innenministers Carl Severing vom 17. November 1920. Darin heißt es: Den „ostjüdischen" Einwanderer*innen

> „ein Asylrecht grundsätzlich zu versagen, hätte den jedem Staat obliegenden Pflichten der Menschlichkeit widersprochen. Die Gewährung eines solchen Asylrechts setzt aber voraus, daß dadurch nicht wesentliche Lebensinteressen des eigenen Landes beeinträchtigt werden. Diese Voraussetzung ist heute nicht mehr unbeschränkt gegeben. Die andauernd steigende Wohnungsnot, das Anschwellen der Arbeitslosenziffern und die täglich wachsenden Schwierigkeiten der Ernährung unseres eigenen Volkes machen daher eine Überprüfung jener Erlasse erforderlich."[14]

Unter starken öffentlichen Druck gerieten die Regierungen vor allem durch die Agitation antisemitischer Vereine wie dem Deutschvölkischen Schutz- und Trutzbund, der zur Zeit der ersten demokratischen Wahlen zu Reichstag und Landtagen jedem zu „wissen" gab, dass „das deutsche Volk heute von Juden und jüdisch Versippten regiert wird, die uns Deutsche erbarmungslos in den Abgrund stoßen", und „die Regierung nichts tut, um die Einwanderung der Ost-Juden, die die Wohnungsnot hervorrufen, Krankheit und Seuche einschleppen, unser wirt-

---

14 Mamzer/Schöck-Quinteros, Geflüchtet (wie Anm. 9), S. 24.

schaftliches und kulturelles Leben zu vernichten drohen, zu verhindern".[15] Über Pläne der preußischen Administration, „gewisse Kategorien lästiger Ausländer in Konzentrationslagern zu internieren", berichtete Anfang Januar 1920 bereits die Berliner Vossische Zeitung. Interniert werden sollen diejenigen, „die praktisch nicht ausgewiesen werden können, weil ihr Heimatland zurzeit von Deutschland nicht erreicht werden kann oder weil es die Aufnahme seiner Flüchtlinge verweigert. Es wird sich also besonders um russische und polnische Staatsangehörige handeln, gelegentlich auch vielleicht um Ungarn und Südslawen."[16] Breiten Raum nehmen die persönlichen Schicksale ein, wie das des aus Oberschlesien vertriebenen Produktenhändlers Chaim Jasan, der nach einem dreijährigen Aufenthalt bei Bremer Verwandten und trotz Arbeit im Dezember 1921 als „lästiger Ausländer" mit Frau und Kindern endgültig ausgewiesen wurde.[17]

Die Bremer Inszenierung lebt vom raschen Wechsel solcher Perspektiven auf staatsbürokratische Erlasse, bindet aber auch Flugschriften, Zeitungen und Ego-Dokumente der Betroffenen ein. Sie versteht sich als ein Beitrag zur Angewandten Geschichte, zur Überschreitung der Diskursgrenzen der „academic history" und zur größeren Distribution von Geschichtswissen im öffentlichen Raum mithilfe der Hyper-Historiker*innen. Kultur- und geschichtstheoretisch ist damit das eigentliche Thema angesprochen, das auch Freddie Rokem bei seiner Erfindung des Hyper-Historikers leitete, das Verhältnis von angewandter zu akademischer Geschichte.

II.

Sinn und Zweck der „Arbeit an der Geschichte" (Ernst Schulin) liegen darin, so habe ich es eingangs auf den knappen Nenner gebracht, „der Gegenwart die Vergangenheit zu vermitteln". Schon das Verhältnis von Gegenwart und Vergangenheit zu bestimmen, hat die philosophische Geschichtsbetrachtung von jeher zu immer neuen Reflexionshöhen getrieben. Aufklärende, belehrende, informierende, unterhaltende, indoktrinierende oder mobilisierende Formen der Darstellung von Vergangenheit für ein gegenwärtiges Publikum zu unterscheiden, hat sich als ein ebenso komplexes Unterfangen des kritischen Nachdenkens über Geschichte erwiesen. Seit Johann Gustav Droysen Mitte des 19. Jahrhunderts in seiner *Historik* als „Organon des historischen Denkens und Forschens" diese

---

15 Mamzer/Schöck-Quinteros, Geflüchtet (wie Anm. 9), S. 22.
16 Mamzer/Schöck-Quinteros, Geflüchtet (wie Anm. 9), S. 28.
17 Mamzer/Schöck-Quinteros, Geflüchtet (wie Anm. 9), S. 53–56.

Fragen systematisch zusammenführte, wird darüber mit offenem Ende diskutiert.[18]

Der von der Public History markierte Gegensatz zwischen akademischer und angewandter Geschichte ist Teil dieser Debatte: „Public History umfasst einerseits jede Form der öffentlichen Geschichtsrepräsentation, die sich an eine breite, nicht geschichtswissenschaftlich vorgebildete Öffentlichkeit richtet, und beinhaltet andererseits die geschichtswissenschaftliche Erforschung derselben."[19] Als Variante der Public History beansprucht die Angewandte Geschichte besonders nachdrücklich, mit außerwissenschaftlichen Vermittlungsstrategien und Darstellungsweisen diese breite und nicht wissenschaftlich geschulte Öffentlichkeit zu erreichen. Angewandte Geschichte unterscheidet sich von der Public History damit eher graduell als strukturell.[20] Das Geschichtstheater mit seinen Hyper-Historiker*innen fällt unter den Vorzeichen der Performativität stärker in den Bereich der Angewandten Geschichte. Es kommt darauf an, den tatsächlichen oder vermeintlichen Gegensatz von angewandter und akademischer Geschichte näher in den Blick zu nehmen, das heißt, sich der Geschichtskultur und dem Geschichtsmarkt unserer Gegenwartsgesellschaft insgesamt zuzuwenden. Es ist unnötig hervorzuheben, dass universitär betriebene Fachwissenschaft hier nur einen kleinen, wenngleich staatlich hochsubventionierten Teilbereich abdeckt.[21] Unnötig ist auch die Bemerkung, dass Geschichtsdenken im Prinzip immer anwendungsorientiert war. Kein Prozess des neuzeitlichen „nation building" vollzog sich ohne eine breite wissenschaftliche wie außerwissenschaftliche Identitätsbildung durch historische Legitimationen und Herkunftsgeschichten.

Was auf dem Prüfstand steht, sind Rollen, Wirkungschancen und Aktionsradien von Historiker*innen in einer medial durchpluralisierten Öffentlichkeit. Einen facettenreichen Band zu *History sells* haben die Herausgeber Wolfgang Hardtwig und Alexander Schug mit folgender Beobachtung eingeleitet:

> „In der modernen Wissensgesellschaft – wie immer sie im Einzelnen aussehen und wo immer ihre Probleme liegen mögen – flacht sich die Hierarchie zwischen Kultur- bzw. Sinn-Produzenten und -Konsumenten ab, ungeachtet allen unvermeidlichen ‚Fachmenschen-

---

18 Droysen, Johann Gustav: Historik. Hrsg. von Peter Leyh. Stuttgart 1977. S. 425.
19 Zündorf, Irmgard: Zeitgeschichte und Public History. Version 2.0. http://docupedia.de/zg/Zuendorf_public_history_v2_de_2016?oldid=126407 (18.7.2020).
20 Nießer, Jacqueline u. Juliane Tomann (Hrsg.): Angewandte Geschichte. Neue Perspektiven auf Geschichte in der Öffentlichkeit. Paderborn [u. a.] 2014.
21 Zur marktförmigen Konkurrenz um Geschichts- und Gedächtnisbilder vgl. Langewiesche, Dieter: Zeitwende. Geschichtsdenken heute. Göttingen 2008, S. 85–100; Hardtwig, Wolfgang: Verlust der Geschichte oder wie unterhaltsam ist die Vergangenheit? Berlin 2010 (Reihe Pamphletliteratur 1).

tums'. Varianten populärer Geschichtsvermittlung gab es auch in der bürgerlich-industriellen Gesellschaft des 19. und 20. Jahrhunderts. Auf dem Markt erfolgreiche Geschichtsschreibung von Autoren außerhalb der Universität und publikumsbewußte Geschichtsdarstellung von Professoren lagen im 19. und frühen 20. Jahrhundert vielfach nahe beieinander. Aber die Herausforderungen an die Geschichtsbildproduzenten haben sich unter den genannten Bedingungen der heutigen demokratisierten Informations- und Mediengesellschaft substantiell geändert."[22]

Demokratisierte Massenkonsumgesellschaften erzeugen eine Geschichtskultur mit abgeflachten Hierarchien. Gerade das Bremer Projekt kann als Beleg dafür dienen, dass es wenig Sinn macht, angewandte gegen akademische Geschichte auszuspielen. Auf die Art ihres Zusammenwirkens kommt es an. Etwa zu der von Dieter Langewiesche thematisierten Absicht aller Geschichtsinszenierungen: „Erhofft wird, durch Inszenierung von Geschichte ‚Identität' zu schaffen."[23]

Auch und gerade die Bremer Inszenierung zu „lästigen Ausländern" zielt auf Identitätsbildung. Aktenforscher*innen, Regisseur und Schauspieler*innen haben sich zu einem eindeutigen Narrativ verbündet – „Narrativ" verstanden als eine mit Sinn und Bedeutung versehene, von Werten geleitete und emotional gestützte historische Erzählung. Es ist das Narrativ der liberal-kosmopolitischen Weltaneignung in bewusster Gegenrede zum Narrativ der national-homogenisierenden Weltabschließung. Die Konfrontation dieser beiden Groß-Narrative durchzieht wie kaum eine andere die globalisierte Ideengeschichte des 21. Jahrhunderts. Das Bremer Geschichtstheater positioniert sich, indem es zum Jahrhundertthema Flucht und Migration für weltoffene Humanität wirbt.

Historiker*innen wären nicht Historiker*innen, könnten sie nicht Beispiele für das Gegen-Narrativ nennen. Publikumswirksames Geschichtstheater konnte auch immer dem nationalistischen Wir-Gefühl zuspielen. Zu Anfang des 20. Jahrhunderts florierte im Deutschen Kaiserreich das *Harzer Bergtheater* auf dem Hexentanzplatz bei Thale mit einem deutsch-völkischen Geschichtsprogramm, das durch die Präsentation von Ursprungsmythen in „religiös-ästhetischer Kommunion" ausdrücklich auch mit den „Stillen im Lande" die nationale Gemeinschaft stärken wollte.[24] Der Harzer Hexentanzplatz mag zeitlich und räumlich abgelegen erscheinen. Nicht abgelegen, vielmehr im Zentrum europäi-

---

22 Hardtwig, Wolfgang u. Alexander Schug: Einleitung. In: History Sells! Angewandte Geschichte als Wissenschaft und Markt. Hrsg. von Wolfgang Hardtwig u. Alexander Schug. Stuttgart 2009. S. 9–17. S. 15.
23 Langewiesche, Zeitwende (wie Anm. 21), S. 85.
24 Dieses Beispiel ist zu finden in Neufert, Sven: Theater als Tempel. Völkische Ursprungssuche in Drama, Theater und Festkultur 1890–1930. Würzburg 2018 (Film – Medium – Diskurs 88). S. 37–48.

scher Geschichtskulturen steht der Streit um das im März 2017 eröffnete *Museum des Zweiten Weltkriegs* in Danzig, dessen Direktor Paweł Machcewicz kurz darauf entlassen wurde, nachdem der polnische Staatspräsident und seine national-konservative Partei die Museumskonzeption als zu „universalistisch" und zu wenig auf den polnischen Heroismus ausgerichtet kritisiert hatte. Sehr deutlich äußert sich Machcewicz dazu, wie die polnische Geschichtskultur durch die beiden Narrative zerrissen wird:

> „Jarosław Kaczyński, the leader of the Law and Justice party, declared that it was an attempt by Polish and European liberal elites 'to destroy the national identity of the polish nation.' The idea of presenting Polish history as part of European history was interpreted as a threat to the uniqueness of the Polish experience, a slight to our heroism and suffering. They claimed that to present the wartime experiences of other nations alongside the Polish experience would jeopardize the exceptional status of the Polish nation."[25]

In den neuzeitlichen Geschichtskulturen ist das kein Einzelfall. Eine Geschichte der Geschichtsschreibung ließe sich in großen Teilen als Geschichte der Spannung zwischen historischer „Erkenntnisbildung" und gruppenspezifischer, in der Hauptsache nationaler „Identitätsbildung" schreiben.[26] Als Wissenschaftler*innen sind Historiker*innen der Erkenntnisbildung, nicht der Identitätsbildung verpflichtet. Um den besonderen Status der Angewandten Geschichte zu bestimmen und um die Reibungen und Verflechtungen zwischen akademischer und angewandter Geschichte, zwischen Geschichte als Wissenschaft und Geschichte als Praxis zu ermitteln, müssen sie geschichtstheoretisch auf einer Ebene oberhalb identitätspolitischer Narrative ansetzen.

Juliane Tomann, Mitbegründerin des Instituts für angewandte Geschichte in Frankfurt an der Oder, hat unter dem Eindruck, dass die Angewandte Geschichte einer stärkeren theoretischen Verankerung bedürfe, ein aufschlussreiches Gespräch mit dem Geschichtstheoretiker Jörn Rüsen geführt. Tomann stellte die Gretchenfrage der Angewandten Geschichte, wie „historische Erkenntnis in ihre Bezüge zur Lebenswelt zu setzen" ist, wenn „Historiographie nicht als Selbst-

---

[25] An Interview with Paweł Machcewicz. Politics of History – Politicians against Historians. In: VHD Journal 7 (2018). S. 19–22. Zitat S. 20; vgl. dazu auch Machcewicz, Paweł: Der umkämpfte Krieg. Das Museum des Zweiten Weltkriegs in Danzig. Entstehung und Streit. Wiesbaden 2018 (Polnische Profile 5).

[26] Schulin, Ernst: Arbeit an der Geschichte. Etappen der Historisierung auf dem Weg in die Moderne. Frankfurt am Main 1997 (Edition Pandora 35). S. 9; Schulin, Ernst: Geschichtswissenschaft in unserem Jahrhundert. Probleme und Umrisse einer Geschichte der Historie. München 1988 (Schriften des Historischen Kollegs 16).

zweck zu betrachten" sei.²⁷ Rüsens Antwort fußt auf seinem theoretischen Lebenswerk einer zeitgemäßen *Historik* in Fortführung von Johann Gustav Droysen²⁸ und zielt in zwei Richtungen. Zum einen wendet er sich gegen die Semantik von „Anwendung", wenn es um „Orientierungspraxis, um Kultur als Praxis" geht. „Angewandte" Geschichte sei nie frei von der Bedeutung, „dass geschichtspolitische Vorgaben umgesetzt werden. [...] Deshalb ist der Begriff der Praxis dem der Anwendung vorzuziehen".²⁹ Zum zweiten und in der Sache geht es ihm um die Quintessenz seiner Historik. Alles historische Denken, auch das wissenschaftliche, wurzelt in Lebenspraxis und mündet in Praxis.

Das Verhältnis von wissenschaftlich-akademischer und angewandt-praktischer Geschichte bemisst sich folglich in modernen Gesellschaften, die den Wissenschaften als Ort der Wahrheitsfindung einen autonomen Status garantieren, daran, inwieweit historische Erkenntnisbildung sich in Distanz zu gruppeneigener Identitäts- und Erinnerungsformung begibt und zugleich ihre Einbettung in lebensweltliche Bezüge kritisch reflektiert. Seit Droysen und zuletzt bei Rüsen in einer ausgefeilten „Matrix" unterschieden und in einen inneren Wirkungszusammenhang gebracht, sind Historiker*innen gehalten, fünf Dimensionen der Geschichtskultur theoretisch zu unterscheiden, das heißt fünf gedankliche Operationen zu beherrschen und zueinander in Beziehung zu setzen, um mit Erkenntnisgewinn ihrer Gegenwart vergangenes Geschehen zu vermitteln.³⁰

Am Anfang steht das menschliche Orientierungsbedürfnis in der Welt. Der „Kulturmensch" nimmt, mehr oder weniger bedacht, eine eigene Erkenntnisperspektive ein. Die Geschichte des Geschichtsdenkens kennt dafür ganz unterschiedliche Bezeichnungen, den „Sehepunkt" (Chladenius), die „Kulturwertbeziehung" (Max Weber) oder, bis heute griffig, das „erkenntnisleitende Interesse". Soll das historische Orientierungsbedürfnis einer wissenschaftlichen Disziplinierung unterworfen werden, bedarf es zweitens eines theoretischen Konzepts, einer gedanklichen Ordnung der Problemstellung mithilfe eines analytischen Instrumentariums trennscharfer Begriffe. Damit eng verknüpft ist drittens die

---

27 Rüsen, Jörn: Geschichtskultur und Angewandte Geschichte. Professor Jörn Rüsen im Gespräch mit Juliane Tomann. In: Tomann/Nießer, Angewandte Geschichte (wie Anm. 20), S. 58–62. S. 60.
28 Rüsen, Jörn: Historik. Theorie der Geschichtswissenschaft. Köln 2013.
29 Rüsen/Tomann, Geschichtskultur (wie Anm. 27), S. 61.
30 Ich folge hier dem Strukturmodell von Jörn Rüsen, das vorsieht, für den inneren Zusammenhang von vor- und außerwissenschaftlichen Orientierungsbedürfnissen und wissenschaftlichen Erkenntnisleistungen des historischen Denkens „fünf Faktoren" zu unterscheiden. Rüsen, Historik (wie Anm. 28), S. 68.

methodische Vorgehensweise, die empirische Quellenrecherche und fachspezifische Bearbeitung der Vergangenheit durch systematisierende Analyseverfahren.

Im vierten Schritt geht es um die Vermittlung der Ergebnisse, um die „Formen der Darstellung". Das kann der innerakademische Spezialdiskurs mit Monographie und Aufsatz sein. Es kann, und darauf richtet sich das Interesse der Angewandten Geschichte an „Medialität" und „Performanz", um die Präsentation von Geschichte in Theater, Film, Museum, Sachbuch, Kulturfestival und vieles andere gehen. Hier wurde der*die Hyper-Historiker*in als Counterpart zum*zur Historiker*in angesiedelt und ein wenig auch übergeordnet in seiner*ihrer schauspielerischen Rolle „functioning as a witness of the events vis-à-vis the spectators"[31]. Hyper-Historiker*innen treten an die Stelle der Meta-Historiker*innen von Hayden White. Bei White sind es die großen Geschichtsschreiber selbst, Michelet, Tocqueville, Ranke oder Burckhardt, deren Darstellungskunst er eine eigene Qualität der Wahrheitsfindung zuspricht.[32] Bei Rokem und denen, die seinem Konzept folgen, ist die Arbeitsteilung zwischen „professional historians" und professionellen und spektakulär im Rampenlicht stehenden Schauspieler*innen das Entscheidende „for the creation of a theatrical discourse performing history".[33]

Man sieht an dieser Stelle die spezifische Leistung wie die begrenzte Reichweite des Konzepts vom Hyper-Historiker für die Ansprüche von Public History und Angewandter Geschichte. Rokem hat es für sein spezielles Untersuchungsfeld, die Geschichte in der Theater-Kunst, kreiert. Das ist ein eigenes und weites Feld. Auch für Public History und Angewandte Geschichte ist diese vierte, darstellende Dimension der Geschichtsarbeit die zentrale. Aber sie wählt das breite Spektrum und die heftige Konkurrenz der Medien zu ihrem Gegenstand, vom Welttheater des Peter Brook und der Ariane Mnouchkine bis zur dörflichen *Living history,* vom Oscar-prämierten Filmtheater bis zur stereotypen Fernsehserie, vom Geschichtsroman über den historischen Comic bis zum Computerspiel. Im strengen geschichtstheoretischen Sinn wären auch die historischen Stadtführer*innen und die Museumsführer*innen aller Orten als Hyper-Historiker*innen anzusprechen. Das macht es fraglich, ob der Begriff in seiner Opposition zum*zur Historiker*in für die Public History einen Mehrwert an Erkenntnis bringt. Für die gewünschte theoretische Verortung der Angewandten Geschichte dürfte das Nachdenken darüber wichtiger sein, wie sie mit ihrem Akzent auf Vermittlung von Geschichtswissenschaft in außerakademische und alltägliche Bereiche hinein

---

31 Rokem, Performing History (wie Anm. 3), S. 25.
32 White, Hayden: Metahistory. Die historische Einbildungskraft im 19. Jahrhundert in Europa. Frankfurt am Main 1991.
33 Rokem, Performing History (wie Anm. 3), S. 202.

den Wirkungszusammenhang der „fünf Faktoren" sieht, wobei der fünfte Faktor noch zu ergänzen ist. Hierbei geht es um die kulturellen „Orientierungsfunktionen" des Geschichtswissens, um Aufklären, Motivieren, Agitieren. Das kann in enger Rückbindung an wissenschaftliche „Forschungsstände" geschehen, aber genauso gut unter bewusster Umgehung, um außerwissenschaftliche Absichten zielstrebiger verfolgen zu können. Das ebenfalls weite Feld der Geschichtspolitik wäre hier näher auszuleuchten.

Kehren wir jedoch zum Ausgangspunkt zurück, der Bremer Kooperation zwischen Geschichtswissenschaft und Theater zur szenischen Darstellung von Migration, Flucht und Vertreibung in der Weimarer Republik. Welche Schlüsse lassen sich zum exemplarischen Umgang mit Geschichte und zu den Aufgaben von Historiker*innen ziehen?

III.

Das Bremer Projekt zielt in der Verbindung von Forschung, Lehre und szenischer Lesung darauf, dem öffentlich omnipräsenten Thema Flucht und Migration historische Tiefenschärfe zu verleihen, intellektuelle Differenzwahrnehmung zu schulen und ethische Urteilskraft anzuregen.[34]

Darin bündelt sich das erkenntnisleitende Interesse, das „Jahrhundert der Flüchtlinge", das in Konjunkturen und unbewältigt vom 20. ins 21. Jahrhundert führt,[35] an seinem Beginn aufzuspüren. Gegenüber dem 19. Jahrhundert führte die europäische Umordnung nach 1918 mit ihrer Auflösung multiethnischer Imperien und den neuen nationalen Grenzziehungen und Grenzsperren zu einer gewaltigen Problemsteigerung von Flucht, Vertreibung, Umsiedlung und Armutswanderung.[36] Allein die Weimarer Republik hatte in ihrer von wirtschaftlicher Not und Bürgerkrieg geprägten Gründungsphase „die Zuwanderung und Eingliederung von rund einer Million Deutschen aus den nach dem Waffenstillstand 1918 bzw. dem Versailler Vertrag 1920 abgetretenen Gebieten des Reiches sowie von ‚Deutschen fremder Staatsangehörigkeit' aus Ostmittel- und Südeuropa, die Anwesenheit Hunderttausender von Flüchtlingen aus dem Russland des Bürgerkriegs und der Revolution, die Zuwanderung und Eingliederung oder Abschiebung

---

34 Gröpl, Myriam [u.a.]: Vorwort. In: Geflüchtet, unerwünscht, abgeschoben. „Lästige Ausländer" in Hamburg 1919–1933. Hrsg. von Myriam Gröpl, Anna Mamzer u. Eva Schöck-Quinteros. Bremen 2016 (Aus den Akten auf die Bühne 11). S. 7–10.
35 Einen eindrucksvollen Überblick bietet Ther, Philipp: Die Außenseiter. Flucht, Flüchtlinge und Integration im modernen Europa. Berlin 2017.
36 Gerwarth, Robert: Die Besiegten. Das blutige Erbe des Ersten Weltkriegs. München 2017.

zehntausender osteuropäischer Juden" zu bewältigen.³⁷ Diese Rahmenbedingungen sind den Projekt-Historiker*innen geläufig bei ihren Recherchen in Berliner, Bremer, Hamburger und badischen Archiven. Die Bühnen-Inszenierung setzt sie stillschweigend voraus im Bewusstsein der Frage: Wie verändern sich gekürzte und montierte Quellen, wenn Schauspieler*innen sie vorlesen und damit auch interpretieren?³⁸ Da die Drehbücher, die einschlägigen Bände *Aus den Akten auf die Bühne* als handwerklich solide Quelleneditionen vorliegen, lässt sich die Frage gut beantworten. In Auswahl und Präsentation der als dramaturgisches Mittel bis in die Aktenzeichen rezitierten Dokumente wird ein Geschichts-Realismus inszeniert, der die „historischen Tatsachen" aus ihren unterschiedlichen Akteurs-Perspektiven zur Geltung bringt. Dem Publikum werden die unterschiedlichen Diskursebenen und Quellengruppen vermittelt, die persönlichen Erfahrungen der Migrant*innen anhand von Ego-Dokumenten, die Gesetzesauslegungen, Erlasse und Verfügungen der staatlichen Bürokratien, die antisemitische und fremdenfeindliche Mobilisierung der Öffentlichkeit durch rechte Verbände und Parteien, die Arbeit der Sozialverbände und die Unterstützung durch jüdische Selbsthilfegruppen.

Das Narrativ „Lästige Ausländer" erzeugt in der Bühnenregie und der Sprachmacht der Hyper-Historiker*innen zugleich eine Eindeutigkeit des *Tatsachenwissens*, die Historiker*innen stets mit dem methodischen Gebot des *Hypothesenwissens* zu prüfen haben. Zur Vermittlung der Vergangenheit in die Gegenwart gehört die Distanzwahrnehmung, um die eigene Gegenwart mit der Fremderfahrung vergangenen Geschehens zu konfrontieren.³⁹ Das Universitätsteam und die *bremer shakespeare company* zielen in ihrem gemeinsamen Aufklärungsimpetus darauf, eine Kontinuitätslinie von der frühen Weimarer Republik zum Flüchtlingsdiskurs nach 2015 zu ziehen. Das ist durchaus abgestützt durch die Forschung von Jochen Oltmer, der seine Studie abschließt mit der These einer „im späten 20. und frühen 21. Jahrhundert zu beobachtenden Europäisierung der protektionistischen Migrationspolitik (,Festung Europa'), wie sie auch schon in der Zwischenkriegszeit zu beobachten war."⁴⁰ Wenn die Schauspieler*innen auf der Theaterbühne stellvertretend „Zeugnis" über individuelle Schicksale ablegen, die kalte Amtssprache der Abschiebungen ebenso wie die Parolen der nationalistischen Presse in den Raum stellen, dann setzen sie als

---

37 Das ist der Ausgangspunkt für die bis heute maßgebende Untersuchung von Oltmer, Jochen: Migration und Politik in der Weimarer Republik. Göttingen 2005. Zitat S. 11.
38 Gröpl [u. a.], Geflüchtet (wie Anm. 34), S. 9.
39 Hübinger, Engagierte Beobachter (wie Anm. 2), S. 266–267.
40 Oltmer, Migration (wie Anm. 37), S. 495.

Hyper-Historiker*innen ganz auf die Wiedererkennung der damaligen in den heutigen Aktionsmustern.

Historiker*innen arbeiten durchaus mit diachronen Analogieschlüssen. Zugleich agieren sie als Fremdenführer, wenn sie ihr Publikum in die Erfahrungswelten des frühen 20. Jahrhunderts mitnehmen. Heute leben wir in einer Wohlstandsgesellschaft nie gekannten Ausmaßes, wenngleich wir verunsichert sind durch digitale Revolutionen und weltpolitische Erosionen. Der moderne Interventionsstaat, wie er erst durch den Ersten Weltkrieg geformt wurde, sah sich unmittelbar nach Kriegsende mit gewaltigen Strukturproblemen anderer Art konfrontiert. Kriegswirtschaft war auf Friedenswirtschaft umzustellen und die Inflation zu bekämpfen. Der Arbeitsmarkt war neu zu regeln, wohlfahrtsstaatliche Leistungen festzusetzen und die Kriegsopferversorgung zu sichern. Dazu waren in der neuen demokratischen Institutionenordnung parlamentarische Interessenkämpfe erst einzuüben. Es sind nicht die gleichen historischen Konstellationen, in denen transnationale Migration „als Bedrohung und Belastung"[41] empfunden wurde.

Mit dem Geschichtstheater und generell mit den Mitteln der Angewandten Geschichte lässt sich zweifellos nachdrücklicher und nachhaltiger in den außerwissenschaftlichen Diskurs vermitteln, welche epochenspezifische Herausforderung es darstellt, die enorme Spannung zwischen grundrechtlichem Humanitätsgebot und sozialem Ordnungsdenken[42] politisch handlungsleitend zu balancieren.

---

41 Oltmer, Migration (wie Anm. 37), S. 13–14.
42 Zu den „unterschiedlichsten politisch-moralischen Deutungsmustern sozialer Ordnung" im Verlauf des 20. Jahrhunderts vgl. Raphael, Lutz: Ordnungsmuster und Deutungskämpfe. Wissenspraktiken im Europa des 20. Jahrhunderts. Göttingen 2018 (Kritische Studien zur Geschichtswissenschaft 227). Zitat S. 7.

Ulrike Jureit
Alles nur Theater?
Zur Produktion kultureller Bedeutungen durch Kontextwechsel

Am 30. Dezember 1919 erschien im Berliner Tageblatt ein Artikel des damals bereits prominenten Physikers Albert Einstein mit dem Titel *Die Zuwanderung aus dem Osten*.[1] Einstein nahm darin zur zeitgenössischen, politisch brisanten Debatte über den Zuzug von Flüchtlingen, vor allem aus Osteuropa, öffentlich Stellung. Erst im Jahr zuvor waren mit dem Waffenstillstand von Compiègne am 11. November 1918 die Kampfhandlungen in Europa und damit der Erste Weltkrieg beendet worden. Der Versailler Vertrag, der die für Deutschland entscheidenden Friedensbedingungen der Alliierten wie zum Beispiel Kriegsschuldfeststellung, Reparationszahlungen, Gebietsabtretungen und Abrüstungsmaßnahmen festlegte, wurde am 28. Juni 1919 im Spiegelsaal von Versailles unterzeichnet, trat aber erst am 10. Januar 1920 in Kraft. Seit dem 9. November 1918 herrschte zudem Revolution in Deutschland. Zwar verabschiedete die in Weimar tagende Nationalversammlung bereits am 31. Juli 1919 die neue Reichsverfassung, aber noch in den nachfolgenden Monaten und Jahren herrschten aufgrund der verheerenden Kriegsfolgen, der politischen Instabilität sowie der sozialen Verelendung in Teilen Deutschlands katastrophale Zustände: Hunger, Epidemien, Wohnungsnot, Arbeitslosigkeit und Gewalt bestimmten einen Alltag, der von einer tiefen Depression nicht nur wegen eines verlorenen Krieges, sondern auch wegen eines als demütigend empfundenen Friedens geprägt war.[2]

Einsteins Artikel erschien in politisch wie ökonomisch äußerst angespannter und extrem unsicherer Lage in Europa. Millionen Menschen hatten im und nach dem Weltkrieg ihr Leben verloren, ebenso viele ihre Heimat, ihren Besitz und ihre Staatsangehörigkeit. Millionen Menschen irrten durch Europa, flohen vor Verfolgung, Armut, Gewalt und Elend. Während des Krieges waren auch jüdische Arbeiter aus Ost- und Südosteuropa durch die Deutsche Arbeiterzentrale ange-

---

[1] Vgl. Einstein, Albert: Die Zuwanderung aus dem Osten. In: Berliner Tageblatt vom 30.12.1919. S. 2. Zu Leben und Werk von Albert Einstein hier nur der Hinweis auf Renn, Jürgen (Hrsg.): Albert Einstein. Ingenieur des Universums. Hundert Autoren für Einstein. Weinheim 2005; Grundmann, Siegfried: Einsteins Akte. Wissenschaft und Politik – Einsteins Berliner Zeit. 2. Aufl. Berlin 2004.
[2] Aufgrund der umfangreichen Forschungsliteratur hier nur einige wenige Hinweise auf neuere Publikationen: Conze, Eckard: Die große Illusion. Versailles 1919 und die Neuordnung der Welt. München 2018; Brandt, Susanne: Das letzte Echo des Krieges. Der Versailler Vertrag. Stuttgart 2018; MacMillan, Margaret: Die Friedensmacher. Wie der Versailler Vertrag die Welt veränderte. Berlin 2015.

worben worden, die nun aus unterschiedlichen Gründen nicht in ihre Heimatländer zurückkehren konnten oder wollten.[3] Darüber hinaus kamen schätzungsweise 1,5 Millionen Menschen zwischen 1918 und 1923 nach Deutschland; etwa die Hälfte von ihnen hatte die Gebiete, die im Zuge der Friedensregelungen abzutreten waren, Richtung Westen verlassen.[4] Zehntausende warteten mit dem prekären Status der Duldung in Bremen oder Hamburg auf ihre Ausreise in die Vereinigten Staaten von Amerika (USA), deren Häfen bis 1921 sogar zeitweise gesperrt waren.[5] Deutschland war vor und nach dem Weltkrieg vor allem ein Transitland und verfolgte – wie die meisten westeuropäischen Länder – eine restriktive Migrations- und Aufenthaltskontrollpolitik. In Kooperation mit den Reedereien zielte es darauf, Durchwanderer möglichst schnell und kostengünstig in ihr Zielland abzugeben, was in Kriegs- und unmittelbaren Nachkriegszeiten auch aufgrund verschärfter Einwanderungspolitiken dort kaum zu bewerkstelligen war. Berlin wurde zum Drehkreuz für gestrandete Transitreisende, die nun versuchten, über andere Häfen nach Übersee zu gelangen. Eine Asylgesetzgebung existierte bis 1918 faktisch nicht. Wer sich während seiner Durchreise nicht selbst versorgen konnte, galt als „lästiger Ausländer" und blieb von Abschiebung bedroht.[6]

Neben russischen sahen sich vor allem jüdische Flüchtlinge anhaltenden Anfeindungen gegenüber. In der deutschen Öffentlichkeit – so Einstein in seinem Zeitungsartikel – „mehren sich die Stimmen, die gesetzliche Maßnahmen gegen Ostjuden verlangen. Man behauptet, 70.000 Russen, d. h. Ostjuden leben allein in Berlin; diese Ostjuden seien Schieber, Schleichhändler, Bolschewisten oder arbeitsscheue Elemente". Solche Argumente zielten darauf, so Einstein, „schärfste Maßnahmen, d. h. Zusammenpferchung in Konzentrationslagern oder Auswanderung aller Zugewanderten" zu erzwingen. Die Austreibung der „Ostjuden", so mahnte er, „würde aller Welt als ein neuer Beweis ‚deutscher Barbarei' erschei-

---

3 Oltmer, Jochen: Migration und Politik in der Weimarer Republik. Göttingen 2005. S. 233 ff.
4 Zur Migrations- und Fluchtproblematik vor, während und nach dem Ersten Weltkrieg siehe Maurer, Trude: Ostjuden in Deutschland 1918–1933. Hamburg 1986 (Hamburger Beiträge zur Geschichte der deutschen Juden 12); Oltmer, Migration (wie Anm. 3); Brinkmann, Tobias: Migration und Transnationalität. Paderborn 2012 (Perspektiven deutsch-jüdischer Geschichte); Saß, Anne-Christin: Berliner Luftmenschen. Osteuropäisch-jüdische Migranten in der Weimarer Republik. Göttingen 2012 (Charlottengrad und Scheunenviertel 2).
5 Oltmer, Migration (wie Anm. 3), S. 238 ff.
6 Einwanderung nach Deutschland war vor 1914 ein (marginaler) Nebeneffekt der Durchwanderung, den deutsche Behörden zu verhindern suchten. Bei Beginn des Ersten Weltkrieges lebten schätzungsweise 90.000 Juden mit ausländischer Staatsangehörigkeit in Deutschland, die Zahlen stiegen aber während des Krieges aufgrund von Arbeitsanwerbungen sowie nach Kriegsende durch Pogromflüchtlinge an. Oltmer, Migration (wie Anm. 3), S. 221–251.

nen" und könne einen Anlass bieten, den Wiederaufbau Deutschlands zu erschweren.[7] Der Artikel des späteren Nobelpreisträgers im Berliner Tageblatt wie auch mehrere andere, vor allem administrative Korrespondenzen der Berliner Reichsregierung aus dem Jahr 1919 bilden den Auftakt der von der *bremer shakespeare company* inszenierten Lesung: *Geflüchtet, unerwünscht, abgeschoben. „Lästige Ausländer" in der Weimarer Republik,* die im Mai 2016 in Bremen Premiere hatte.[8] In Kooperation mit dem am Institut für Geschichtswissenschaft der Universität Bremen angesiedelten Projekt *Aus den Akten auf die Bühne* entstand ein Textkorpus über Geflüchtete aus Osteuropa und deren Behandlung in den 1920er Jahren.[9] Zeitungsartikel, Regierungsdokumente, Fallakten und Polizeiberichte wurden dafür collagenhaft zusammengestellt und ausschnittsweise von insgesamt vier Schauspieler*innen vorgetragen. Die Intention ist dabei unverkennbar: Die Recherche in alten Zeitungsartikeln, Dokumenten und Briefen, so die Leiterin des Projektes, erweise sich als hochgradig aktuell. Vor dem Hintergrund der gegenwärtigen „Flüchtlingssituation gibt diese Lesung Einblicke in die Zeit nach dem Ersten Weltkrieg und zeigt Parallelen zu heute auf".[10]

Geschichtstheater ist gegenwärtig eine ebenso populäre wie schillernde Bezeichnung für unterschiedliche Formen der theatralen Darbietung historischer Stoffe. Damit können einerseits Darstellungen gemeint sein, in denen vergangene Ereignisse, Personen und Zustände szenisch nachgespielt werden, wie es beispielsweise in der *Living History* und im historischen *Reenactment* geschieht.[11] Darunter werden aber andererseits auch szenische Lesungen gefasst, bei denen historische Texte aller Art zu theatralen Zwecken aufbereitet und öffentlich auf-

---

7 Einstein, Zuwanderung (wie Anm. 1), S. 2.
8 Mamzer, Anna u. Eva Schöck-Quinteros (Hrsg.): Geflüchtet, unerwünscht, abgeschoben. „Lästige Ausländer" in der Weimarer Republik. Bremen 2016 (Aus den Akten auf die Bühne 9); Gröpl, Myriam [u.a.] (Hrsg.): Geflüchtet, unerwünscht. abgeschoben. „Lästige Ausländer" in Hamburg 1919–1933. Bremen 2016 (Aus den Akten auf die Bühne 11); Steffen, Nils u. Cord Arendes (Hrsg.): Geflüchtet, unerwünscht, abgeschoben. Osteuropäische Juden in der Republik Baden (1918–1923). Heidelberg 2017.
9 Zu diesem Projekt vgl. Schöck-Quinteros, Eva u. Sigrid Dauks: „Am Anfang habe ich schon nach Luft geschnappt!" – Das Projekt *Aus den Akten auf die Bühne* an der Universität Bremen. In: Projektlehre im Geschichtsstudium. Verortungen, Praxisberichte und Perspektiven. Hrsg. von Ulrike Senger, Yvonne Robel, Thorsten Logge. Bielefeld 2015 (Doktorandenbildung neu gestalten 5). S. 130–143.
10 Ankündigung der *bremer shakespeare company auf* https://www.literaturhaus-bremen.de/events/gefluechtet-unerwuenscht-abgeschoben-5/ (20.7.2020).
11 Hochbruck, Wolfgang: Geschichtstheater. Formen der „Living History". Eine Typologie. Bielefeld 2013 (Historische Lebenswelten in populären Wissenskulturen 10); Arendes, Cord: Public History und die Inszenierung von Quellen mit Mitteln des Theaters. In: Steffen/Arendes, Geflüchtet (wie Anm. 8), S. 13–24.

geführt werden. Eine spezifische Form stellt dabei die Arbeit mit und die Bearbeitung von historischen Originalquellen dar. Für das Verständnis dessen, was Zuschauer*innen in solchen Fällen auf Bühnen wie der *bremer shakespeare company* oder der *Theaterwerkstatt Heidelberg* zu sehen bekommen, erweist es sich als aufschlussreich, konkret nachzuvollziehen, was genau geschieht, wenn im Theater auf Archivmaterial zurückgegriffen wird, genauer gesagt, wenn in Archiven verwahrte schriftliche Quellen zu gesprochenen Texten auf Theaterbühnen werden. Die Analyse solcher Transformationen ist auch deswegen erhellend, weil diese Art von *Geschichtstheater* sowohl von den Akteur*innen als auch vom Publikum oftmals als besonders authentisch empfunden und in diesem Sinne vermarktet wird.[12] Im Folgenden soll es daher darum gehen, einige Logiken, Mechanismen und Konsequenzen solcher Quellenbearbeitungen sichtbar zu machen. Dabei stehen nicht nur die konkreten Textveränderungen sowie die Ent- und Rekontextualisierungen des Archivmaterials im Mittelpunkt. Auch die Effekte, die sich durch das Zusammenfügen der bearbeiteten Quellen zu einer Textcollage ergeben, gilt es kritisch zu beleuchten. Dem liegt ein Verständnis zugrunde, das Vorstellungen von Vergangenheit und somit Geschichtsdeutungen generell als Übersetzungsleistungen versteht, die sich fortwährend zwischen Disziplinen, Kulturen und Zeiten hin und her bewegen. Bei der Übertragung ins Mündliche kommt hinzu, dass der gesprochene Text durch Intonation, Gestik und die szenische Darstellung eine Ausdrucksform erhält, die er ursprünglich nicht hat.[13] Die Produktion kultureller Bedeutungen durch Kontextwechsel ist dabei ein ebenso zentraler wie in der Regel intransparenter Mechanismus, dem hier am Beispiel der szenischen Lesung *Geflüchtet, unerwünscht, abgeschoben* nachgegangen werden soll.

Aus Quellen werden Sprechhandlungen

Verbürgte oder bekräftigte *Authentizität* gilt heutzutage als Gütesiegel. Während man noch in den 1972 veröffentlichen *Geschichtlichen Grundbegriffen*[14] vergeblich nach einem Eintrag über *Authentizität* sucht, hat sich der Begriff und die mit ihm verbundene Sehnsucht nach dem Unmittelbaren seither zu einer Art Signatur

---

12 Vgl. unter anderem die Ankündigung der *bremer shakespeare company*, online: https://www.shakespeare-company.com/aus-den-akten-auf-die-buehne/ (20.7.2020).
13 Bachmann-Medick, Doris: Übersetzung zwischen den Zeiten – ein travelling concept? In: Saeculum 67 (2017). S. 21–43.
14 Brunner, Otto [u. a.] (Hrsg.): Geschichtliche Grundbegriffe. Historisches Lexikon zur politisch-sozialen Sprache in Deutschland. Bd. 1. Stuttgart 1972.

unserer Zeit entwickelt. Die Konjunktur des Authentischen prägt gegenwärtig unser Geschichtsbild und entspricht einem zeitgebundenen Verständnis, das Geschichte nicht mehr als Fortschritt, sondern als Gedächtnis konstruiert. Dabei gilt „unverstellte Unmittelbarkeit als Wert an sich".[15] Die prononcierte Wertschätzung des Authentischen bezieht sich auf eine doppelte Wortbedeutung, zum einen im Sinne einer Subjektauthentizität, die eng an die Geschichte, Konzeption und Ethik des modernen Selbst gebunden ist und metaphorisch eine als erstrebenswert angesehene Treue zu sich selbst zum Ausdruck bringt, zum anderen im Sinne einer Objektauthentizität, die dem lateinischen *authenticus* folgend auf die materielle Echtheit und Originalität eines Objektes oder einer Überlieferung abhebt und daher mit Vorstellungen von Glaubwürdigkeit, Wahrheit, Ursprünglichkeit und Autorität assoziiert ist.[16] In der historischen Forschung erlebt *Authentizität* derzeit einen Aufschwung, der im geschichtskulturellen Kontext vornehmlich um den authentischen Ort, das authentische Objekt oder das authentische Zeugnis kreist und der mit der oft eher rhetorischen denn faktischen Feststellung des Authentisch-Seins darauf zielt, im Gestus der Letztbegründung die vermeintlich manifeste Unmittelbarkeit unwiderruflich bezeugen zu können. Entgegen solchen Beglaubigungsversuchen bleibt festzuhalten, dass *Authentizität* im Sinne verbürgter Originalität historischer Überreste zwar – wie Martin Sabrow es formuliert – auf einer Art „Unterlage" haftet, sie als Zuschreibung hingegen stets kulturell hergestellt wird und nie materiell gegeben ist.[17] Daraus folgt, dass als authentisch klassifizierte Objekte und Zeugnisse nicht ohne ihre Überlieferung, Tradierungen und Überformungen zu verstehen sind. *Authentizität* ist stets

---

15 Sabrow, Martin: Die Aura des Authentischen in historischer Perspektive. In: Historische Authentizität. Hrsg. von Martin Sabrow u. Achim Saupe. Göttingen 2016. S. 29–43. S. 43.
16 Vgl. den herausragenden Artikel von Saupe, Achim: Authentizität. Version 3.0. http://docupedia.de/zg/Saupe_authentizitaet_v3_de_2015 (1.11.2018); dazu auch Lethen, Helmut: Versionen des Authentischen. Sechs Gemeinplätze. In: Literatur und Kulturwissenschaften. Positionen, Theorien, Modelle. Hrsg. von Hartmut Böhme u. Klaus R. Scherpe. Reinbek 1996. S. 205–223; Bendix Regina: In Search of Authenticity. The Formation of Folklore Studies. Madison 1997; Hoffmann, Detlef: Authentische Erinnerungsorte oder: Von der Sehnsucht nach Echtheit und Erlebnis. In: Bauten und Orte als Träger von Erinnerung. Die Erinnerungsdebatte und die Denkmalpflege. Hrsg. von Hans-Rudolf Meier u. Marion Wohlleben. Zürich 2000 (Veröffentlichungen des Instituts für Denkmalpflege an der Eidgenössischen Technischen Hochschule Zürich 21). S. 31–45; Knaller, Susanne: Ein Wort aus der Fremde. Geschichte und Theorie des Begriffs Authentizität. Heidelberg 2007 (Beiträge zur neueren Literaturgeschichte 246); Funk, Wolfgang u. Lucia Krämer (Hrsg.): Fiktionen von Wirklichkeit. Authentizität zwischen Materialität und Konstruktion. Bielefeld 2011 (Kultur- und Medientheorie).
17 Sabrow, Aura (wie Anm. 15), S. 33.

Resultat von zeit- und raumgebundenen und damit analysierbaren Zuschreibungs- und Autorisierungsprozessen.

Die zu szenischen Lesungen verarbeiteten historischen Quellen gelten vor allem deswegen als authentisch, weil den in Archiven verwahrten Schriftzeugnissen zugeschrieben wird, vergangene Geschehnisse gewissermaßen verdichtet abzubilden. Dass es sich dabei um einen Trugschluss handelt, tritt besonders deutlich hervor, wenn man sich die Überlieferungs- und Tradierungs(ge-)schichten einzelner Dokumente vor Augen führt. Das kann hier nur punktuell geschehen. Der bereits erwähnte Text von Albert Einstein verweist schon rein materiell auf einen vielschichtigen Bearbeitungsprozess. Er erschien erstmals am 30. Dezember 1919 als Zeitungsartikel im Berliner Tageblatt und fand danach Aufnahme in mehrere Sammlungen, unter anderem in den Zeitschriftenbestand der Staatsbibliothek Berlin, in das *Einstein Archive* wie auch als englische Übersetzung in die in Princeton veröffentlichten *Gesammelten Schriften*. Damit verbunden waren unterschiedliche Lese- und Deutungskontexte, denn als Zeitungsartikel im Berliner Tageblatt rekurrierte der Text publizistisch in erster Linie auf andere Beiträge in dieser und auch in anderen Tageszeitungen wie auch allgemein auf die in der Öffentlichkeit vorherrschenden Meinungen zur damals aktuellen Flüchtlingsfrage.[18] So hatte das Berliner Tageblatt in den Tagen und Wochen zuvor regelmäßig unter anderem über die prekären Wohnverhältnisse im Großraum Berlin aufgrund des anhaltenden „Flüchtlingsstroms", über Not und

---

[18] Der Artikel beginnt sogar mit dem Verweis: „In der deutschen Öffentlichkeit mehren sich die Stimmen [...]"; vgl. Einstein, Zuwanderung (wie Anm. 1), S. 2. Die Überlieferungs- und Archivierungsgeschichte des Dokuments kann hier nur exemplarisch aufgezeigt werden: Zum einen ist der Artikel im digitalen Bestand zum Berliner Tageblatt und Handels-Zeitung der Staatsbibliothek Berlin erfasst und online zugänglich: http://zefys.staatsbibliothek-berlin.de/kalender/auswahl/date/1919-12-30/27646518/. Dort steht er im Kontext seiner ersten Veröffentlichung in der Presse. Darüber hinaus findet man ihn im von der Hebrew University Jerusalem und dem California Institute of Technology geführten *Einstein Archive* unter den Signaturen 79–800 als Teil der nichtwissenschaftlichen Publizistik des Physikers. In den 2002 bei Princton University Press erschienenen *Collected Papers* befindet sich der Zeitungsartikel im chronologisch sortierten Schriftenbestand in Band 7, der den Titel trägt *The Berlin Years: Writings 1918–1921*. Die englische Übersetzung des Artikels fällt dort unter die Sammlungsrubrik *Einstein and the Jewish Question* und ist mit diversen anderen Schriftstücken thematisch verkoppelt: https://einsteinpapers.press.princeton.edu/vol7-trans/126#. Hier wie anderswo wird gerade nicht die wissenschaftliche Arbeit fokussiert, sondern Einsteins publizistische Tätigkeit. Der Zeitungsartikel im *Berliner Tageblatt* gilt als Ausdruck seines beginnenden politischen Engagements als Demokrat, Sozialist und Zionist. In der 2005 gezeigten Ausstellung *Albert Einstein – Ingenieur des Universums* des Max-Planck-Instituts für Wissenschaftsgeschichte wurde der Artikel ebenfalls biographisch unter dem Titel: *Einstein und das Judentum* gerahmt: http://einstein-virtuell.mpiwg-berlin.mpg.de/vea/SC1202496941_MOD1447635313_SEQ-1295948965_SL961431730_de.html.

Vertreibung deutscher Staatsangehöriger in den demnächst zu Polen gehörenden Gebieten sowie über den zunehmenden Antisemitismus in Deutschland berichtet.[19] Die Redaktion sah sich angesichts der aufgeheizten Stimmung genötigt, Einsteins Artikel mit dem Hinweis einzuleiten, dass den „Ausführungen des hervorragenden Gelehrten gern Raum" gegeben werde, da die Redaktion dessen kritische Ansicht „über eine Ausweisung der schon eingewanderten armen Ostjuden" teile.[20] Mit Rekurs auf eine international anerkannte wissenschaftliche Koryphäe wird hier eine politische Einschätzung autorisiert. Diese macht sich die szenische Lesung *Geflüchtet, unerwünscht, abgeschoben* zu eigen, indem sie die redaktionelle Notiz in ihren Textkorpus übernimmt. Die Autorisierung des Textes durch das Berliner Tageblatt erfährt allerdings noch eine Steigerung, da Einstein nicht nur als Universitätsprofessor (wie in der Zeitung), sondern zusätzlich noch als „Entdecker der allgemeinen Relativitätstheorie und späterer Nobelpreisträger"[21] vorgestellt wird, und das, obwohl letzteres im Dezember 1919 ja noch gar nicht eingetreten war und seine wissenschaftliche Qualifikation ihn ja nicht zwangsläufig zu einem Experten für Flüchtlingsfragen macht. Während an dieser Stelle also textlich ergänzt wurde, ohne dass dies für den Theaterbesucher nachvollziehbar wäre, finden die Anmerkungen der Redaktion andererseits nur gekürzt Eingang in die szenische Lesung, da ihr zweiter Teil nicht transferiert wurde. Darin verweist die Redaktion darauf, dass eine gesetzliche Beschränkung der Einwanderung zukünftig vorstellbar sei, wenn die entsprechenden Vorkehrungen allgemein gehalten und sich „nicht nur gegen bestimmte Religionsgenossenschaften und Kreise" richten würden.[22]

Die Umarbeitung historischer Quellen zu theatralen Zwecken umfasst demnach sowohl Ergänzungen wie auch Kürzungen, die hier nicht für alle verwendeten Materialien im Detail nachvollzogen werden können. Doch bereits das genannte Beispiel verdeutlicht, wie durch zum Teil geringe Textbearbeitungen bestimmte Aussagen fokussiert und autorisiert werden. Einsteins Zeitungsartikel

---

19 Hier nur einige wenige Hinweise: Antisemitismus und Demokratie. In: Berliner Tageblatt vom 2.11.1919; Der Flüchtlingsstrom. Ein Notschrei des Wohnungsverbandes Groß-Berlin. In: Berliner Tageblatt vom 2.11.1919; „Eine Volks-Ostspende". 100.000 Deutsche bereits heimatlos. In: Berliner Tageblatt vom 21.12.1919; Die Zuwanderung aus dem Osten. Die Russen in Berlin. In: Berliner Tageblatt vom 23.12.1919. Zur Resonanz auf Einsteins Artikel in mehreren jüdischen Presseorganen vgl. Schneider, Julia: „Ein neuer Beweis ‚deutscher Barbarei'". Albert Einstein über die Ausweisung osteuropäischer Juden. In: Steffen/Arendes, Geflüchtet (wie Anm. 8), S. 147–154.
20 Einstein, Zuwanderung (wie Anm. 1), S. 2.
21 Szenische Lesung *Geflüchtet, unerwünscht, abgeschoben*. „Lästige Ausländer" in der Weimarer Republik der *bremer shakespeare company*, Aufzeichnung der Lesung im Theater am Leibnizplatz in Bremen vom 26. Mai 2016, DVD, Bremen 2018.
22 Einstein, Zuwanderung (wie Anm. 1), S. 2.

wurde für die szenische Lesung um etwa ein Drittel gekürzt.[23] Während in den zitierten Passagen eine Argumentation dominiert, die die drohende Konzentration und Ausweisung der Betroffenen anprangert, ihre prekäre Lage benennt und von einer auf bloßen Behauptungen beruhenden „Agitation gegen Ostjuden" spricht, differenziert Einstein in den gekürzten Passagen dieses Bild insofern, dass es in Berlin zweifellos „bolschewistische Agenten" und „große Schieber unter den Ostjuden" gebe, diese aber durch die angekündigten Maßnahmen ohnehin nicht erfasst würden. „Jede Ausweisungsverfügung, die jetzt so stürmisch verlangt wird, hätte nur die Wirkung, daß die schlechten und schädlichen Elemente im Lande bleiben, dagegen die arbeitswilligen ins bitterste Elend und zur Verzweiflung getrieben werden."[24] Durch die Kürzung des Zeitungsartikels wird sein Inhalt zwar keineswegs entstellt oder sachlich falsch wiedergegeben, aber die Differenzierungen, die Einstein zum Beispiel hinsichtlich der herrschenden Notlagen vornimmt wie auch seine abwägende Argumentation gegen den pauschalen Vorwurf der bolschewistischen Agitation und der jüdischen Schwarzmarktgeschäfte, gehen verloren. Einsteins politisches Statement wie auch andere Quellen werden in einer Weise vereindeutigt, die zwar für jedes einzelne Dokument unspektakulär, für das Gesamtarrangement der verwendeten Materialien aber nicht folgenlos ist.

Historische Kontexte: Ballast oder Schlüssel zum Textverständnis?

Jede Textsorte funktioniert nach bestimmten Prinzipien und Logiken. Ein privater Brief bedient sich anderer sprachlicher Ausdrucksformen als eine Verwaltungsanordnung des Innenministeriums. Ebenso gewinnt ein Text seine Bedeutungen durch die verschiedenen politischen, sozialen und kulturellen Umgebungen, in denen er entsteht, und die ihn zu zeitgenössischen wie auch zu zurückliegenden Diskursen in Beziehung setzen. Die Übertragung sprachlicher Äußerungen in andere Kontexte, sei es durch zeitlichen, räumlichen oder kulturellen Transfer, vollzieht sich als eine Art Übersetzungsvorgang: Zum einen fallen vorherige und für das Verständnis bisher entscheidende Bedeutungszusammenhänge weg, was

---

23 Nach Auskunft der Veranstalter*innen erscheinen zu den einzelnen Lesungen Programmbücher, in denen die verwendeten Quellen dokumentiert werden. Flankierend wird die Thematik in geschichtswissenschaftlichen Artikeln und Veröffentlichungen diskutiert und erläutert, die hier bereits an anderer Stelle erwähnt wurden.
24 Einstein, Zuwanderung (wie Anm. 1), S. 2.

auch impliziert, dass das Geschriebene aus zeitgenössisch korrespondierenden Überlieferungen herausgelöst wird. Zum anderen wird der Text in neue Referenzrahmungen und damit in andere Textbeziehungen gestellt, was sowohl seine Lesart wie auch den potentiellen Deutungshorizont verändert. Bereits die Archivierung des Einstein-Artikels in anderen, nicht auf Printmedien spezialisierten Sammlungen entkoppelt ihn von den historischen Diskursen, die ihn hervorbrachten. Dazu gehören zum einen die hier nur kurz skizzierten politischen, sozialen, ökonomischen und gesellschaftlichen Lebensbedingungen in Europa wie auch ebensolche in einem Nachkriegsdeutschland, in dem zwischen 1918 und 1923 bürgerkriegsähnliche und von sozialer Verelendung und politischer Gewalt geprägte Verhältnisse herrschten. Dazu gehören des Weiteren aber auch öffentliche Debatten über Flüchtlingsströme, Abschiebungsmaßnahmen und Judenfeindschaft. Bei genauerer Betrachtung wird nachvollziehbar, warum Einstein sich gerade zum Jahresende 1919 aufgerufen fühlte, zu diesen Themen Stellung zu beziehen, denn in den Monaten zuvor hatten sich die Kontroversen über „lästige Ausländer" erneut zugespitzt.

Am 23. April 1918 waren Zuwanderung und Arbeitsanwerbung von Jüdinnen und Juden durch das preußische Innenministerium gestoppt worden. Aufgrund schwieriger Grenzsicherungsverhältnisse im Zuge der Gebietsabtretungen stieg die Zahl illegaler Einwanderer gleichwohl weiter an.[25] Der preußische Innenminister Wolfgang Heine verfügte im Mai und November 1919 einen gewissen Schutz für ausländische Juden und Jüdinnen. Trotz der „Nöte der inländischen Bevölkerung" nehme man aus völkerrechtlichen wie auch aus Gründen der Menschlichkeit bis auf weiteres davon Abstand, ost-, ostmittel- und südosteuropäische Juden und Jüdinnen auszuweisen, auch wenn sie „unter Umgehung der Grenzsperre und ohne Besitz der vorgeschriebenen Legitimationspapiere" eingereist waren. Da ihnen aufgrund anhaltender Pogrome in ihren Herkunftsländern „unmittelbare Gefahr für Leib und Leben" drohe, waren sie fortan – im Unterschied zu anderen Ausländer*innen – in Deutschland geduldet, vorausgesetzt, dass sie nicht straffällig wurden, für sich selbst sorgen konnten oder von jüdischen Hilfsorganisationen Zuwendungen erhielten.[26] Auch sei ihre Staatsangehörigkeit aufgrund der Nationalstaatsgründungen in Osteuropa vielfach ungeklärt und mache eine Rückführung kaum möglich. Der dadurch zwar weiterhin prekäre, aber dennoch verbesserte Aufenthaltsstatus osteuropäischer Juden und Jüdinnen rief massive Proteste hervor, die vor allem in den letzten Monaten des

---

25 Vgl. Oltmer, Migration (wie Anm. 3), S. 242.
26 Bundesarchiv, Berlin (BArch), R 1501/114048, Erlass des preußischen Innenministers vom 1.11.1919.

Jahres 1919 laut wurden und nun teilweise offen antisemitische Formen annahmen. Auch Vertreter der Reichsministerien wie auch andere nicht-preußische Landespolitiker übten scharfe Kritik an der preußischen Staatsregierung.

In dieser aufgeheizten Stimmung erschien der Artikel von Albert Einstein im Berliner Tageblatt. In der szenischen Lesung ist er von diversen behördlichen Dokumenten gerahmt, die im Zuge der aufkommenden Kritik an den Erlassen des preußischen Innenministers entstanden sind und sich mehr oder weniger direkt darauf bezogen. So drängte das Reichsarbeitsministerium in einem Schreiben an den Reichsinnenminister darauf, „Maßnahmen" zur Verringerung der Flüchtlinge zu ergreifen, da die „Mißstände auf dem Gebiet des Wohnungswesens" durch die „Rückkehr der Kriegsgefangenen und den ständig wachsenden Zustrom von Flüchtlingen" weiter anwachsen. In einem Telegramm an den Reichspräsidenten Friedrich Ebert vom 30. Oktober 1919 forderten die Ortsgruppen Kiel des Reichshammerbundes und des Deutschvölkischen Schutz- und Trutzbundes unter der Kampfparole „Deutschland den Deutschen" die Schließung der Grenzen für jüdische Zuwanderung, die Abschiebung der in letzter Zeit eingewanderten Jüdinnen und Juden sowie die Entfernung aller Juden aus deutschen Regierungsstellen.[27] Am 11. Dezember 1919 erklärte Reichsfinanzminister Matthias Erzberger gegenüber dem Reichsminister des Inneren, dass er dem im preußischen Erlass vertretenen Standpunkt, „einmal eingewanderte, unerwünschte Ausländer", insbesondere „Ostjuden", könnten aus „Gründen der Menschlichkeit" nicht wieder abgeschoben werden, aus Sicht der Reichsfinanzverwaltung nicht zustimme. Gründe der Menschlichkeit gegenüber eingewanderten „Ostjuden", so der Minister, vermag „ich nicht anzuerkennen", jedenfalls dürften solche Gründe gegenüber denjenigen, „die uns nahe liegen", deutlich schwerer wiegen.[28]

Der Erlass des preußischen Innenministeriums vom 1. November 1919 ist nicht Bestandteil der szenischen Lesung, wohl aber Auszüge eines Briefes des sozialdemokratischen Innenministers Preußens Wolfgang Heine an den Berliner Polizeipräsidenten vom 6. Mai 1919, in dem die fortan geltenden Richtlinien für die Ausweisung ausländischer Juden und Jüdinnen erläutert werden.[29] Der Textauszug ist darauf fokussiert, den gewährten Schutz als zeitlich befristete Ausnahmeregelung der ansonsten weiterhin bestehenden Ausweisungspraxis kenntlich zu machen. Die Berücksichtigung des ministeriellen Erlasses vom 1. November 1919 hätte indes dazu geführt, dass nicht nur der administrative Dreh- und Angelpunkt der 1919/1920 geführten Debatte deutlicher geworden wäre. Zudem wäre

---

27 BArch, R 1501/114048, Telegramm an Reichspräsident Friedrich Ebert vom 30.10.1919.
28 BArch, R 1501/114048, Schreiben des Reichsfinanzministers Matthias Erzberger vom 11.12.1919.
29 BArch, R 1501/114061, Schreiben des preußischen Innenministers vom 6.5.1919.

das in der szenischen Lesung gezeichnete Bild weitgehend fremden- und judenfeindlich agierender Reichs- und Landesregierungen und einer ebenso gesinnten Öffentlichkeit differenzierter ausgefallen. Unstrittig ist, dass die preußische Regierung ihren Kurs nicht lange aufrechterhalten konnte. Gut ein Jahr nach dem ersten Erlass, am 17. November 1920, korrigierte der nunmehr amtierende preußische Innenminister Carl Severing den zuvor erlassenen Schutz für ausländische Juden und Jüdinnen.[30] Fortan sollten ihnen gegenüber keinerlei Sonderregelungen mehr gelten. Administrativ wirkten Regierungsstellen bereits ab Frühjahr/Sommer 1920 auf die Abschiebung „lästiger Ausländer" hin; für diejenigen, die nicht abgeschoben werden konnten, richtete man Sammellager ein, unter anderem in Ingolstadt (Bayern), Stargard (Pommern) und Cottbus-Sielow (Brandenburg).[31] Die Insassen hatten dort unter vollkommen unzureichenden Bedingungen bis zu ihrer Rückführung ins Herkunftsland oder bis zur Ausreise in ein Drittland zu verbleiben. Für solche Lager war die Bezeichnung „Konzentrationslager" gebräuchlich.[32]

„Es sind alle Juden abtransportiert". Zur Interdependenz von Vergegenwärtigung und Aktualisierung

Die szenische Lesung *Geflüchtet, unerwünscht, abgeschoben* erzählt anhand gekürzter und für die theatrale Darstellung aufbereiteter historischer Dokumente eine Geschichte über die Behandlung osteuropäischer Flüchtlinge während der Weimarer Republik. Neben einzelnen Stellungnahmen wie der des Physikers Albert Einstein oder des Hochkommissars für Flüchtlingsfragen des Völkerbundes Fridtjof Nansen, in denen auf die Notlage der Betroffenen eingegangen und deren diskriminierende Behandlung angeprangert wird, handelt es sich bei der Mehrheit der verarbeiteten Materialien um behördliche Korrespondenzen und Fallakten. Sie zeigen nicht nur eine strikte Abwehrhaltung gegenüber ausländischen, insbesondere jüdischen Flüchtlingen, sie dokumentieren auch dezidiert antise-

---

30 BArch, R 1501/114050, Erlass des preußischen Innenministers vom 17.11.1920.
31 Promutico, Fabian: Eine Alternative zur Abschiebung? Die Einrichtung der ersten Konzentrationslager. In: Steffen/Arendes, Geflüchtet (wie Anm. 8), S. 215–236.
32 Der zeitgenössische Begriff „Konzentrationslager" taucht in der Lesung mehrmals mit entsprechender Intonation auf, u. a. in dem Zeitungsartikel von Albert Einstein und in einem Ausschnitt aus der Weser-Zeitung. In anderen Quellen ist von „Internierungs-" oder „Sammellagern" die Rede.

mitische wie auch generell fremdenfeindliche Einstellungen der für Migrationsfragen zuständigen Beamten und Politiker. Diese Stimmen dominieren das Geschehen auf der Bühne. Obgleich durch das Textarrangement der Eindruck einer chronologischen Erzählung entsteht, die anhand zitierter Textpassagen gleichsam einen Entwicklungsprozess nachzeichnet, bleibt doch unverkennbar, dass das Narrativ seine Wirkungskraft zwar aus der Verwendung „authentischer" Quellen zu schöpfen versucht, diese aber faktisch zu einem fiktionalen Stoff verarbeitet. Die szenische Lesung bildet das historische Geschehen als solches nicht ab, sondern konstruiert durch eine (intransparente) Textauswahl, durch (zum Teil erhebliche) Kürzungen und Zuspitzungen der Dokumente sowie durch das collagenhaft komponierte Gesamtarrangement eine Handlungslinearität, die in dieser Weise nicht nur nicht existierte, sondern die zugleich aufgrund bestimmter Signalwörter assoziative Übertragungskontexte aufruft. Es ist heute schwer vorstellbar, dass Bezeichnungen wie „Konzentrationslager" und „Deportation" sowie dezidiert antisemitische und rassistische Beschimpfungen wie „Saujud", „Parasiten" oder „lästige Ausländer" in den 1920er Jahren zwar weit verbreitet und in allen sozialen Schichten geläufig waren, sie aber gleichwohl damals nicht in Kontexten standen, wie sie während des Nationalsozialismus und vor allem während des Zweiten Weltkrieges bestürzende Realität wurden. Die diskriminierende und auf Abschiebung zielende Ausländerpolitik zwischen 1918 und 1923 war zweifellos antisemitisch und fremdenfeindlich, sie zielte aber nicht auf das, was mittlerweile Holocaust genannt wird. Gleichwohl sind Bezeichnungen wie „Konzentrationslager" und „Parasit" unweigerlich mit der nationalsozialistischen Vernichtungspolitik verklammert, so dass man derlei naheliegende Assoziationen, wenn man sie denn nicht beabsichtigt, offensiv durchbrechen müsste. Das scheint hier nicht der Fall zu sein. Ganz im Gegenteil: Die szenische Lesung ist durchzogen mit solchen und ähnlichen Schlagwörtern, die weder kommentiert noch historisch eingeordnet werden. Die Textcollage läuft zudem auf ein Ende zu, das mit der 1931 behördlicherseits formulierten Feststellung „Es sind alle Juden abtransportiert" entsprechende Assoziationen weckt, obgleich damit damals gemeint war, dass die vor allem in Hamburg und Bremen gestrandeten russischen Juden und Jüdinnen 1931 endlich in die USA auswandern durften.

Die Parallelisierung der historischen Geschehnisse ist nicht nur deswegen problematisch, weil damit zwar viel behauptet, aber relativ wenig erklärt wird, sie ist auch fragwürdig, weil mit ihr noch eine zweite Assoziationsebene einher geht. Als die szenische Lesung im Mai 2016 das erste Mal aufgeführt wurde, erlebte Europa eine unter anderem durch den Krieg in Syrien ausgelöste „Flüchtlingskrise", die nicht nur, aber auch in Deutschland anhaltend kontroverse und emotional aufgeladene Debatten über Asylgesetzgebung, Integrationspolitik, Grenzsicherung sowie über Aufnahme- und Transitlager für Geflüchtete auslöste.

Ohne diesen komplexen Diskurs hier detailliert nachzeichnen zu können, lässt sich doch generell sagen, dass die aktuellen Flüchtlingsbewegungen unter gänzlich anderen welt- und europapolitischen, ökonomischen wie auch sozialen und gesellschaftlichen Bedingungen stattfinden als diejenigen, die sich im und nach dem Ersten Weltkrieg in Europa ereigneten. Und selbst wenn man das Anwachsen antidemokratischer, antisemitischer wie auch generell rassistischer Kräfte der letzten Jahre in Rechnung stellt, wäre es doch geradezu absurd, von einer vergleichbaren Entwicklungsdynamik zu sprechen. Die latente Analogie blendet die jeweiligen historischen Kontexte recht weitgehend aus und simplifiziert die damaligen wie auch die gegenwärtigen Diskurse, um narrativ eine gewisse Plausibilität erzeugen zu können. Die sich nahezu automatisch einstellenden und zudem noch forcierten Überblendungen der drei Zeitebenen 1919–1939–2019 werden an keiner Stelle ernsthaft durchbrochen. Es soll offenbar der Eindruck erweckt werden, die gegenwärtige Debatten über Flüchtlingsquoten, Aufnahmelager und Antisemitismus ähneln denen der 1920er Jahre. Die radikale Ent- und Rekontextualisierung unterschiedlichster Quellentexte wie auch die interpretatorischen Engführungen, wie sie in der Lesung zutage treten, mögen den gängigen Logiken des theatralen Genres entsprechen. Historiographisch handelt es sich um ein eindimensionales Deutungsangebot, das die mit Wirklichkeitsreferenzen assoziierten Quellenmaterialien im Sinne der intendierten Aussage fiktionalisiert, ohne die zugrunde liegenden Konstruktionsprinzipen des Genretransfers offen zu legen.

Teil II: **Medialität**

Guido Isekenmeier
Zur Medialität des Geschichtstheaters

Geschichtliche Ereignisse und Prozesse werden heute an vielen Orten und in verschiedensten Medien auf- und vorgeführt, unter denen das Theater – als Spielstätte wie als „plurimediale Darstellungsform"[1] – längst keinen herausragenden Platz mehr einnimmt. Die Vielfalt der Geschichtsspektakel, die auf dem und jenseits des Bildschirms begegnen, führen dies selbst dem Anglisten vor Augen, dem die „inszenierte Vergegenwärtigung von Geschichte auf der Theaterbühne"[2] ein altehrwürdiger Gegenstand ist, dessen kulturelles Prestige sich aus einer Tradition speist, die für das neuzeitliche Theater bis zum Elisabethanischen *history* oder *chronicle play* zurückreicht. Dennoch muss es überraschen, dass das Theater in aktuellen „Untersuchungen zu populären Geschichtsrepräsentationen […] bisher nur eine unbedeutende Nebenrolle übernehmen [konnte]"[3] oder überhaupt nur noch dem Namen nach verhandelt wird. Wolfgang Hochbruck etwa bestimmt Geschichtstheater als „Präsentations- und Aneignungsformen historischer Ereignisse, Prozesse und Personen mit Praktiken des Theaters – Kostümierung, personalisierende Dramatisierung, Inszenierung – im öffentlichen und halböffentlichen Raum".[4] Nun mag man die von Hochbruck vorgeschlagene „Typologie von Formaten und Varianten des Geschichtstheaters" (von der experimentellen Archäologie bis zur TV-Show) dafür loben, dass sie „elastisch genug" sei, „um auch andere, in der Publikation nicht angesprochene Handlungsformen an der Schnittstelle von Geschichte und Theater zu erfassen"[5] – wie zum Beispiel das Geschichtstheater *im* Theater. Oder man mag sich darüber wundern, dass ausgerechnet diejenige *public history site*, die dem gesamten Feld (und dem Buch) ihren Namen gibt und in der zweifelsohne „mit Praktiken des Theaters" gearbeitet wird, keinerlei Behandlung zuteil wird (im Unterschied zu *Living History Interpretation*, *Pageantry* und *Reenactment*) – oder doch wenigstens eine bibliogra-

---

[1] Pfister, Manfred: Das Drama. Theorie und Analyse. 11. Aufl. München 2001 (Information und Synthese 3). S. 24.
[2] Arendes, Cord: Public History und die Inszenierung von Quellen mit Mitteln des Theaters. In: Geflüchtet, unerwünscht, abgeschoben. Osteuropäische Juden in der Republik Baden (1918–1923). Hrsg. von Nils Steffen u. Cord Arendes. Heidelberg 2017. S. 13–24. S. 15.
[3] Arendes, Public History (wie Anm. 2), S. 16.
[4] Hochbruck, Wolfgang: Geschichtstheater. Formen der „Living History". Eine Typologie. Bielefeld 2013 (Historische Lebenswelten in populären Wissenskulturen 10). S. 11.
[5] So der oder die namenlose Beiträger*in einer Rezension vom 4.9.2014 unter www.theaterforschung.de/rezension.php4?ID=2004 (7.4.2017, die gesamte Website ist zwischenzeitlich nicht mehr abrufbar).

https://doi.org/10.1515/9783110661866-005

phische Würdigung der bis in die Gegenwart fortgeführten Beschäftigung mit der *Geschichte im Rampenlicht*.

Vor diesem Hintergrund ist die Beschäftigung mit den Inszenierungen historischer Quellen im Theater, wie sie im Rahmen der Projektreihe *Aus den Akten auf die Bühne* betrieben wird, eine willkommene Rückkehr zur eponymen Urszene dargestellter Geschichte, dem Geschichtstheater. Als Fallbeispiel dient im Folgenden eine in Zusammenarbeit mit dem Lehrprojekt *Geflüchtet, unerwünscht, abgeschoben. „Lästige Ausländer" in der Weimarer Republik* entstandene und 2016/2017 mehrfach aufgeführte szenische Lesung der Theaterwerkstatt Heidelberg.[6] Dabei interessieren mich drei Aspekte, die die Medialität dieser Variante des Geschichtstheaters betreffen: 1) deren Verortung im Spektrum der Möglichkeiten des Geschichtstheaters, das vom klassischen Geschichtsdrama bis zum dokumentarischen Theater des 20. Jahrhunderts reicht. Dies betrifft die unterschiedlichen Arten und Weisen, das „Repertoire der Codes und Kanäle"[7] des Theaters oder kurz: die Medien des Theaters zu bespielen; 2) das Verhältnis von Geschichtsvermittlung und Aktualitätsanspruch, das sich in ihr artikuliert, wobei in diesem Bereich die Ähnlichkeiten zwischen den beiden Formen des Geschichtstheaters überwiegen. Dies betrifft die Beziehung von Kommunikation und Übermittlung oder kurz: die Mediologie des Geschichtstheaters; 3) das Verhältnis von Dramatisierung und Authentisierung in Bezug auf die historischen Dokumente, die in Szene gesetzt werden. Dies betrifft den Umgang mit der Materialität der historischen Quellen und Dokumente, die zum Sprechen gebracht werden, oder kurz: die inszenierte Medialität *im* Geschichtstheater. Als Vergleichsfolie für meine Überlegungen dient im zweiten und dritten Teil ein kollaboratives Drama der Shakespeare-Zeit, *Sir Thomas More*.

1 Die Medien des Theaters: Geschichtsdrama vs. dokumentarisches Theater

Die Bezeichnung Geschichtstheater bezieht sich auf ein Drama oder eine Aufführung „mit einem geschichtlichen, dokumentarisch-quellenmäßig verbürgten

---

6 Begleitband von Steffen, Nils u. Cord Arendes (Hrsg.): Geflüchtet, unerwünscht, abgeschoben. Osteuropäische Juden in der Republik Baden (1918–1923). Heidelberg 2017.
7 Pfister, Drama (wie Anm. 1), S. 27.

Stoff".⁸ Dieser inhaltlichen Bestimmung entspricht eine formale Unterbestimmtheit, der zufolge es „keine für das Geschichtsstück konstitutiven Formen und Mittel [gibt], die es mit Notwendigkeit einem der dramaturgischen Systeme zuordneten, sei es der aristotelischen oder der nichtaristotelischen, der klassischen oder der naturalistischen, der spezifisch ‚dramatischen' oder der epischen Dramaturgie. In ihnen allen lässt es sich realisieren".⁹ Um diese Vielfalt möglicher Gestaltungs- und Inszenierungsweisen grob zu ordnen, ist es üblich, zwischen zwei meist binär gegenübergestellten, tatsächlich aber die beiden Extreme eines Spektrums markierenden Arten des Geschichtstheaters zu unterscheiden: „Geschichtsdrama"¹⁰ auf der einen, „Dokumentarisches Theater"¹¹ auf der anderen Seite (oder die „Theatralisierung der Geschichte" und das „(historische) Dokumentarstück")¹².

Aufs Äußerste verkürzt lässt sich dieser Gegensatz anhand der Historien Shakespeares („heute noch für viele das Modell des Geschichtstheaters schlechthin")¹³ und der aus „authentischen Reden, Aufsätzen, Flugblättern, Fotografien und Filmen zusammenmontierte[n]"¹⁴ Revuen Erwin Piscators der 1920er Jahre veranschaulichen, die vor allem hinsichtlich der Bühnenausstattung und der Dramenkonzeption diametrale Ansätze verfolgen. Auf der einen Seite steht die Elisabethanische Schaubühne mit ihren bezüglich der Bühnenform, des Bühnenbildes und der Beleuchtung minimalistischen Möglichkeiten des Mise-en-scène (Freilufttheater mit Shakespearebühne und (fast) ohne Kulissen); auf der anderen Seite die Piscatorbühne mit ihren innovativen Bühnenformen (Etagenbühne, Segment-Globus-Bühne, Totaltheater) und ihrer Einbeziehung von Projektionen filmischen und fotografischen Materials. Analog stehen sich eine klassische Dramenkonzeption, die, wenn nicht konsequent den aristotelischen Einheiten, so doch einer Vorstellung dramatischer Handlung als Aufeinanderfolge von bedeutsamen Entscheidungen nachvollziehbarer Charaktere verpflich-

---

8 Schneilin, Gérard: Geschichtsdrama. In: Theaterlexikon. Bd. 1: Begriffe und Epochen, Bühnen und Ensembles. Hrsg. von Manfred Brauneck u. Gérard Schneilin. 5. Aufl. Reinbek 2007. S. 420–422. S. 420.
9 Hinck, Walter: Einleitung. Zur Poetik des Geschichtsdramas. In: Geschichte als Schauspiel. Deutsche Geschichtsdramen, Interpretationen. Hrsg. von Walter Hinck. Frankfurt am Main 1981. S. 7–21. S. 16.
10 Schneilin, Geschichtsdrama (wie Anm. 8), S. 420–422.
11 Wege, Carl: Dokumentarisches Theater. In: Brauneck/Schneilin, Theaterlexikon (wie Anm. 8), S. 309–308.
12 Rosador, Kurt Tetzeli von: Das englische Geschichtsdrama seit Shaw. Heidelberg 1976 (Anglistische Forschungen 112). S. 16.
13 Schneilin, Geschichtsdrama (wie Anm. 8), S. 421.
14 Wege, Dokumentarisches Theater (wie Anm. 11), S. 309.

tet ist (was in der aristotelischen Ethik als Prohairesis verhandelt wird), und ein „verfremdende[s] Zeigetheater"[15] gegenüber, das sich durch eine „‚Episierung' des Bühnenstoffs, das heißt ‚Ausweitung der Handlung und Aufhellung ihrer Hintergründe, also Fortführung des Stücks über den Rahmen des nur Dramatischen hinaus'"[16] sowie durch „Auflösung der ‚in sich geschlossenen' Dramenhandlung in revueartige ‚Einzelnummern'"[17] auszeichnet.

Besonders mit Blick auf die Dramenkonzeption steht die Heidelberger Inszenierung in der Tradition des dokumentarischen Theaters, indem sie die episodenhaft beleuchteten Einzelschicksale (Jakob Neger, Osias Hackel, Leopold Elter) in eine Serie kurzer Routinen einlässt, die sich der politischen Situation auf der Straße, im Parlament und in den Medien widmen und so eine Kontextualisierung der Fallstudien leisten. Über diese „Episierung" im engeren Sinne lässt sich zudem der Einsatz einer Reihe von „Episierungstechniken"[18] im weiteren Sinne des Epischen Theaters beobachten, vor allem „das Einbauen nichtdramatischer Formen, vorwiegend episch-erzählerischer Art, jedoch auch lyrischer oder musikalischer Art".[19] So dient etwa eine mehrstimmige Rezitation von Kurt Tucholskys „Die Grenze",[20] die das Stück rahmt, als Reflexion und Kommentar in der Art eines Chors; und der Gesangsvortrag des jiddischen Liedes *Tsen Brider* markiert eine musikalische Einlage, die zwar als spielexterne (und insofern epische) Kommunikation[21] die dramatische Handlung unterbricht, jedoch einer sonst nur aus dem behördlichen Schriftverkehr zu vernehmenden jüdischen Stimme eine zusätzliche Dimension verleiht.[22] Und auch sonst bedient sich die Aufführung ausgiebig aus dem Repertoire epischer Kommunikationsstrukturen: vom „Bloßlegen des theatralischen Apparats"[23] mittels Szenenumbau auf offener Bühne bis hin zur „Rollendistanz"[24] der Schauspieler*innen, die sich im unver-

---

15 Schneilin, Gérard: Episches Theater. In: Brauneck/Schneilin, Theaterlexikon (wie Anm. 8), S. 349–350. S. 350.
16 Wege, Carl: Piscatorbühne. In: Brauneck/Schneilin, Theaterlexikon (wie Anm. 8), S. 788–789. S. 789.
17 Wege, Piscatorbühne (wie Anm. 16), S. 789.
18 Pfister, Drama (wie Anm. 1), S. 121.
19 Schneilin, Episches Theater (wie Anm. 15), S. 349.
20 Panter, Peter (= Kurt Tucholsky): Die Grenze. In: Kurt Tucholsky. Gesammelte Werke in zehn Bänden. Bd. 2. Reinbek 1975. S. 370 f.
21 Pfister, Drama (wie Anm. 1), S. 123.
22 Stroh, Wolfgang Martin: „Tsen brider sajnen mir gewesn". Der besondere Humor jiddischer Musik und dessen Erscheinungsformen in Deutschland. https://www.musik-for.uni-oldenburg.de/tsenbrider/ (22.12.2018).
23 Pfister, Drama (wie Anm. 1), S. 123.
24 Pfister, Drama (wie Anm. 1), S. 123.

hohlenen Wechsel zwischen jeweils mehreren Rollen zeigt, der visuell meist nur durch einzelne Kleidungsstücke markiert ist, die obendrein ebenfalls im Blickfeld des Publikums gewechselt werden.

Komplizierter stellt sich die Situation mit Blick auf die Medien der Bühne selbst dar. Zwar werden die Möglichkeiten der Bildprojektion in der Heidelberger Variante eines Theaters der sprechenden Akten ausgiebig genutzt. Sie sind jedoch zum einen zwischenzeitlich zum Standard-Repertoire der Theatertechnik geworden (Digitalprojektion mittels Beamer); zum anderen sind die projizierten Bilder nicht mehr, wie etwa die Filmaufnahmen und Fotografien aus dem Ersten Weltkrieg in Piscators historischer Revue *Trotz alledem!* (12.7.1925, Großes Schauspielhaus, Berlin), *selbst* die Zeugnisse der zu vergegenwärtigenden Vergangenheit, sondern es handelt sich durchgängig um fototechnische Reproduktionen der Schriftstücke, die im Vordergrund in eine dramatische Bühnenhandlung überführt werden. Es geht also nicht mehr wie wenigstens stellenweise bei Piscator darum, bildlich dokumentierte und vorgeführte Ereignisse durch eine supplementäre Spielhandlung ins Theater zu verlängern, sondern stets darum, die Akten allererst zum Sprechen zu bringen, indem sie in dramatische Aktion übersetzt werden. Augenfälliger als bei Piscators Bühnenspektakeln wird damit in der szenischen Lesung das Erfordernis, „den historischen Stoff unter die Ökonomie des Theaterstücks [zu] bändigen".[25] Die „prinzipielle Notwendigkeit einer Bearbeitung des geschichtlichen Stoffs",[26] die noch das dokumentarischste „Theater der Berichterstattung"[27] ereilt („Das dokumentarische Theater enthält sich jeder Erfindung, es übernimmt authentisches Material und gibt dies, im Inhalt unverändert, in der Form bearbeitet, von der Bühne aus wieder")[28], wird durch die hintergründige Projektion des dokumentarischen Textsubstrats bar jeder bühnengerechten Dramenform eindrücklich vor Augen geführt.

Der wesentliche Unterschied zum Geschichtsdrama Shakespeare'scher Provenienz besteht nun nicht nur darin, dass das Dokumentartheater die Distanz zum „authentische[n] Geschichtsmaterial"[29] derart verkürzt, dass der Haupttext der Stücke verbatim aus den Archiven übernommen wird, wohingegen Shakespeare auf zeitgenössische historiographische Werke zurückgriff, denen eine Dramatisierung der Ereignisse selbst nicht fern lag („Raphael Holinshed's *Chro-*

---

25 Hinck, Einleitung (wie Anm. 9), S. 16.
26 Schneilin, Geschichtsdrama (wie Anm. 8), S. 421.
27 Weiss, Peter: Notizen zum dokumentarischen Theater. In: Manifeste europäischen Theaters. Grotowski bis Schleef. Hrsg. von Joachim Fiebach. Berlin 2002 (Theater der Zeit, Recherchen 13). S. 67–73. S. 67.
28 Weiss, Notizen (wie Anm. 27), S. 67.
29 Wege, Dokumentarisches Theater (wie Anm. 11). S. 309.

nicles of England, Scotland, and Ireland, Shakespeare's principal source, offer not only stories, but colour the narrative of events with set speeches and reflections upon the course of action")[30]. Noch geht es in erster Linie darum, dass Shakespeare einer geschlossenen Dramenform huldigte, die folgerichtige Handlungssequenzen und Charakterentwicklung betont, und eine Bühne bespielte, die ohne üppige Ausstattung und visuelle Effekte auskam (und sich gerade dadurch von früheren Formen des Geschichtstheaters abhob: „Early chronicle plays [...] exhibited a very loose structure and tended to hold audience attention through glitzy displays of pageantry and battle scenes").[31] Die Hauptdifferenz zum durchgeformten Geschichtsdrama besteht vielmehr darin, dass im Theater der Dokumentation der Prozess der Remediation der Geschichte selbst zur Darstellung gelangt. Während sich die Historizität des Stoffes bei Shakespeare nur auf der Inhaltsebene erschließt, indem auf historische Ereignisse Bezug genommen wird oder die Figuren die Namen historischer Persönlichkeiten tragen, bringt das Theater der Dokumentation den Versuch, das historische Archiv „ohne ‚Beschädigung'"[32] auf die Bühne zu bringen, selbst zur Darstellung. Nicht (nur) der „unmittelbaren Konfrontation"[33] des Theaterbesuchers mit aufgeführter Geschichte, sondern (auch) der formalen Vorführung der Mittelbarkeit des Bezugs des Bühnengeschehens auf historische Vorgänge gilt das Augenmerk, worauf im dritten Abschnitt zurückzukommen sein wird.

2 Zur Mediologie des Geschichtstheaters: Zwischen Kommunikation und Übermittlung

Neben der „Geschichtlichkeit des Stoffes"[34] teilen die formal sehr verschiedenen Varianten des Geschichtstheaters ein funktionales Profil, das auf eine spezifische Verschaltung von zwei Arten des Mediengebrauchs abzielt, die sich mediologisch als Kommunikation und Übermittlung fassen lassen. Wenn „Kommunizieren darin besteht, eine Information im Raum, innerhalb ein und derselben räumlichzeitlichen Sphäre zu transportieren, und Übermitteln darin, eine Information in

---

30 Hattaway, Michael: The Shakespearean History Play. In: The Cambridge Companion to Shakespeare's History Plays. Hrsg. von Michael Hattaway. Cambridge 2002 (Cambridge Companions to Literature). S. 3–24. S. 14.
31 Chronicle Play. In: The Bedford Glossary of Critical and Literary Terms. Hrsg. von Ross C. Murfin u. Supryia M. Ray. 3. Aufl. Bedford 2009. S. 60.
32 Wege, Dokumentarisches Theater (wie Anm. 11), S. 309.
33 Pfister, Drama (wie Anm. 1), S. 20.
34 Rosador, Geschichtsdrama (wie Anm. 12), S. 33.

der Zeit zwischen unterschiedlichen räumlich-zeitlichen Sphären zu transportieren",[35] dann markiert das Geschichtstheater den Versuch einer „Übertragung der historischen Stoffe auf tagesaktuelle politisch-gesellschaftliche Fragestellungen".[36] Diese Wiedereinschreibung der Geschichte in die Gegenwart ist in der Theorie des Geschichtstheaters ein stets wiederholter Gemeinplatz – von Hincks Bemerkung, dass das Geschichtsdrama „den vergangenen und den gegenwärtigen Zustand so miteinander verknüpft, daß im Geschichtlichen die Gegenwart zu einem vertieften Verständnis ihrer selbst und zugleich zu einem Ungenügen an sich selbst gelangt"[37], bis zu Schneilins prosaischerem Verweis darauf, dass „die Vergangenheit [...] aktualisiert oder die Gegenwart ‚historisiert'"[38] werde. Dabei wird häufig betont, dass eine solche Reaktualisierung der historischen Ereignisse im Dienste der Konstitution einer Deutungsgemeinschaft steht: „Das ‚Geschichte aufführende' Theater strebt danach, sowohl die Trennung von als auch den Ausschluss aus der Vergangenheit zu überwinden, und ist darum bemüht, eine Gemeinschaft zu erschaffen, in der die Ereignisse aus dieser Vergangenheit wieder von Belang sind".[39] Hinck hatte dies, in Anlehnung an das Horaz'sche Diktum „Nam tua res agitur, paries cum proximus ardet" (Es geht dich an, wenn das Haus deines Nachbarn brennt), auf die Formel „nostra res agitur" gebracht,[40] womit die Geschichte sinnfällig in die (nunmehr zeitlich statt räumlich verstandene) „Nachbarschaft" der Gegenwart verlegt wird (wie im geschichtsdidaktischen Konzept des Geschichtsbewusstseins)[41].

Dass nun die Inszenierungen des Geschichtstheaters „immer auch die politischen und ideologischen Entwicklungen ihres Aufführungszeitpunktes [kommentieren]",[42] dürfte für ein 2016 und 2017 aufgeführtes Stück über Ausländerfeindlichkeit (in der Weimarer Republik) jedem einleuchten, der den deutschen politischen Diskurs jener Zeit verfolgt hat. Ein vergleichbares Zeitgefüge reaktualisierter Xenophobie lässt sich freilich schon für Shakespeare zeigen, über dessen Geschichtsdramen der russische Regisseur Grigori Kosintsev bemerkte:

---

35 Debray, Régis: Einführung in die Mediologie. Bern 2003 (Facetten der Medienkultur 3). S. 11.
36 Arendes, Public History (wie Anm. 2), S. 23.
37 Hinck, Einleitung (wie Anm. 9), S. 14.
38 Schneilin, Geschichtsdrama (wie Anm. 8), S. 421.
39 Rokem, Freddie: Geschichte aufführen. Darstellungen der Vergangenheit im Gegenwartstheater. Berlin 2012. S. 19.
40 Hinck, Einleitung (wie Anm. 9), S. 19.
41 Siehe dazu etwa Jeismann, Karl-Ernst: Geschichtsbewußtsein – Theorie. In: Handbuch der Geschichtsdidaktik. Hrsg. von Klaus Bergmann [u. a.]. 5. Aufl. Seelze-Velber 1997. S. 42–44.
42 Rokem, Freddie: „Performing History". Theater und Geschichte. Die Französische Revolution im Theater nach dem Zweiten Weltkrieg. In: Theater seit den 60er Jahren. Grenzgänge der Neo-Avantgarde. Hrsg. von Erika Fischer-Lichte [u. a.] Tübingen 1998. S. 316–374. S. 325.

„Who said he was reflecting history? He was interfering with the present".[43] Dies (und damit die funktionalen Gemeinsamkeiten zwischen Geschichtsdrama und Dokumentartheater) sei in der gebotenen Kürze an einem Beispiel illustriert, das dann im dritten Teil als Kontrastfolie zu formalen Strategien des Heidelberger Dokumentarstücks fungiert: Es handelt sich um eine Szene, die Shakespeare zum Manuskript eines nie vollendeten und wohl unaufgeführt gebliebenen Stückes beigetragen hat, dessen Hauptautoren Anthony Munday und Henry Chettle waren und das das Leben des späteren Lordkanzlers und katholischen Märtyrers Thomas Morus behandelt. *Sir Thomas More* ist ein herausragendes Beispiel für die in der Frühen Neuzeit gängige Praxis der kollaborativen Autorschaft von Theaterstücken und scheint somit zugleich geeignet, den um den Eigennamen William Shakespeare organisierten Geniekult zu untergraben („*Sir Thomas More* challenges the traditional separation between dramatists once castigated as ‚Henslowe's hacks' and Shakespeare, often depicted as solitary genius [...,] redefining Shakespeare in such a way as to see him more clearly as a dramatist working alongside others")[44]. Es wird angenommen, dass Shakespeare als Spezialist für die dramatische Präsentation von Volksaufständen angefragt wurde, die einen heiklen Gegenstand bildeten, zumal in diesem Falle London selbst der Schauplatz war. Nachdem also der erste Entwurf des Dramas Probleme mit der Zensur bekommen hatte, wandten sich die Autoren (oder der nicht identifizierte Koordinator der Revisionen) unter anderem an Shakespeare, der bereits in *Julius Caesar* und *Coriolanus* öffentliche Tumulte in zensurverträglicher Form dargestellt hatte.[45]

Die besagte Szene ist die Dramatisierung einer Rede, die der damalige Under-Sheriff Thomas Morus (der also als Beigeordneter des High Sheriff tätig war, der im Prinzip so etwas war wie das, was man im Deutschen einen Schultheiß nannte) anlässlich des *Evil May Day* im London des Jahres 1517 gehalten haben soll. Es handelte sich dabei um einen vor allem von Handwerksgesellen getragenen Aufruhr, dessen Höhepunkt die in der Nacht auf den 1. Mai 1517 erfolgte Befreiung von Gefangenen bildete, die wegen Angriffen auf Fremde einsaßen. Spätestens seit 1516 waren in der Stadt Flugblätter erschienen, die die zeitgenössische wirtschaftliche Misere der Anwesenheit der sogenannten Lombarden zuschrieben. Dies waren nicht etwa italienische Flüchtlinge aus der Lombardei (die ihren Namen den Langobarden verdankt, die die Römer als Barbaren bezeichnet hätten; Tucholsky schreibt dazu in *Die Grenze:* „Die alten Griechen nannten die Fremden

---

43 Zitiert nach Hattaway, History Play (wie Anm. 30), S. 16.
44 Jowett, John (Hrsg.): Sir Thomas More. London 2013. S. 459.
45 Jowett, Sir Thomas More (wie Anm. 44), S. 19–20.

Barbaren"⁴⁶), sondern vor religiöser Verfolgung geflohene Franzosen und Flamen, die vornehmlich in der Lombard Street unweit der St. Paul's Cathedral wohnten. In *Holinshed's Chronicles of England, Scotland, and Ireland*, wie fast immer Shakespeares historiographischer Hauptquelle, heißt es: „About this season there grew a great hartburning and malicious grudge amongst the Englishmen of the citie of London against strangers; and namelie the artificers found themselues sore grieued, for that such numbers of strangers were permitted to resort hither with their wares, and to exercise handie crafts to the great hinderance and impouerishing of the kings liege people".⁴⁷ Jedenfalls hielt am Osterdienstag 1517 ein gewisser Dr. Bell (oder Beal), angestachelt von einem sich betrogen fühlenden Trödler namens John Lincoln, eine fremdenfeindliche Rede bei St. Paul's Cross (die Art von Ereignis, der noch zu Shakespeares Zeiten regelmäßig mehr Leute beiwohnten als den Theateraufführungen im Globe und anderswo), wodurch eine Reihe von gewaltsamen Übergriffen gegen die Fremden begann, die schließlich mit der Verhaftung von 300 Aufrührern und der Hinrichtung John Lincolns endete. Morus soll nun am Abend des Vortages der Niederschlagung des Aufruhrs eine Rede mit dem Ziel gehalten haben, den Mob zu beruhigen (was ihm in der Realität nicht gelang, wohl jedoch bei Munday und Chettle). Das Herzstück seines Appells wird von Shakespeare wie folgt gefasst:

MORE: You'll put down strangers, Kill them, cut their throats, possess their houses And lead the majesty of law in lyam To slip him like a hound. Say now the King, As he is clement if th'offender mourn, Should so much come too short of your great trespass As but to banish you: whither would you go? What country, by the nature of your error,	MORUS: Ihr wollt die Fremden niedermachen, Sie töten, Kehlen schlitzen, ihre Häuser nehmen, Die Rechtshoheit kurz an der Leine führn Als Bluthund, den ihr, wie's passt, loshetzt. – Sagt nun, Gesetzt, der König, der gern Milde zeigt, Wo man bereut, hätt derart große Nachsicht Mit eurem üblen Übergriff, dass er Euch nur verbannt: wohin denn gingt ihr dann? Sagt, welches Land – im Ansehn eurer Schandtat –

---

46 Panter [Tucholsky], Die Grenze (wie Anm. 20).
47 Zitiert nach Jowett, Sir Thomas More (wie Anm. 44), S. 473. In der deutschen Fassung heißt es: „Es gab in diesem Jahr viel Bauchgrimmen und bösen Groll unter den Engländern der City von London gegen Fremde, und besonders die Handwerker waren zutiefst erbost, dass einer solchen Masse von Fremden erlaubt wurde, mit ihren Waren hierherzuziehen und ihr Handwerk auszuüben, wodurch des Königs eigene Leute durch Arbeitsmangel in Armut fielen". Günther, Frank (Hrsg.): Die Fremden. Für mehr Mitgefühl. München 2016. S. 35.

Should give you harbour? Go you to France or Flanders,	Böt euch denn Schutz? Ob Frankreich oder Flandern,
To any German province, Spain or Portugal,	Ob Deutschland, Spanien, Portugal, ach, in
Nay, anywhere that not adheres to England:	Jedwedem Land, das nicht grad England ist:
Why, you must needs be strangers. Would you be pleased	Dort wärt ihr selbst die Fremden. Würd's euch gefalln,
To find a nation of such barbarous temper	Wenn ihr dort auf ein Volk träft, so barbarisch,
That, breaking out in hideous violence,	Dass es wild ausbricht in Gewalt und Hass,
Would not afford you an abode on earth,	Euch keinen Platz gönnt auf der weiten Welt,
Whet their detested knives against your throats,	In eure Hälse tief die Messer taucht,
Spurn you like dogs, and like as if that God	Euch tritt wie Hunde, so, als hätt euch Gott
Owed not nor made not you, nor that the elements	Nicht grad wie sie geschaffen, als wärn Erd
Were not all appropriate to your comforts	Und Himmel nicht auch euch zum Wohl gemacht,
But chartered unto them? What would you think	Nein, nur für sie bestimmt? Was dächtet ihr,
To be thus used? This is the stranger's case,	Wann man mit euch so umging? So geht's den Fremden,
And this your mountanish inhumanity. (*Sir Thomas More*, Scene 6, Lines 135–156)[49]	Und so berghoch ragt eure Inhumanität.[48]

Was die „Einbindung in zeitgenössische soziale und ideologische Kontexte"[50] dieser in den späten 1590er Jahren geschriebenen Zeilen anbelangt, so gründet ihre wiedergewonnene Aktualität in einer neuen Runde von zumindest zum Teil fremdenfeindlichen Ausschreitungen, die in den Tower Hill Riots am 24. Juli 1595 gipfelten, die wiederum von Handwerkern bzw. Lehrlingen getragen wurden und dieses Mal in fünf Todesstrafen endeten, da Königin Elisabeth befahl „alle die festzunehmen, die sich von den bestehenden Justizorganen nicht bessern und bekehren ließen, und die deshalb unverzüglich nach Kriegsrecht am Galgen hingerichtet werden sollten", wie John Stow in seinen *Annales of England* be-

---

48 Günther, Die Fremden (wie Anm. 47), S. 26–29.
49 Jowett, Sir Thomas More (wie Anm. 44), S. 194–196.
50 Rokem, „Performing History" (wie Anm. 42), S. 325.

richtete.⁵¹ Wieder waren im Vorfeld Flugblätter erschienen, die u. a. „allen Flamen und Franzosen kund[taten], dass sie zu ihrem eigenen Wohl aus dem Königreich England verschwinden soll[t]en, bis zum nächsten 9. Juli. Wenn nicht, [hätten Sie sich] selbst zuzuschreiben, was folgt".⁵²

Auch in diesem Falle wird somit „mittels des Analogieprinzips die Vergangenheit [...] zur Erhellung der Gegenwart herangezogen"⁵³, weshalb der Verdacht nahe liegen mag, dass jeweils von einem „Drama zyklischer Geschichtsauffassungen"⁵⁴ zu sprechen sei. In diesem Verständnis wären die Geschehnisse im England des 16. und im Deutschland des 20./21. Jahrhunderts als sich wiederholende Konjunkturen dessen zu verstehen, was Richard Hofstadter als den paranoiden Stil in der Politik bezeichnet und durch die US-amerikanische Geschichte verfolgt hat.⁵⁵ Demnach ist etwa jedes halbe Jahrhundert ein Ausbruch politischen Verfolgungswahns zu verzeichnen, der sich gegen als fremdartig stilisierte Minderheiten richtet, von Katholiken bis zu Kommunisten, die der Gegenstand der Nachkriegsparanoia der 1950er Jahre waren, in deren Anschluss Hofstadter seine Diagnose stellte (während wir uns, ein weiteres halbes Jahrhundert später, in einer antimuslimischen paranoiden Phase befinden). Diese Geschichte paranoider Politik bietet zweifellos reiches Material für ein Geschichtstheater über „lästige Ausländer", das sich etwa auf die Alien and Sedition Acts von 1798 beziehen könnte („That it shall be lawful for the President of the United States at any time during the continuance of this act, to order all such aliens as he shall judge dangerous to the peace and safety of the United States, or shall have reasonable grounds to suspect are concerned in any treasonable or secret machinations against the government thereof, to depart out of the territory of the United States", An Act Concerning Aliens, 25. Juni 1798).⁵⁶ Und auch das Geschichtstheater des Kalten Krieges, etwa in Gestalt von Arthur Millers *The Crucible* von 1953, das die Kommunistenverfolgung im McCarthyismus als Wiedergänger der Hexenprozesse von Salem präsentiert, scheint eine Perspektive langer Dauer nahezulegen, der Geschichte als zyklische Wiederkehr gewaltsamen Otherings erscheint.

---

51 Zitiert nach Günther, Die Fremden (wie Anm. 47), S. 40.
52 Zitiert nach Günther, Die Fremden (wie Anm. 47), S. 39.
53 Rosador, Geschichtsdrama (wie Anm. 12), S. 17.
54 Rosador, Geschichtsdrama (wie Anm. 12), S. 47.
55 Hofstadter, Richard: The Paranoid Style in American Politics and Other Essays. New York 1967. S. 3–40.
56 Die Gesetze sind online verfügbar unter https://www.loc.gov/rr/program/bib/ourdocs/alien.html (12.5.2020).

Es lässt sich jedoch leicht zeigen, dass weder die Dramenform noch die historischen Kontexte hinreichend austauschbar sind, um aus der regelmäßigen Aufbereitung xenophober Konjunkturen im Geschichtstheater auf ein Geschichtsbild zyklischer Wiederholung zu schließen, wie es eine 2016 unter dem Titel *Die Fremden. Für mehr Mitgefühl* veröffentlichte deutsche Fassung der Shakespeare'schen Morus-Szene suggeriert, wenn sie auf der Titelseite der zweiten Auflage auf einem Aufkleber zum „Weckruf aus einer anderen Zeit. VON ERSCHÜTTERNDER AKTUALITÄT" erklärt wird.[57] Im Nachwort findet sich dort etwa folgendes Beispiel für die Instrumentalisierung des Fragments im aktuellen Kontext: „Am 16. März 2016 trafen in Brüssel die europäischen Staatschefs zum Flüchtlingsgipfel zusammen. [...] BBC2 [sendete] am Vorabend in ihrer *Newsnight*-Ausgabe eine Rezitation von Shakespeares großer emotionaler Thomas-Morus-Rede, die Menschlichkeit und Empathie für Flüchtlinge anmahnt".[58] Was für den oben zitierten Ausschnitt plausibel klingen mag, erscheint ziemlich konstruiert, wenn das von (Shakespeares) Morus in einem früheren Abschnitt derselben Rede vorgebrachte Argument hinzugezogen wird, das im Wesentlichen darauf fußt, dass die Übergriffe gegen den Willen des Königs (der eine Schutzpflicht gegenüber den Fremden hatte) und deshalb, da dieser als Gottes Stellvertreter auf Erden angesehen wurde, gegen die göttliche Ordnung selbst verstießen und aus diesem Grunde abzulehnen seien: „What do you, then, Rising 'gainst him that God Himself installs, But rise 'gainst God? / Was tut ihr denn sonst, Wenn ihr dem trotzt, den Gott höchstselbst berief, Als Gott selbst zu trotzen?" (*Sir Thomas More*, Scene 6, Lines 118–120).[59] Schwer vorzustellen, wie ein analoger Argumentationsgang (mit Angela Merkel in der Position Heinrichs VIII.) von denen aufgenommen worden wäre, die ihrer Gesinnung in Aufmärschen unter anderem mit dem „Merkel-Galgen" Ausdruck verliehen, dessen Verkauf erst 2018 gerichtlich untersagt wurde. Im Kern ist die Morus-Rede eben kein Aufruf für mehr Mitgefühl, sondern ein royalistischer Befriedungsversuch eines Staatsbeamten, der keine 20 Jahre später eben diesem König den Gehorsam verweigern und als katholischer Märtyrer enden sollte – am Galgen.

Anstelle des inspirierten Redners, der mit seinen Worten das rebellische Volk zur Ordnung ruft, präsentiert das Heidelberger Stück über das Schicksal der „Ostjuden" in der Weimarer Republik ein administratives Drama, in dem die „lästigen Ausländer" in der Auseinandersetzung mit den deutschen Behörden aufgerieben werden. An die Stelle der ruhmreichen Taten (und Sprechakte) großer

---

[57] Günther, Die Fremden (wie Anm. 47); Versalschrift im Original.
[58] Günther, Die Fremden (wie Anm. 47), S. 45.
[59] Jowett, Sir Thomas More (wie Anm. 44), S. 192; Günther, Die Fremden (wie Anm. 47), S. 27.

Persönlichkeiten tritt die verwaltungsmäßige Bearbeitung der Opfer durch einen behördlichen Apparat, der anders als der Mob im Elisabethanischen Drama weder Gnade noch Reue kennt und sich erst zufrieden gibt, wenn der Vorgang (oder gleich die zu behandelnde Person selbst) zu den Akten gelegt werden kann. Als zentrales Thema erscheint im 20. Jahrhundert nicht der rhetorische Ordnungsruf an die hysterisierten Fremdenfeinde, sondern der Umgang der staatlichen Verwaltung mit dem Einzelfall des*der um Einbürgerung oder Asyl Ersuchenden. Insofern ist es nur konsequent, dass sich die Aufführung der Form des dokumentarischen Theaters bedient, die strukturelle Konflikte und sozioökonomische Themen in den Vordergrund rückt,[60] während im klassischen Drama individuelle Konflikte im Mittelpunkt stehen („history plays [...] celebrate the glory of deeds")[61]. So ändert sich im Laufe der Zeit nicht nur, wer jeweils als „lästig" gilt, sondern vor allem die Art und Weise, in der die ausgemachte Personengruppe „prozessiert" wird. Das um die Herstellung von Ähnlichkeitsbeziehungen zwischen historischen und gegenwärtigen Zeiten bemühte Geschichtstheater reagiert auf solche Veränderungen nicht nur in seinen Inhalten, sondern auch in seinen Formen: es wird dokumentarisch auch in dem Maße, in dem der verwaltete Mensch Spuren im behördlichen Archiv hinterlässt, auf die als Akte zurückgegriffen werden kann. Dieser Rückgriff auf die institutionellen Medien der Übermittlung[62] ist für das Theater der sprechenden Akten zentral – als Versprechen einer archivarisch verbrieften historischen Authentizität ebenso wie als dramaturgische Herausforderung an ein als persönliche Interaktion auf der Bühne verstandenes Theater.

3 Dargestellte Medialität im dokumentarischen Geschichtstheater

Es ist der Bereich der Authentizitätseffekte, in dem das dokumentarische Theater den deutlichsten Bruch mit der Tradition des Geschichtsdramas vollzieht, inso-

---

60 Bassenhorst, Markus: Das Dokument im Dokumentarischen Theater. http://www.theaterspiel.de/doktheat.pdf (22.12.2018); Nils Steffen nennt die real oder zumindest imaginär problematische Vergabe von Wohnungen und Arbeitsplätzen als Beispiele. Steffen, Nils: Vorwort. In: Steffen/Arendes, Geflüchtet (wie Anm. 6), S. 5–12. S. 5.
61 Bergeron, David M.: Pageants, Masques, and History. In: Hattaway, Cambridge Companion (wie Anm. 30), S. 41–56. S. 55.
62 Vgl. den Hinweis auf die „sozialen Affinitäten" der Übermittlung zu „Institutionen und ‚Behörden'" in Debray, Einführung (wie Anm. 35), S. 24.

fern es überhaupt nicht mehr auf eine „Fiktion von Historizität"[63] setzt, also darauf, den Eindruck der „Wiedergabe einer in der Vergangenheit tatsächlich so geschehenen Wirklichkeit"[64] zu erwecken. W. B. Yeats hatte dieses Ziel der Geschichtsdarstellung im Theater im Kontext des Irish Dramatic Revival zu Beginn des 20. Jahrhunderts wie folgt formuliert: „All that a dramatic writer need do is to persuade us, during the two hours' traffic of the stage, that the events of his play really did happen".[65] Selbst für das modellgebende Geschichtstheater elisabethanischer Prägung bedarf die so artikulierte Rhetorik der „historische[n] Echtheit"[66] der Relativierung. Natürlich kann es sich, zumal auf den spartanisch ausgestatteten Theaterbühnen der Frühen Neuzeit, niemals um „exakte Reproduktionen oder Dokumentationen der Ereignisse selbst"[67] handeln. Wo nicht einmal der Wortlaut der Reden historischer Persönlichkeiten erhalten ist, bedienen sich Shakespeare und seine Zeitgenossen ohnehin der konventionellen Technik der Prosopopeia, „writing speeches they deemed such figures on particular occasions might have made – or ought to have made".[68] Allenfalls eine interpolierte historische Plausibilität und nicht ein emphatischer Realitätsanspruch liegt der Morus-Rede zugrunde, die bei Shakespeare obendrein (kontrafaktisch) zur Beendigung des Aufstands führt.

Doch all diese möglichen und notwendigen Präzisierungen des Authentizitätsanspruchs des historischen Dramas sind hinsichtlich der Heidelberger Lesung aus den Weimarer Akten fehl am Platze, da es in ihr überhaupt nicht mehr um eine Aufführung historischer Ereignisse geht, sondern darum, Akten zum Sprechen zu bringen. Die dialogische Interaktion ist darin nichts als eine In-Szenierung von Schriftstücken, ein Vorlesen, das gerade soweit der theatralen Grundsituation der „performativen Kommunikation"[69] angepasst wird, dass handelnde Personen auf der Bühne beobachtbar werden. Deren Sprechakte erinnern freilich fortwährend daran, dass es sich bei ihnen um die Verbalisierung schriftlicher Zeugnisse handelt: Briefköpfe mit Absender und Adressat werden ebenso treulich verlesen wie Ort und Datum der Abfassung oder Schlussformeln und Unterschriften. Letztlich handelt es sich bei der Shakespeareschen Prosopopeia („interpolated

---

63 Rosador, Geschichtsdrama (wie Anm. 12), S. 44.
64 Arendes, Public History (wie Anm. 2), S. 17.
65 Yeats, William Butler: Samhain. 1904 – First Principles. In: The Collected Works of W.B. Yeats. Bd. 8: The Irish Dramatic Movement. Hrsg. von Mary FitzGerald u. Richard J. Finneran. Basingstoke [u. a.] 2003. S. 52–67. S. 54.
66 Arendes, Public History (wie Anm. 2), S. 17.
67 Rokem, „Performing History" (wie Anm. 42), S. 327.
68 Hattaway, History Play (wie Anm. 30), S. 11.
69 Pfister, Drama (wie Anm. 1), S. 33.

speeches put in the mouths of historical characters")[70] wie bei den vorgelesenen Akten um Varianten einer fingierten Mündlichkeit, also eines Sprechens dessen, was niemals gesagt worden ist.

Der Unterschied besteht nun darin, dass der*die Zuschauer*innen des Dokumentarstücks beständig daran erinnert werden, dass es sich bei den Äußerungen auf der Bühne um eine Dramatisierung handelt. Dass Morus bei Shakespeare in Blankversen (ungereimten iambischen Pentametern) spricht, lässt sich als Merkzeichen des Status des Sprechers leicht als dramatische Konvention naturalisieren (das einfache Volk spricht in Prosa); dass die Schauspieler*innen auf der Heidelberger Bühne den Text, den sie sprechen, nur vorlesen, markiert einen fortwährenden Bruch mit der „Grundform dramatischer Texte" als „dialogische[r] Figurenrede".[71] Dabei fällt neben dem Rollenwechsel auf offener Bühne vor allem ins Gewicht, dass die Schauspieler*innen ihren Text aus Skriptmappen ablesen, die sie demonstrativ zur Schau stellen, während im Hintergrund zugleich digitalisierte Kopien der entsprechenden Dokumente projiziert werden (Abb. 5). Mithin geht es dabei überhaupt nicht mehr um die dramatische Illusion einer „unvermittelte[n] Überlagerung von innerem und äußerem Kommunikationssystem",[72] einer schauspielerischen Verkörperung der Figuren auf der Bühne. Insofern die Schauspieler*innen zu Vorleser*innen von Texten werden, an deren Status als real existierenden Archivalien fortlaufend erinnert wird, tritt an die Stelle des „Eindruck[s] des Unmittelbaren", mit dem die „Zuschreibung von Authentizität"[73] gemeinhin verbunden wird (als „Darstellung von Nichtdarstellung")[74], der Versuch einer Inszenierung von Mittelbarkeit. Dabei werden die vielfachen Mediationen, die die Akten auf die Bühne bringen, mit dargestellt – von der Digitalisierung der papiernen Originale bis hin zum Ablesen von deren als Theaterskript wieder ausgedruckten Wortlauten. An die Stelle einer Aufführungspraxis, bei der „der konstitutive Vermittlungs- und Rezeptionsprozess in den Hintergrund tritt"[75], tritt ein Zur-Schau-Stellen des „Rückbezug[s] auf historische Quellen"[76], ein dokumentarisches Drama der dargestellten Medialität. Erst die vorgeführte Remediation der Quellen erfüllt die „Erwartung der ZuschauerInnen, in einem Werk mit

---

70 Guy-Blanquet, Dominique: Elizabethan Historiography and Shakespeare's Sources. In: Hattaway, Cambridge Companion (wie Anm. 30), S. 57–70. S. 64.
71 Pfister, Drama (wie Anm. 1), S. 23.
72 Pfister, Drama (wie Anm. 1), S. 22.
73 Saupe, Achim: Authentizität. Version 3.0. https://docupedia.de/zg/Saupe_authentizitaet_v3_de_2015 (22.12.2018).
74 Saupe, Authentizität (wie Anm. 73).
75 Saupe, Authentizität (wie Anm. 73).
76 Arendes, Public History (wie Anm. 2), S. 19.

historischem Bezug auch etwas über diesen Bezug [...] zu erfahren"[77] und beantwortet die „Frage, ob es dramatische Merkzeichen gibt (Requisiten, Bilder, Gestaltungsweisen und ähnliches), die ein Drama auch dem nicht vorgebildeten Zuschauer unzweifelhaft als historisch ausweisen".[78]

Im Bestreben, nicht (nur) Geschichte, sondern (auch) deren Überlieferung zu dokumentieren, geht das Format der szenischen Lesung, wie es in der Heidelberger Inszenierung umgesetzt wird, über das bloße Lesen der Akten hinaus, indem es den Akt des Lesens wie die gelesenen Akten selbst mit zeigt. Zugleich muss sie, um überhaupt das Minimalkriterium einer Theatervorstellung zu erfüllen (unmittelbare Konfrontation der Zuschauer*innen mit handelnden und sprechenden Figuren)[79], das Vorlesen in Richtung dramatischer Spielhandlung überschreiten. Szenisch wird die Lesung durch den Kunstgriff der Performativisierung des historisch belegten Schriftverkehrs, dessen postalischer Verlauf die Handlungsmuster der Figuren bestimmt. Briefe und Bescheide werden nicht von (Post-)Boten zugestellt, sondern persönlich übergeben, der gesamte Nachrichtenverkehr wird in eine stilisierte oder gebrochene Form der Präsenzkommunikation überführt, in der die Figuren in physischer Anwesenheit der Adressaten ihre (fern-)schriftlichen Eingaben und Antworten verlesen und die physikalischen Träger ihrer Botschaften im Anschluss von Angesicht zu Angesicht überreichen. In der folgenden Szene etwa erhält Jakob Neger, dessen Fall eine längere Sequenz gewidmet ist,[80] den Beschluss des Badischen Bezirksamts, dass sein Antrag auf Einbürgerung zum wiederholten Male abgelehnt wurde (Abb. 4).

Obgleich als Spielhandlung minimalistisch, ist die verkörperte Darstellung des namenlosen Beamten durch einen Schauspieler, der gerade dessen Schreiben vorgelesen hat, entscheidend für die Rezeption des Verwaltungsvorgangs, an dessen Ende diese Dokumentenübergabe steht. Während die zuvor verlesenen Akten den Zuschauer*innen (als Zuhörer*innen) eine Vielzahl an möglichen Perspektiven auf das Geschehen eröffnen (sie verdeutlichen unter anderem, dass das Badische Bezirksamt hier nur ausführendes Organ einer politischen Weisung des Badischen Ministeriums des Innern ist), präsentiert die Performance in der abschätzigen Gestik der Zustellung eine affektiv aufgeladene Lesart, die den Verwaltungsbeamten weniger als Sachbearbeiter, denn als willigen Erfüllungsgehilfen unmenschlicher Herrschaft erscheinen lässt. Entsprechend wird er das zuzustellende (und für seinen Empfänger schicksalhafte) Schreiben mangels

---

77 Arendes, Public History (wie Anm. 2), S. 22.
78 Rosador, Geschichtsdrama (wie Anm. 12), S. 44.
79 Pfister, Drama (wie Anm. 1), S. 20, 24.
80 Moser, Laura: Der Versuch zu bleiben – Einbürgerungsanträge in der Republik Baden. In: Steffen/Arendes, Geflüchtet (wie Anm. 6, S. 155–176.

Abb. 4: Jakob Neger (rechts) erhält die Ablehnung seines Antrags auf Einbürgerung in der Inszenierung *Geflüchtet, unerwünscht, abgeschoben. „Lästige Ausländer" in der Weimarer Republik*, Heidelberg 2016

sofortiger Annahme achtlos zu Boden fallen lassen, sich abwenden und an seinen Schreibtisch zurückkehren. Während die Dramaturgie des Stückes in vielfacher Hinsicht dessen dokumentarischen Charakter untermauert, von der hintergründigen Projektion der Akten bis zu ihrer vordergründigen Rezitation, bleibt die emotionale Bewegung der Zuschauer*innen (neben der Musik) jenem zaghaften Rest des Zusammenspiels lebender Körper, dieser Schwundstufe dramatischer Aktion vorbehalten. Und genau in diesem Aspekt ist diese Form der dramatischen Transkription von Archivmaterial mehr als Überlieferungsarbeit: Sie ist kommunikativer Appell an ein Publikum zu einem Ungenügen an einer Gegenwart zu gelangen, in der Flüchtlinge wiederum „lästig" zu werden und als Sammlung von Fallakten zu erscheinen drohen, die es zu verwalten gilt.

In all dem bleibt das Theater der sprechenden Akten einer Ästhetik verbunden, die weder den aristotelischen Einheiten noch der nachahmenden Darstellung von Handlungen überhaupt verpflichtet ist. Die einzig mimetischen Akte – das Abstempeln oder das Unterschreiben der (freilich verlesenen) Papiere – eröffnen in ihrer Differenz (amtlich vs. persönlich) bezeichnender Weise eine symbolische Opposition zwischen administrativer Anonymität und menschlichem Ausdruck, die die ohnehin nur punktuelle Möglichkeit, dass diese Ereignisse so wirklich geschehen sein könnten, großflächig überschreibt. Nicht-naturalistisch ist schließlich in für das dokumentarische Theater charakteristischer Art der Bühnenraum, der „zum Zweck einer parabolischen Paradigmatik"[81] eingesetzt wird. Wenn schon die dialogische Interaktion der Figuren imaginär ist, nimmt es kaum Wunder, dass auch der dargestellte Raum, in dem sie sich handelnd begegnen, nicht nach Maßgabe eines topologischen Realismus gestaltet ist, wie sich an folgendem Beispiel beobachten lässt, dass den administrativen Vorlauf des Ergehens des schon erwähnten Bescheids in Szene setzt (Abb. 5).

Abb. 5: Der Bühnenraum und die Figurenkonstellation in der Szene der Antragsablehnung

Zu sehen sind wieder der Vertreter des Badischen Bezirksamts, Jacob Neger sowie, in der Mitte, ein Repräsentant des Badischen Ministeriums des Innern. Keine der räumlichen Relationen zwischen den provisorisch verkörperten Dialogpartnern hat eine realweltliche Entsprechung. Der Ministerialbeamte steht eigentlich nur im übertragenen Sinne höher als der Bezirksbeamte; und er steht dem Antragsteller ebenso wenig näher wie er zwischen ihm und der unteren Behörde steht; noch sind sich die drei Parteien überhaupt je persönlich begegnet oder haben im strengen Sinne miteinander gesprochen. Es handelt sich auch in dieser Dimension um ein „verfremdende[s] Zeigetheater",[82] das den Bühnenraum zur Repräsentation abstrakter Verhältnisse nutzt, indem es die Aufstellung der Figuren zum Sinnbild administrativer Hierarchie und Herrschaft macht, die auf der einen Seite

---

81 Schneilin, Episches Theater (wie Anm. 15), S. 350.
82 Schneilin, Episches Theater (wie Anm. 15), S. 350.

(links) institutionelle Hörigkeit produziert, während sie auf der anderen Seite (rechts) als berghohe Inhumanität das niedergeschlagene Individuum überragt.

Auch ein Geschichtstheater, das auf prosopoeische Explikation verzichtet, da seine Akteure keine Reden mehr schwingen, sondern nur Dokumente verlesen, führt so vor Augen, dass etwas faul ist im Staate. Dazu nutzt es die genuin theatralischen Mittel der Bühnentopologie, vor allem der statischen und dynamischen Positionierung der Schauspieler*innen auf der Bühne und relativ zueinander. Die zu reaktualisierende Botschaft solcher Inszenierung von Geschichte (ein Plädoyer für mehr Mitgefühl?) hat sich somit im Vergleich zum klassischen Geschichtsdrama vom Haupt- in den Nebentext verlagert: nicht mehr den „gesprochenen Repliken der Dramenfiguren",[83] sondern den (in diesem Falle in Ermangelung eines „schriftlich fixierte[n] Textsubstrat[s]"[84] nur interpolierbaren) Bühnenanweisungen obliegt die mediologische Arbeit der Übersetzung historischer Übermittlung in zeitgenössische Kommunikation.

---

83 Pfister, Drama (wie Anm. 1), S. 35.
84 Pfister, Drama (wie Anm. 1), S. 35.

Thorsten Logge
Performative Historiographie

Geschichtssorte „Zeitzeugnistheater"

Mit der Professionalisierung der universitären Geschichtsschreibung seit dem späten 18. Jahrhundert ging eine Verengung des Historiographiebegriffs einher. Unter Historiographie wird heute fast immer universitäre oder akademische Geschichtsschreibung verstanden – also Geschichte, die unter wissenschaftlichen Kriterien produziert und in aller Regel in Textform (bestmöglich in Form einer Monographie) zur Darstellung gebracht wird.[1] Das war nicht immer so und neben der europäischen Konzeption der Geschichtswissenschaft gab und gibt es in globaler Perspektive zahlreiche alternative Formen des Umgangs mit der Vergangenheit.[2] Auch gegenwärtig begegnet uns im öffentlichen Raum neben der in ihrer Reichweite eher begrenzten akademischen Geschichte eine bunte Vielfalt an Geschichtsrepräsentationen mit zum Teil hohen Zuschauer*innenzahlen: Die neuen Geschichtspanoramen von Yadegar Asisi, zahllose digitale Geschichtsspiele auf Konsolen oder am PC, die historischen Virtual-Reality-Stadtrundfahrten von TimeRideVR oder Augmented-Reality-Projekte wie die App *WDR AR 1933– 1945*, die über Mobile Devices Aufnahmen von Zeitzeug*innen in das heimische Wohnzimmer projiziert, sind Beispiele für technisch besonders avancierte Formen und Formate, die Geschichte zu einem – für ihre Anbieter*innen durchaus auch kommerziell ertragreichen – Erlebnis machen. Neben ihnen erfahren Printformate wie etwa Spiegel Geschichte, GeoEpoche oder ZeitGeschichte, Geschichtsdokumentationen in Film und Fernsehen sowie Geschichtsmuseen und -ausstellungen oder auch Reenactments eine unverändert hohe Aufmerksamkeit. Auch das zwischenzeitlich etwas in Vergessenheit geratene Dokumentar- oder Geschichtstheater erlebte unter anderem durch Hans-Werner Kroesinger in den späten 1990er Jahren eine Art Neustart und wird seit den 2000er Jahren zunehmend nachgefragt. Hier lässt sich auch das Bremer Projekt *Aus den Akten auf die Bühne* einordnen.[3] Das seit 2007 existierende und inzwischen mehrfach ausge-

---

[1] Fulda, Daniel: Historiographie. In: Lexikon Geschichtswissenschaft. Hundert Grundbegriffe. Hrsg. von Stefan Jordan. Stuttgart 2002. S. 152–155. S. 152.
[2] Völkel, Markus: Geschichtsschreibung. Eine Einführung in globaler Perspektive. Köln 2006.
[3] Hingewiesen sei auf dessen Webseite https://www.sprechende-akten.de (28.7.2020). Das Projekt ist gut dokumentiert: Schöck-Quinteros, Eva u. Sigrid Dauks: „Am Anfang habe ich schon nach Luft geschnappt!" – Das Projekt *Aus den Akten auf die Bühne* an der Universität Bremen. In: Projektlehre im Geschichtsstudium. Verortungen, Praxisberichte und Perspektiven. Hrsg. von Ulrike Senger, Yvonne Robel, Thorsten Logge. Bielefeld 2015 (Doktorandenbildung neu ge-

zeichnete Projekt ist ein herausragendes Beispiel für neue Formen des Wissenstransfers in den Geisteswissenschaften. Es kombiniert geschichtswissenschaftliche Recherchen zu Themen der Lokal- und Regionalgeschichte Bremens mit Darstellungspraktiken des Dokumentartheaters und kann über die Aufführungen der *bremer shakespeare company* ein breites Publikum erreichen. *Aus den Akten auf die Bühne* setzt dabei auf eine ästhetisch-künstlerische Geschichtsdarstellung und kombiniert diese mit politisch-aufklärerischen Positionierungen, durch die sich in ähnlicher Weise auch die Produktionen des deutschen Dokumentartheaters in den 1960er Jahren auszeichneten – mit dem feinen Unterschied, dass in der erinnerungskulturellen und geschichtspolitischen Umbruchphase der letzten zwei Jahrzehnte Projekte wie *Aus den Akten auf die Bühne* nicht mehr primär als Protest wahrgenommen werden, auch dann nicht, wenn sie bislang wenig bekannte Aspekte und belastende Phasen der norddeutschen Geschichte aus der ersten Hälfte des 20. Jahrhunderts aufgreifen.

Dokumentartheater wird heute als Möglichkeit und Chance gesehen, neue Formate des Wissenstransfers etwa für die historisch-politische Bildung zu entwickeln und zu etablieren, und wird inzwischen auch in den Geisteswissenschaften als Ausspielformat genutzt. So präsentierte etwa die am 10. März 2015 im Essener Grillo-Theater uraufgeführte szenische Lesung *Es gibt nicht genug Kartoffeln, es gibt nur Hunger. Leben und Überleben im besetzten Europa 1939–1945* bis dahin unbekannte Quellen aus dem von Tatjana Tönsmeyer und Peter Haslinger geleiteten und von der Leibniz-Gemeinschaft geförderten wissenschaftlichen Editionsprojekt *Society under German Occupation – Experiences and Everyday life in World War II* einer breiteren Öffentlichkeit.[4]

---

stalten 5). S. 130–142; Schöck-Quinteros, Eva u. Nils Steffen: „Aus den Akten auf die Bühne" – Studierende erforschen „Eine Stadt im Krieg". Ein geschichtswissenschaftliches Crossover-Projekt zwischen Forschung, Lehre und Theater. In: Forschendes Lernen als Profilmerkmal einer Universität. Beispiele aus der Universität Bremen. Hrsg. von Ludwig Huber, Margot Kröger u. Heidi Schelhowe. Bielefeld 2013 (Motivierendes Lehren und Lernen in Hochschulen. Praxisanregungen 16). S. 195–209; Dauks, Sigrid: „Aus den Akten auf die Bühne." Inszenierungen in der archivischen Bildungsarbeit. Berlin 2010 (Historische Bildungs- und Öffentlichkeitsarbeit 2). Beachtenswert sind auch die zahlreichen Begleitbände zu den einzelnen Projekten.
4 Abschließender Sachbericht. Editions- und Forschungsprojekt: World War II – Everyday Life Under German Occupation. Der Zweite Weltkrieg – Alltag unter deutscher Besatzung. Marburg [u. a.] 2016. S. 8. https://www.leibniz-gemeinschaft.de/fileadmin/user_upload/Bilder_und_Downloads/Forschung/Wettbewerb/Vorhaben/Abschlussberichte/Sachbericht_SAW-2012-HI-7.pdf (30.7.2020). Die Projektseite findet sich unter http://www.societies-under-german-occupation.com (30.7.2020). Weitere Lesungen fanden in Hamburg und Warschau statt. An dem Projekt waren die Universitäten Wuppertal, Marburg und Gießen zentral beteiligt. Hinzu kamen weitere internationale Partner*innen der institutionalisierten Wissenschaft wie das Deutsche Historische

In den größeren Theaterhäusern haben Milo Rau und andere nach der Jahrtausendwende unterschiedliche, auch weniger historisch arbeitende Formen des Dokumentartheaters auf die Bühne gebracht. Auffällig ist (auch) hier der signifikante Anteil von Akteur*innen aus dem Umfeld der „Gießener Schule" um Andrzej Wirth und die dortigen Angewandten Theaterwissenschaften.[5] Inzwischen beschäftigen sich verschiedene, auch kleinere Theaterprojekte oder -gruppen damit, Geschichte auf der Bühne zu verhandeln. Doch was für eine Form der Geschichte bilden Projekte wie *Aus den Akten auf die Bühne*[6], das Hamburger *Axensprung Theater*[7], das Berliner *Historikerlabor* oder die *Theaterwerkstatt Heidelberg*[8] mit ihrer 2016er Version von *Geflüchtet, unerwünscht, abgeschoben. „Lästige Ausländer" in der Weimarer Republik*[9] ab? Welche Besonderheiten zeichnet das Dokumentartheater und seinen Umgang mit historischen Materialien aus? Inwiefern unterscheidet es sich von der universitären oder akademischen Geschichtsschreibung, die ja auch ganz grundsätzlich auf Dokumente und Quellen angewiesen ist?

Das mit Zeitzeugnissen arbeitende Dokumentartheater und seine performative(n) Geschichte(n) klassifiziere ich als eigenständige *Geschichtssorte* – als eine spezifische Form und ein besonderes mediales Format, das Geschichte in der Öffentlichkeit erzählt und in einem produktiv-kommunikativen Austausch mit den Zuschauer*innen Geschichte „macht", die wirkmächtig ist bei der Entwicklung und Transformation von Geschichtsbewusstsein in der Gesellschaft. Das Geschichte aufführende Theater kann als eine spezielle Form der Historiographie verstanden werden – die naturgemäß nicht mit der universitären Geschichtsschreibung verwechselt werden sollte.

Unter „Geschichtssorten" verstehe ich

> „unterschiedliche Formen historischer Narrative oder Narrativierungen, einschließlich der mit ihrer Produktion verbundenen Praktiken und unter expliziter Beachtung ihrer medialen Form. Damit sind alle Bedingungen und Prozesse des Geschichte-Machens adressiert, inklusive der wertenden und einordnenden Rezeption durch mehr oder weniger spezifische

---

Institut (DHI) in Paris und – insbesondere für die öffentliche Präsentation der Quellenmaterialien – die Landeszentralen für politische Bildung in Nordrhein-Westfalen und Hamburg, mit denen die Lesungen als eine Transferveranstaltung der historisch-politischen Bildung durchgeführt wurden.
5 Dazu gehören unter anderem Hans-Werner Kroesinger, Rimini Protokoll und She She Pop.
6 https://www.sprechende-akten.de (1.8.2020).
7 https://www.axensprung-theater.de (1.8.2020).
8 https://www.theaterwerkstatt-heidelberg.de (1.8.2020).
9 https://www.theaterwerkstatt-heidelberg.de/gefluechtet-unerwuenscht-abgeschoben-gastspiel/ (1.8.2020).

Publika. Mit dem Begriff der Geschichtssorten lassen sich dann unterschiedliche medial-performative Formen und Formate von Historiographie identifizieren, klassifizieren und systematisch beschreiben, unabhängig von ihrer qualitativen Relation zur geschichtswissenschaftlichen Historiographie, die eine dieser Sorten darstellt."[10]

Der Begriff der Geschichtssorte eröffnet somit grundsätzlich den Blick auf die konkreten historiographischen Praktiken, die mit der Produktion von Geschichte in unterschiedlichen Formen und Formaten verbunden sind. Er enthält sich dabei eines wertenden Vergleichs mit der wissenschaftlichen Geschichtsschreibung. Neben der akademischen Historiographie existieren jedoch zahlreiche, in ihrer medialen Form sehr diverse Formen und Formate von Geschichte, die auch als Erlebnis rezipiert werden und großen Publikumszuspruch erfahren. Sie dienen häufig der Unterhaltung und leisten trotz ihrer zuweilen beklagten mangelnden Zuverlässigkeit, Ausgewogenheit, Exaktheit und Wissenschaftlichkeit einen Beitrag zum öffentlichen Geschichtsbewusstsein. Zudem erreichen sie andere und auch größere Publika, als es die universitäre Geschichtsschreibung vermag. Es scheint daher angebracht, sie nicht als minderwertige Geschichte(n) zu diskreditieren, sondern als das zu untersuchen und zu erschließen, was sie sind: wirksame und wirkmächtige Geschichtssorten in einer transmedialen Welt.

Die Gegenwart der Geschichte

„Das ‚Geschichte aufführende' Theater", schreibt Freddie Rokem, „strebt danach, sowohl die Trennung von als auch den Ausschluss aus der Vergangenheit zu überwinden, und ist darum bemüht, eine Gemeinschaft zu erschaffen, in der die Ereignisse aus dieser Vergangenheit wieder von Belang sind."[11] Seine Funktion besteht also darin, in und mit einer gegenwärtigen sozialen Formation (= Gemeinschaft) Orientierungsfindung, Sinn- und Bedeutungsgenerierung durch eine Hinwendung zu und Beschäftigung mit Vergangenheiten zu ermöglichen. Unter Rückgriff auf Marko Demantowskys allgemeine Definition lässt sich auch das Dokumentartheater als eine Form der Public History beschreiben, als „complex

---

10 Logge, Thorsten: Geschichtssorten als Gegenstand einer forschungsorientierten Public History. In: Public History Weekly 6 (2018). https://public-history-weekly.degruyter.com/6-2018-24/history-types-and-public-history/ (27.7.2020).
11 Rokem, Freddie: Geschichte aufführen. Darstellungen der Vergangenheit im Gegenwartstheater. Berlin 2012. S. 19.

past related identity discourse"[12], der in diesem speziellen Fall gemeinsam von allen Theaterschaffenden inklusive Publikum geführt wird. „Operated by collectives and individuals," so Marko Demantowsky weiter, diene der vergangenheitsbezogene Identitätsdiskurs der Public History der „mutual recognition of narratives. Collectives empower their basic narratives in institutional frameworks through role allocations, rules of sanction and reward, as well as through media design and ritualized practice."[13] Eine zu erweiternde Aufführungsanalyse der Public Histories des Dokumentartheaters würde demnach vorrangig die Versammlungsöffentlichkeiten[14] der Theateraufführungen in den Blick nehmen, die für die Produktion, Repräsentation, Distribution und Rezeption von Geschichte auf der Theaterbühne eine herausragende Rolle spielen, denn: Geschichte auf dem Theater wird in erster Linie aufgeführt.[15] Über die inhaltliche Analyse der Darstellung würden zudem auch die jeweils adressierten und verhandelten *basic narratives* in den Blick geraten – kollektive Erzählmuster und Symbolformationen, in denen Ansichten von der Vergangenheit mehr oder weniger explizit zum Ausdruck kommen. Sie sind – wie die Aufführung selbst – räumlich, zeitlich und sozial spezifisch. Wenn Geschichte eine gegenwartsgebundene und -orientierende Beschäftigung mit Vergangenheiten ist, die auch geeignet ist, zukünftiges Handeln zu perspektivieren,[16] dann ist jede Form des Ausführens und Aufführens *(performing)* von Geschichte auch als zeitgenössische Spur lesbar. Sie kann Aufschluss darüber geben, wie zu einer bestimmten Zeit an einem bestimmten Ort und von bestimmten Personen über die Vergangenheit gesprochen wurde. Das schließt die technischen und medialen Möglichkeiten und Grenzen des Erzählens ausdrücklich mit ein. Schon die mit Erwin Piscator verbundene erste Welle des deutschen Dokumentartheaters in den späten 1920er Jahren zeigt, dass die Inszenierung von Quellen und Dokumenten auf dem Theater als ein Zusammenspiel unterschiedlicher medialer Repräsentationen vollzogen wurde. Zudem wurde

---

12 Demantowsky, Marko: What is Public History. In: Public History and School. International Perspectives. Hrsg. von Marko Demantowsky. Berlin 2018. S. 1–38. S. 26.
13 Demantowsky, Public History (wie Anm. 12), S. 26.
14 Zur Mehrdimensionalität von Öffentlichkeiten in ihren unterschiedlichen Reichweiten siehe Requate, Jörg: Öffentlichkeit und Medien als Gegenstand historischer Analyse. In: Geschichte und Gesellschaft 25 (1999). S. 5–32.
15 Einen guten Einstieg für Aufführungsanalysen bieten Weiler, Christel u. Jens Roselt: Aufführungsanalyse. Eine Einführung. Tübingen 2017.
16 Jeismann, Karl-Ernst: Didaktik der Geschichte. Die Wissenschaft von Zustand, Funktion und Veränderung geschichtlicher Vorstellungen im Selbstverständnis der Gegenwart. In: Geschichtswissenschaft. Didaktik, Forschung, Theorie. Hrsg. von Erich Kosthorst. Göttingen 1977. S. 9–33; Jeismann, Karl-Ernst: Geschichtsbewußtsein – Theorie. In: Handbuch der Geschichtsdidaktik. Hrsg. von Klaus Bergmann [u. a.]. 5. Aufl. Seelze-Velber 1997. S. 42–44.

durch die Nutzung des damals noch jungen Mediums Film die Bühnendarstellung auch medientechnisch erweitert. Piscator selbst ging von einer stark emotionalisierenden Wirkung von Bild und Bewegtbild auf sein Publikum aus.[17]

Auch die immer wieder hervorgehobenen zentralen Stücke des deutschen Dokumentartheaters der 1960er Jahre – Rolf Hochhuths *Der Stellvertreter* (1963), Heinar Kipphardts *In der Sache J. Robert Oppenheimer* (1964) oder Peter Weiss' *Die Ermittlung* (1965) – stehen in einem direkten Zusammenhang mit den herausragenden zeitgenössischen Themen und Diskursen. Im Mittelpunkt der im Stil von Gerichtsverhandlungen inszenierten Stücke, die ein Urteil der Zuschauer*innen geradezu einforderten, stehen zum Beispiel die moralisch-ethische Bewertung der atomaren Aufrüstung in Zeiten des Kalten Krieges (Kipphardt), die Shoah und der Versuch der systematischen Auslöschung jüdischen Lebens in Europa durch die Deutschen (Weiss) sowie die Rolle und Mitverantwortung des Vatikans und des Papstes an der Ermordung der europäischen Juden und Jüdinnen zur Zeit des Nationalsozialismus (Hochhuth). Das Dokumentartheater der „geschichtspolitisch außerordentlich konflikt- und ereignisreichen sechziger Jahre"[18] widmete sich den Themen der unmittelbaren Zeitgeschichte und öffnete zugleich das Theater und die Kunst für drängende gegenwärtige, geschichtspolitische und moralisch-ethische Fragen.[19] Diese kamen keinesfalls unvermittelt: Kipphardts *Oppenheimer* etwa war die Kubakrise 1962 vorausgegangen, in der die realen Gefahren eines Atomkriegs zwischen den USA und der Sowjetunion einer breiten Öffentlichkeit bewusst geworden waren. Die Stücke von Hochhuth und Weiss griffen Themen auf, die durch den Eichmannprozess Ende 1961, die Auschwitzprozesse ab 1963 oder die Verjährungsdebatten des Deutschen Bundestages ab 1965 zunehmend öffentlich verhandelt wurden – auch gegen eine in Teilen der westdeutschen Gesellschaft verbreitete Schlussstrichmentalität. Konzeptionell ging es den Autoren bei ihren Produktionen unter anderem darum, Gegenöffentlichkeiten zu schaffen, in denen Aufklärung über gesellschaftlich relevante aber massenmedial in ihren Augen zu wenig verhandelte Themen wie NS-Verbrechen erst ermöglicht werden konnte und sollte. Das Dokumentartheater war dabei der geschichtswissenschaftlichen Forschung zum Teil sogar voraus: „Hochhuths seinerzeit außerordentlich provozierende These, dass der Vatikan unter Papst Pius XII. über die Vorgänge in den Vernichtungslagern schon frühzeitig unterrichtet war und gleichwohl weder diplomatisch noch öffentlich da-

---

[17] Piscator, Erwin: Das Politische Theater. Berlin 1968. S. 66.
[18] Reichel, Peter: Vergangenheitsbewältigung in Deutschland. Die Auseinandersetzung mit der NS-Diktatur von 1945 bis heute. München 2001. S. 21
[19] Barton, Brian: Das Dokumentartheater. Stuttgart 1987. S. 2

gegen intervenierte, wird heute in der Geschichtswissenschaft kaum noch bestritten", schrieb etwa Helmut Dubiel 1999.[20]

Zeitzeugnistheater als erinnerungskultureller Problemlöser?

Auch die dritte Welle des deutschen Dokumentartheaters seit den späten 1990er Jahren muss vor dem Hintergrund des zeitgenössischen Kontextes der Jahrtausendwende gesehen werden und ist vielleicht auch als eine Reaktion auf den erinnerungskulturellen und geschichtspolitischen Umbruch zu verstehen, der unter dem (nicht unproblematischen) Schlagwort des „Verschwindens der Zeitzeug*innen" diskutiert wird.[21] Gemeint ist, dass mit dem Tod derjenigen, die den Nationalsozialismus, den Zweiten Weltkrieg und die Shoah selbst erlebt haben, zukünftig keine Menschen mehr am Leben sein werden, die direkt von ihren eigenen, unmittelbaren Erfahrungen berichten können und damit auch nicht mehr der schulischen wie außerschulischen historisch-politischen Bildung zur Verfügung stehen. Zeitzeug*innen wird Glaubwürdigkeit und Wahrhaftigkeit zugeschrieben, ihre Erzählungen werden häufig als unmittelbare Zugänge zur Geschichte wahrgenommen, die durch sie repräsentiert wird. Es ist vermutlich kein Zufall, dass Dorothee Wierling sich der theatralen Sprache bedient, wenn sie schreibt: „Der Zeitzeuge des 20. Jahrhunderts verspricht Authentizität und ist umgeben von der Aura, die sich der Vorstellung verdankt, dass er unmittelbar das historische Drama verkörpert, das er bezeugt."[22] Zeitzeug*innen werden assoziiert mit einem unmittelbaren Erleben der Vergangenheit. Das eigene Erleben als unmittelbarer Modus der Wahrnehmung von Welt erfährt dabei eine hohe Wertschätzung: Der Zeitzeug*innenbericht wird als eine größtmögliche authentische Erzählung der erlebten Vergangenheit gewertet: „Geschichte zum Anfassen sozusagen, ohne Umwege und Filter, das ist das – manchmal sogar offen ausgesprochene – Versprechen des Zeitzeugen bzw. desjenigen, der ihn zur Verfügung

---

20 Dubiel, Helmut: Niemand ist frei von der Geschichte. Die nationalsozialistische Herrschaft in den Debatten des Deutschen Bundestages. München [u. a.] 1999. S. 87.
21 Skriebeleit, Jörg: Das Verschwinden der Zeitzeugen. Metapher eines Übergangs. In: Zeitzeugenberichte zur Kultur und Geschichte der Deutschen im östlichen Europa im 20. Jahrhundert. Neue Forschungen. Hrsg. von Heinke M. Kalinke. Oldenburg 2011/2012. https://www.bkge.de/Downloads/Zeitzeugenberichte/Skriebeleit_Verschwinden_der_Zeitzeugen.pdf?m=1472270921& (1.8.2020).
22 Wierling, Dorothee: Zeitgeschichte ohne Zeitzeugen. Vom kommunikativen zum kulturellen Gedächtnis – drei Geschichten und zwölf Thesen. In: BIOS 21 (2008). S. 28–36. S. 30.

stellt."²³ Professionelle Historiker*innen und Biographieforscher*innen wissen natürlich, dass der Glaube an diese Authentizität eine Illusion ist – er ist jedoch gesellschaftlich weit verbreitet und selbst Profis wie Dorothee Wierling können ihm erliegen.²⁴

Zeitzeug*innen spielen in der erinnerungskulturellen Auseinandersetzung auch und gerade in zahllosen Dokumentationen in Film und Fernsehen und nicht nur zur Geschichte des Nationalsozialismus eine gewichtige Rolle – wir haben uns längst an sie gewöhnt. Ihr „Verschwinden" hat daher Unruhe und Betriebsamkeit ausgelöst und viele Projekt initiiert, die eine mediale Verstetigung der Zeitzeug*innenberichte durch Aufzeichnung und digitale Bereitstellung zum Ziel haben. Wer zeugt, wenn die Zeitzeug*innen nicht mehr zeugen können? Wie lässt sich die empfundene authentische Aura des Zeitzeug*innenauftritts in einer Versammlungsöffentlichkeit erhalten, die sich ebenfalls strukturell verändert? In einer zunehmend diversen und migrantisch geprägten Gesellschaft wird die erinnerungskulturelle und geschichtspolitische Auseinandersetzung mit dem Nationalsozialismus auch inhaltlich und thematisch vor neue Herausforderungen gestellt. Und nicht zuletzt fordert die anhaltende Transformation der Wissenschaften eine Stärkung und Ausweitung der *Third Mission* der Universitäten auch in den Geisteswissenschaften ein und drängt zur Entwicklung neuer Transferformate, um breiteren Teilen der Bevölkerung eine einfachere und bessere Teilhabe an der von ihnen als Steuerzahler*innen finanzierten universitären Forschung zu ermöglichen.²⁵

Der steigende Bedarf nach einem Ersatz für die Zeitzeug*innen sowie nach neuen und alternativen Erzählungen und Transferformaten für eine zunehmend heterogene und diverse Gesellschaft scheint dazu zu führen, dass Formen der Geschichtsdarstellung Auftrieb bekommen, die ähnlich authentische Vergangenheitszugänge ermöglichen, wie es lange Zeit vorrangig den Zeitzeug*innen zugeschrieben wurde. Neben Angeboten, die an der Bewahrung und Überführung des authentischen Zeitzeug*innenberichts in die digitale Welt arbeiten, finden so auch analoge und präsentische Angebote wie das Dokumentartheater ihren Platz. Die Funktion der Zeitzeug*innen übernimmt hier das Dokument – das Zeitzeugnis

---

23 Wierling, Zeitgeschichte (wie Anm. 22), S. 30.
24 Wierling, Zeitgeschichte (wie Anm. 22), S. 30.
25 Arendes, Cord: Wissenstransfer als „Third Mission". Herausforderungen und Chancen für die Geschichtswissenschaft. In: Arendes, Cord [u. a.]: Geschichtswissenschaft im 21. Jahrhundert. Interventionen zu aktuellen Debatten. Berlin 2020. S. 47–55.

bürgt für den*die Zeitzeug*in und erhebt als „Wirklichkeitspartikel"[26] einen vergleichbaren Anspruch auf Authentizität. Hier scheint das Dokumentartheater durch den Einsatz und die Inszenierung historischer Quellen und die Anwendung von Techniken der Authentifizierung auf der Bühne einen Bedarf zu decken. Es unterscheidet sich dabei deutlich vom Protestformat der 1960er Jahre und wird heute als ein Medium der schulischen wie außerschulischen historisch-politischen Bildungsarbeit anerkannt und gewürdigt.[27]

Das Dokument im Zeitzeugnistheater

Ein wesentliches Kriterium, das Dokumentar- und Geschichtstheater voneinander unterscheidet, ist eine direkte Verbundenheit des Bühnengeschehens mit dem „tatsächlichen", „realen" Geschehen in der außertheatralen Welt, das über „echte" Dokumente hergestellt wird.[28] Während das historische Drama Geschichte als eine Inspiration nutzt, um vor dem Hintergrund realen Geschehens die dramatische Fiktion zu entfalten, wird dem Dokumentartheater grundsätzlich ein höherer Grad an Realismus und Authentizität in seiner Darstellung zugeschrieben: Gezeigt wird, was vermeintlich tatsächlich geschehen ist, und die Dokumente werden eingesetzt, um den Wahrheitsgehalt und die Echtheit des Gezeigten zu bezeugen. Schon Erwin Piscator griff in seiner „dokumentarischen" Pionierarbeit *Trotz alledem* 1925 auf Dokumente als Grundlage seiner Inszenierung zurück.[29] Gleiches gilt für das Dokumentartheater der 1960er Jahre und auch in der dritten Phase seit den späten 1990ern spielen Zeitzeugnisse eine zentrale und konstituierende Rolle.

Grundsätzlich wird im Dokumentartheater der institutionelle, ästhetisch-künstlerische Theaterraum mit der eigentlich deutlich von ihm abgekoppelten, außertheatralen Lebenswelt verknüpft. Die angenommene historische Realität wird nicht mehr nur als Inspiration für eigene fiktionale Dramen genutzt, sondern

---

26 Hilzinger, Klaus H.: Die Dramaturgie des dokumentarischen Theaters. Tübingen 1976 (Untersuchungen zur deutschen Literaturgeschichte 15). S. 142; Barton, Dokumentartheater (wie Anm. 19), S. 4.
27 So wurde etwa *Aus den Akten auf die Bühne* 2012 mit dem Sonderpreis „Recognition of Distinction" der „European Competition for Best Innovations in University Outreach and Public Engagement" der Universität Oxford ausgezeichnet. Eva Schöck-Quinteros erhielt 2019 für ihre Arbeit das Bundesverdienstkreuz am Bande. Siehe https://www.bundespraesident.de/SharedDocs/Berichte/DE/Frank-Walter-Steinmeier/2019/05/190522-OV-Matinee-Gelebtes-GG.html?fbclid=IwAR0OulgXIzGzNiK2R3AcwTABYL7ELhhOGk_W5xAbJrh2Uf2nt1JYtIMMCjo (1.8.2020).
28 Hilzinger, Dramaturgie (wie Anm. 26), S. 4.
29 Piscator, Theater (wie Anm. 17), S. 67.

will diese durch die Inszenierung von Dokumenten und Materialien ganz unmittelbar auf die Bühne bringen. Die zentrale Stellung des historischen Dokuments als Zeitzeugnis unterscheidet dabei das Dokumentartheater, das vergangene Geschehnisse, Zustände und Personen referenziert, erzählt und zur Aufführung bringt, von einem eher politisch-soziologisch orientierten Dokumentartheater (wie etwa bei Rimini Protokoll), das mehr auf gegenwärtige Geschehnisse, Zustände und Personen verweist. Insofern sich Dokumentartheater auf Vergangenheiten bezieht, die vor allem über historische Dokumente und Zeitzeugnisse repräsentiert sind, kann es im Anschluss an Nils Steffen begrifflich als *Zeitzeugnistheater* gefasst werden.[30]

Über den Einsatz der Zeitzeugnisse und die Verwendung der Namen von tatsächlich existierenden historischen Persönlichkeiten behauptet das Dokumentartheater den Abbildungscharakter seiner Inszenierungen: „Das dokumentarische Theater ist ein Theater der Berichterstattung", so Peter Weiss. „Protokolle, Akten, Briefe, statistische Tabellen, Börsenmeldungen, Abschlussberichte von Bankunternehmen und Industriegesellschaften, Regierungserklärungen, Ansprachen, Interviews, Äußerungen bekannter Persönlichkeiten, Zeitungs- und Rundfunkreportagen, Fotos, Journalfilme und andere Zeugnisse der Gegenwart bilden die Grundlage der Aufführung."[31]

Die „authentische und vor allem belegbare Qualität des Faktenmaterials" wird „zur unentbehrlichen Voraussetzung für die Darstellung", so Barton 1987.[32] Die Funktion der Dokumente liege – wie schon von Weiss[33] und Kipphardt[34] ausgeführt, auf die Barton sich bezieht – vor allem darin, „konkrete, unwiderlegbare Beziehungen zur Außenwelt" herzustellen und „eine neue Art von Beweismaterial" zu erschaffen, um eine „kritische Neubeurteilung aus der Gegenwartsperspektive" zu ermöglichen und darüber einen Beitrag zur gesellschaftlichen Meinungsbildung zu leisten.[35] Die Echtheit des Materials und der Darstellung ist dabei grundlegend: „Das dokumentarische Theater enthält sich jeder Erfindung", so Peter Weiss, „es übernimmt authentisches Material und gibt dies, im Inhalt unverändert, in der Form bearbeitet, von der Bühne aus

---

30 Siehe den Beitrag von Nils Steffen in diesem Band.
31 Weiss, Peter: Notizen zum dokumentarischen Theater [1968]. In: Deutsche Dramaturgie der Sechziger Jahre. Ausgewählte Texte. Bd. 4. Hrsg. von Helmut Kreuzer, Benno Wiese u. Peter Seibert. Tübingen 1974. S. 57–65. S. 57.
32 Barton, Dokumentartheater (wie Anm. 19), S. 3.
33 Weiss, Notizen (wie Anm. 31), S. 97.
34 Kipphardt, Heinar: Kern und Sinn aus Dokumenten. In: Theater Heute 11 (1964). S. 63.
35 Barton, Dokumentartheater (wie Anm. 19). S. 3f.

wieder."[36] Der hier zum Ausdruck kommende Objektivitätsanspruch der Darstellung – die Unterordnung der eigentlich das Theater auszeichnenden ästhetischen Form unter den vermeintlich realistischen, faktischen Inhalt – wurde dem Dokumentartheater der 1960er Jahre zeitgenössisch bereits von Peter Handke und Martin Walser kritisch vorgehalten.[37]

Dass der Realitätsanspruch und der Realismus der zum Einsatz kommenden Dokumente ebenso in Frage zu stellen ist wie der von Fakten insgesamt, ist in der Forschung durchaus bekannt: „Das Dokumentarische ist nicht zu trennen von den Verfahrensweisen zur Herstellung von Glaubwürdigkeit, welche die Informationen beglaubigen", betont etwa Boris P. Nikitin.[38] „Gerade dann, wenn das dokumentarische Theater Wirklichkeit darzustellen behauptet, muss es, mehr noch als das fiktionale Theater, bei dem der fiktive Charakter des Gezeigten und Gesagten stets offengelegt ist, als eine radikale Form des Illusionstheaters betrachtet werden."[39] Janelle Reinert hat darauf hingewiesen, dass die Unfähigkeit der Dokumente, ihre Geschichten ohne narrative Interventionen selbst zu erzählen, sich schon daran zeige, dass sie weder im Film noch auf dem Theater ohne die kreative Behandlung durch Filme- und Theatermacher*innen auftauchen.[40] Die Faktizität des Zeitzeugnistheaters – oder jeder Geschichtssorte – ist tatsächlich eine Fiktion, eine Illusion, die durch den Einsatz von Dokumenten aus der außertheatralen Welt erzeugt wird und deren Glaubwürdigkeit nicht durch die Zeitzeugnisse selbst, sondern durch das Publikum validiert wird: „Partnering with the documentary as co-producer of the reality in question, spectators validate or contest the truth-value of the documents."[41] Ob etwas als faktisch oder fiktional wahrgenommen wird, entscheiden die Zuschauer*innen, und zwar auf der Grundlage ihres Vorwissens und ihrer Erfahrungen, Einstellungen und Werthaltungen.[42] Die

---

36 Weiss, Notizen (wie Anm. 31), S. 57.
37 Bachmann, Michael: Dokumentartheater/Dokumentardrama. In: Handbuch Drama. Theorie, Analyse, Geschichte. Hrsg. von Peter W. Marx. Stuttgart 2012. S. 305–310. S. 305.
38 Nikitin, Boris P.: Der unzuverlässige Zeuge. Zwölf Behauptungen über das Dokumentarische. In: Dokument, Fälschung, Wirklichkeit. Materialband zum zeitgenössischen Dokumentarischen Theater. Hrsg. von Boris Nikitin, Carena Schlewitt u. Tobias Brenk. Berlin 2014 (Theater der Zeit 110). Berlin 2014. S. 12–19. S. 16.
39 Nikitin, Zeuge (wie Anm. 38), S. 14.
40 Reinelt, Janelle: The Promise of Documentary. In: Get Real. Documentary Theatre Past and Present. Hrsg. von Alison Forsyth u. Chris Megson. Basingstoke [u.a.] 2009. S. 6–23. S. 8.
41 Reinelt, Promise (wie Anm. 40), S. 10.
42 Dieser Effekt stellt sich bei unterschiedlichen medialen Formen des Dokumentarischen ähnlich ein und gilt auch für Fotos, Ausstellungen, Theater oder Film. Reinelt, Promise (wie Anm. 40), S. 11.

Realität wird hergestellt in den Interaktionen zwischen Dokument, Künstler*innen und Betrachter*innen und: „it is a way of knowing".[43]

Auch wenn das Dokumentarische ganz grundsätzlich Faktizität beansprucht, die kuratierten Zeitzeugnisse darauf verweisen, *dass* etwas passiert ist, *dass* Ereignisse stattgefunden haben,[44] ist sein Gelingen (im Sinne einer Akzeptanz der Abbildung realer Geschehnisse) letztlich in einem hohen Maße abhängig von den Zuschauer*innen als Co-Produzent*innen. Diese entscheiden, ob und inwieweit die Faktizität der Dokumente und der Darstellung auch anerkannt wird und die Illusion der Faktizität insgesamt gelingt.[45] Es ist daher nicht verwunderlich, dass bei der Aufführung, vor allem aber auch bei flankierenden Kommunikationen zu Produktionen des Zeitzeugnistheaters häufig auf die „Echtheit" der Dokumente und ihre Herkunft verwiesen wird.

Tatsächlich werden die Dokumente und Quellen auf eine Art und Weise recherchiert und gehoben, die – zumindest in Teilen – den Arbeitsprozessen der Geschichtswissenschaft stark ähnelt oder sogar damit identisch ist. Das Berliner *Historikerlabor* präsentiert die eigene geschichtswissenschaftliche Arbeit auf der Bühne und in Projekten wie *Aus den Akten auf die Bühne* wird die Heuristik im Rahmen universitärer Projektseminare unternommen und von Historiker*innen und Archivar*innen angeleitet. Hier grenzt sich die ästhetisch-künstlerische Arbeit mit den Quellen betont von der wissenschaftlichen Tätigkeit ihrer Recherche und Bewertung ab.[46] Das Material wird gesucht und gefunden in Repositorien, Archiven oder Bibliotheken, die auch für geschichtswissenschaftliche Forschung einschlägig sind, oder, ähnlich wie in der *Oral History,* über Zeitzeug*innengespräche generiert. Indem die Materialsuche in institutionalisierten, glaubwürdigen und gesicherten Wissensrepositorien erfolgt, fällt es dem Zeitzeugnistheater verhältnismäßig leicht, die Echtheit des auf diese Weise gehobenen Materials glaubwürdig zu behaupten und zu vertreten.

Von Heinar Kipphardt bis zu *Aus den Akten auf die Bühne* wird in diesem Zusammenhang gern die ungeheure Materialfülle hervorgehoben, auf die sich die Aufführung letztlich stütze.[47] Verweise auf aufwändige Recherchearbeiten in Archiven, Bibliotheken oder Museen, der Austausch mit oder die Zuarbeit von Wissenschaftler*innen, die Herausgabe von (wissenschaftlichen) Begleit- oder

---

43 Reinelt, Promise (wie Anm. 40), S. 23.
44 Reinelt, Promise (wie Anm. 40), S. 10.
45 Simon, Fritz B.: Die Unterscheidung Wirklichkeit/Kunst. Einige konstruktivistische Aspekte des „dokumentarischen Theaters". In: Nikitin [u.a.], Dokument (wie Anm. 38), S. 39–48. S. 40.
46 Siehe das Gespräch mit Peter Lüchinger in diesem Band.
47 Kipphardt, Heinar: Wahrheit wichtiger als Wirkung. In: Kreuzer [u.a.], Deutsche Dramaturgie (wie Anm. 31), S. 45f. S. 46; Schöck-Quinteros/Dauks, Anfang (wie Anm. 3), S. 131f.

Quellenbänden – all dies gehört zum Repertoire einer über das eigentliche Stück hinausgehenden Kommunikation, die als Authentifizierungsstrategie beschrieben werden kann. Sie zielt darauf, die Echtheit des eingesetzten Materials zu beglaubigen – und indirekt darüber auch die Realitätsnähe oder -entsprechung der zur Aufführung gebrachten Erzählung selbst.[48]

Das Zeitzeugnistheater als Illusionstheater lässt sich nicht auf die Aufführung und das Geschehen auf der Bühne und im Theatersaal (oder gar am „authentischen Ort" – eine weitere Authentifizierungsstrategie) beschränken. Die Illusion beginnt bereits bei Ankündigungen und Presse-Vorabberichten, in denen unter Rückgriff auf gesellschaftlich gültige Vorannahmen über „Wirklichkeit" und „Realität" ein Kommunikationsrahmen konstituiert wird, in dem die Grenzen zwischen Kunst/Theater und Wirklichkeit transzendieren. Die Aufführung selbst bedient sich weiterer Darstellungstechniken, um die außertheatrale Herkunft der Quellen zu betonen: Sie werden beispielsweise sprachlich markiert, indem Zeit und Ort der Entstehung, Autor*innen und Herkunft des Materials einleitend vor der Rezitation des Inhalts genannt oder die Quellen deutlich sichtbar auf der Bühne in Szene gesetzt werden. Vom prägnant vorgehaltenen Papier bei einer szenischen Lesung bis zur Videoprojektion oder Audioeinspielung bieten sich hier zahlreiche Möglichkeiten. Allein die sprachliche Signifikanz von Texten, die weder primär für den mündlichen Vortrag auf einer Bühne produziert wurden noch in ihrem ursprünglichen Verwendungszusammenhang dialogische Funktionen erfüllen mussten, ist für die Zuschauer*innen deutlich wahrnehmbar, was den authentifizierenden Effekt erhöht.[49] Enthalten Begleitbände oder erweiterte Programmhefte Quellenmaterialien zur Aufführung oder gar kommentierende wissenschaftliche Texte, dann verfließen die Grenzen zwischen dem Theater und der lebensweltlichen Wirklichkeit der Zuschauer*innen zusätzlich, was die Möglichkeit eröffnet, die ästhetisch-künstlerische Auseinandersetzung mit einem Thema während eines Theaterbesuchs in andere Domänen der gesellschaftlichen Wirklichkeit mit ihren jeweiligen Handlungsräumen wie etwa Wissenschaft oder Politik zu überführen. Den im Zeitzeugnistheater zwischen Kunst und „Wirklichkeit" oszillierenden Beobachter*innen wird somit in doppelter Weise eine Brücke geboten, die einen unmerklichen Übergang erlaubt von der eigenen Lebenswelt in die Welt des Theaters und wieder zurück. Auf diese Weise entfaltet sich ein politisches Potential des Zeitzeugnistheaters, das sich transformativ auf die Lebenswelt der Beobachter*innen auswirken kann. „Denn das Dokumentarische wird allgemein als ein Genre identifiziert, das über Ereignisse berichtet, die

---

48 Siehe auch den Beitrag des Hamburger *Axensprung Theaters* in diesem Band.
49 Siehe hierzu auch den Beitrag von Guido Isekenmeier in diesem Band.

in der – meist zeitnahen – Wirklichkeit stattfinden oder stattgefunden haben. Es ist eine Form der nichtfiktionalen Wirklichkeitserfahrung. Das Problem des Dokumentarischen liegt dabei in der Unmöglichkeit zu erfassen, was ‚Wirklichkeit' (oder Gegenwart) genau ist. ‚Wirklichkeit' ist nicht zu trennen von den Modi ihrer Wahrnehmung, ihrer Repräsentation, Versprachlichung und Darstellung."[50] Dabei verweist die unbestrittene „Echtheit" oder „Authentizität" der Quellen unmissverständlich auf die Erfahrungs- und Lebenswelten der Zuschauer*innen. Sie basiert auf zahlreichen stillen Übereinkünften zwischen allen Aufführungsbeteiligten, in denen von der Rekonstruierbarkeit der Vergangenheit durch und über Zeitzeugnisse ausgegangen wird. Je mehr also die Quellen im Mittelpunkt stehen, desto stärker wird der Montageprozess als narrativierende Praxis ausgeblendet und verschwindet hinter der überwältigenden (vermeintlichen) Objektivität der Zeitzeugnisse.

Während das Dokumentartheater der 1960er Jahre durchaus Formen des „Tribunals" annehmen konnte,[51] erscheint das heutige Zeitzeugnistheater – insbesondere da, wo es wissenschaftlich angebunden ist oder besonders hohen Wert auf die Realitätsnähe seiner Produktionen legt – als eine ästhetische Erweiterung der geschichtswissenschaftlichen Diskurse zu den behandelten Themen. Es zeichnet sich aus durch einen auf und neben der Bühne nachdrücklich vorgetragenen und behaupteten Realitätsbezug, der eine Immersion, also ein Eintauchen, in die Geschichtsrepräsentation erlaubt, indem es ihre Echtheit besonders hervorhebt. Anders als bei Hans-Werner Kroesinger, der in *Q & A – Questions & Answers* die Begrenztheit von Wahrnehmungen und Perspektiven und deren mediale Bedingtheit performativ erfahrbar machte,[52] setzt das Zeitzeugnistheater in hohem Maße darauf, Faktizität zu inszenieren. Dabei nutzt es (wohl meist implizit) einen stillschweigenden gesellschaftlichen Konsens darüber, was Fakten seien, wie und warum diese in Dokumenten beziehungsweise Quellen enthalten sind und dass sie durch diese repräsentiert werden. Es ist dabei unerheblich, ob wissenschaftlich bekannt und verbreitet ist, dass Wirklichkeit eine soziale und kommunikative Konstruktionsleistung sei.[53] Die meisten Zuschauer*innen wollen und können die Echtheit der Quellen und der Erzählung im Zeitzeugnistheater nicht selbst überprüfen, auch, weil – anders als in der geschichtswissenschaftlichen Darstellung – die Überprüfbarkeit mangels Belegsystem nicht greifbar wird und diese auf dem Theater in der Regel ohnehin nicht zur Ausstattung gehört. Die

---

50 Nikitin, Zeuge (wie Anm. 38), S. 13 f.
51 Weiss, Notizen (wie Anm. 31), S. 62.
52 Irmer, Thomas: A Search for New Realities. Documentary Theatre in Germany. In: The Drama Review 50 (2006). S. 16–28. S. 20–24
53 Nikitin, Zeuge (wie Anm. 38), S. 14–16.

Zuschauer*innen werden daher (vielleicht aus guten und auch pragmatischen Gründen) über die für echt gehaltenen Dokumente auch die mit ihr und durch sie präsentierte Erzählung selbst als echt verifizieren – mindestens jedoch bleibt es für sie schwer entscheidbar, ob sie im Zeitzeugnistheater Zeug*innen eines Spiels oder der Wirklichkeit sind.[54] Damit reiht sich das Zeitzeugnistheater ein in eine ganze Reihe von Geschichtssorten, die Immersion und emotionales Erleben von Geschichte ganz selbstverständlich in den Mittelpunkt der Publikumserfahrung stellen. Bei der Analyse von Produktionen des Zeitzeugnistheaters als Geschichtssorte sollten daher neben den Strategien und Techniken der Authentifizierung von Zeitzeugnissen im Skript und bei der Aufführung auch die Nebenschauplätze berücksichtigt werden. Die Illusion der Faktizität bedarf gesellschaftlicher Vorannahmen und Vereinbarungen, um wirksam werden zu können. Diese können und sollten auch über die flankierenden Kommunikationen neben vor und nach der Aufführung erschlossen werden.

Die Montage als historiographische Praxis

Nach der Recherche, Identifikation und Hebung geeigneter Zeitzeugnisse muss das in der Regel reichhaltige Material geordnet, ausgewählt und in eine für die Darstellung auf der Bühne geeignete Form gebracht werden. Dieser Prozess wird allgemein als „Montage" bezeichnet, manchmal auch als „Schnitt". Die Montage dient gleichermaßen der Reduktion des Materials für die zeitlich begrenzte Aufführung auf der Bühne, anderseits der Ordnung und Aufbereitung zu einem kohärenten und konsistenten historischen Narrativ. Heinar Kipphardt sah es als eine Hauptaufgabe, „aus dem Gestrüpp der tausend miteinander verfilzten Details der Wirklichkeit die objektive Distanz zu gewinnen, die gebraucht wird, um den innersten Kern und Sinn einer historischen Begebenheit von den umherspielenden Zufälligkeiten zu befreien, um sie der Zeitgenossenschaft als ein bedeutendes Exempel darzustellen".[55] Dabei solle die historische Wirklichkeit bestmöglich getroffen und für jede*n die Möglichkeit geschaffen werden, „an Hand der historischen Dokumente zu überprüfen, ob der Schriftsteller mit seiner Arbeit die historische Wirklichkeit getroffen hat und ob er die für seine Zeitgenossenschaft wesentlichen Bedeutungen des historischen Falls zur Darstellung bringt oder nicht".[56] Aus einer beobachtenden und analysierenden Haltung werden „Ein-

---

54 Simon, Unterscheidung (wie Anm. 45), S. 40.
55 Kipphardt, Wahrheit (wie Anm. 47), S. 45.
56 Kipphardt, Wahrheit (wie Anm. 47), S. 46.

zelheiten aus dem chaotischen Material der äußeren Realität"[57] ausgewählt und sinnvoll aufeinander bezogen. „Nur durch die Montagetechnik können einzelne faktische Elemente ihre Authentizität bewahren und gleichzeitig über den Stoff hinaus auf größere Themen verweisen".[58] Durch die Montage werde es dem Dokumentartheater möglich, „Fakten von verschiedenen Quellen in einen thematischen Zusammenhang zu bringen, besondere Aspekte des Themas hervorzuheben, auf Widersprüche im Beweismaterial hinzuweisen und Verfälschungen der Wahrheit zu enthüllen."[59] Auswahl und Montage sind dabei durchaus als subjektive Meinungsäußerungen zu verstehen, auch wenn sich der Eingriff in das Material auf Auswahl, Kürzungen, Kontrastierungen und den Schnitt begrenzt.[60] „Meine Freiheiten liegen in der Auswahl, in der Anordnung, in der Formulierung und in der Konzentration des Stoffes", schreibt Kipphardt. „Wenn die Wahrheit von einer Wirkung bedroht schien, opferte ich eher die Wirkung."[61]

In der Montage, die sich als spezifische historiographische Praxis des Zeitzeugnistheaters bezeichnen lässt, werden somit die als „Fakten" verstandenen Zeitzeugnisse durch Auswahl, Ordnung, Kürzungen und Montage zu einem Aufführungsskript zusammengestellt und anschließend Regisseur*innen, Schauspieler*innen und anderen Aufführungsbeteiligten für die Darstellung auf der Bühne zugeführt, die es schließlich inszenieren und zur Aufführung bringen. Die Autor*innen richten sich dabei an ein zunächst imaginiertes, später in der Aufführung dann tatsächlich angesprochenes Publikum, dessen Erwartungshaltungen sie antizipieren und bei der Produktion und den Proben für die Aufführung berücksichtigen.[62] Im Glauben an die Faktizität der eingesetzten Materialien werden der künstlerischen Freiheit gewisse Grenzen gesetzt: „Wenn die Dokumente ihre Funktion richtig erfüllen und konkrete, unwiderlegbare Beziehungen zur Außenwelt herstellen sollen, müssen sie auch nach ihrer Bearbeitung für die Bühne in einem gewissen Sinne ‚authentisch' bleiben", da sonst die Geschichte „nur als Quelle für dramatische Ereignisse und Figuren [dient], die dann nach dem Prinzip der ästhetischen Autonomie mit künstlerischer Freiheit umgestaltet werden".[63]

---

57 Weiss, Notizen (wie Anm. 31), S. 60f.
58 Barton, Dokumentartheater (wie Anm. 19). S. 4f.
59 Barton, Dokumentartheater (wie Anm. 19). S. 5.
60 Barton, Dokumentartheater (wie Anm. 19). S. 5.
61 Kipphardt, Wahrheit (wie Anm. 47), S. 45f.
62 Zum Adressatenbezug von Geschichte siehe Kalela, Jorma: Making History. The Historian and Uses of the Past. Basingstoke [u.a.] 2012.
63 Barton, Dokumentartheater (wie Anm. 19), S. 3.

Der Text des Stücks darf keinesfalls mit der Aufführung verwechselt werden. Das Skript ist lediglich der Text, der der Aufführung notwendig zugrunde liegt. Die Aufführung geht als individuelles Ereignis aus diesem Text hervor und wird in der Co-Präsenz gemeinsam mit dem Publikum realisiert. Neben den Autor*innen sind daher weitere Autor*innen zu beachten, die an verschiedenen Stellen Einfluss nehmen auf die Aufführungsproduktion, sodass auch von einem*einer Kollektivautor*in gesprochen werden kann. Schon Erwin Piscator hob hervor, dass bei *Trotz alledem* (1925) mehr als nur ein Autor oder Regisseur an der Produktion beteiligt war: „Die Aufführung entstand kollektiv: Die einzelnen Arbeitsprozesse von Verfasser, Regisseur, Musiker, Bühnenmaler und Schauspieler, griffen unaufhörlich ineinander."[64] Die Aufführung ist neben dem Aufführungsskript ein wesentlicher Teil der Geschichtssorte Zeitzeugnistheater und verweist zudem auf die fundamentale Rolle des Publikums als Co-Produzent von Sinn und Bedeutung im Rahmen der Aufführung als Ereignis.

Geschichtssorte: Zeitzeugnistheater

Zeitzeugnistheater ist keine universitäre Geschichtsschreibung. Es ist daher auch grundsätzlich nicht zentralen Kriterien für Wissenschaftlichkeit verpflichtet wie Ausgewogenheit, Nachvollziehbarkeit oder methodisch-theoretische Transparenz.

Der wissenschaftliche Geschichtsdiskurs zeichnet sich unter anderem. aus durch die selbstreflexive Kontrolle subjektiver Anteile an der eigenen Forschung und Darstellung, Transparenz und Nachvollziehbarkeit in Theorie und Methode, eine sprachlich klare Distanz zwischen Darstellung und Dokumentenbezug sowie die Einheit von wissenschaftlicher*m Autor*in und Erzähler*in.[65] Eine erweiterte Aufführungsanalyse der (europäisch geprägten) akademischen Historiographie, die das Ausführen und Aufführen von Geschichte im universitären Feld über die Texte hinaus betrachtet,[66] steht noch aus. Dabei müssten unter anderem auch die materiellen und medialen Möglichkeiten und Grenzen der universitären Ge-

---

[64] Piscator, Theater (wie Anm. 17), S. 64.
[65] Harth, Dietrich: Geschichtsschreibung. In: Bergmann [u.a.], Handbuch der Geschichtsdidaktik (wie Anm. 16), S. 170–174. S. 173.
[66] Siehe hierzu beispielhaft White, Hayden: Metahistory. Die historische Einbildungskraft im 19. Jahrhundert in Europa. Frankfurt am Main 1991; oder Nolte, Paul: Darstellungsweisen deutscher Geschichte. Erzählstrukturen und „master narratives" bei Nipperdey und Wehler. In: Die Nation schreiben. Geschichtswissenschaft im internationalen Vergleich. Hrsg. von Christoph Conrad u. Sebastian Conrad. Göttingen 2002. S. 236–268.

schichtsschreibung berücksichtigt, Authentifizierungsstrategien und Inszenierungspraktiken untersucht und nicht zuletzt die Bühnen, Aufführungsorte, Aufführungen der Geschichtswissenschaft diskutiert werden – und damit natürlich auch die Rolle des Publikums als authentifizierende Adressat*innen.

Die Geschichtssorte Zeitzeugnistheater, soviel lässt sich sagen, zeichnet sich aus durch die zentrale Stellung der Illusion des Faktischen, die sich vor allem aus dem Spannungsverhältnis Kunst/Theater und Wirklichkeit ergibt. Sie wird erzeugt durch den Einsatz von Zeitzeugnissen als „Wirklichkeitspartikeln" sowie andere authentifizierende Darstellungspraktiken (wie die Benutzung von bürgerlichen Namen im Spiel oder die Aufführung an „authentischen" Orten). Das Zeitzeugnistheater transzendiert die Grenzen zwischen den Sphären Kunst und Wirklichkeit und fördert die Immersion der Zuschauer*innen durch Erzeugung und Bestärkung des Glaubens an die Realitätsnähe oder -übereinstimmung der präsentierten Geschichte. Schließlich tritt im Zeitzeugnistheater der Konstruktionscharakter der Montage hinter die Authentizität des aufgeführten Materials zurück, wird die präsentierte historische Erzählung über den Hyper-Realismus der Zeitzeugnisse mitbeglaubigt und dadurch auch schwerer kritisierbar. Als Geschichtssorte muss Zeitzeugnistheater stets in einem größeren Diskurszusammenhang betrachtet werden. Zu ihr gehören die (künstlerische) Recherche und Materialsuche, die Erstellung des Aufführungsskripts und dessen Inhalt, die darauf basierende Aufführungsproduktion, die als Einzelereignisse zu betrachtenden Aufführungen sowie die zahlreichen flankierenden Kommunikationen in Einleitungs- und Begleitvorträgen, Programmheften, Begleitbänden, Werbematerialien oder der Medienberichterstattung. Sie alle sind Teil der Geschichtssorte Zeitzeugnistheater. Dabei geht es nicht nur um den Inhalt von Aufführungen oder szenischen Lesungen, sondern stets auch darum, das je spezifische Verständnis von Objektivität und Wirklichkeit, Authentizität, Fakten und Fiktionen sowie nicht zuletzt von Vergangenheit und Geschichte bei allen Diskursteilnehmenden herauszuarbeiten – auch in historischer Perspektive. Durch eine systematische Untersuchung des Ausführens und Aufführens von Geschichte im Zeitzeugnistheater können die Besonderheiten, Reichweiten und Wirkungen dieser Geschichtssorte erschlossen und besser verstanden werden. Wie viele andere Geschichtssorten wird auch das Zeitzeugnistheater nicht einfach wieder verschwinden, nur weil es in Teilen der Geschichtswissenschaft für unwissenschaftlich gehalten wird. Es wollte nie wissenschaftlich sein, auch dann nicht, wenn es Wissenschaftlichkeit als Teil der Selbstinszenierung behauptet. Es ist letztlich eine Form des Geschichtemachens wie viele andere auch. Als eine künstlerisch-ästhetische Praxis agiert es vornehmlich unter den Diskursregeln und -praktiken des Theaters sowie dessen medialen Möglichkeiten und Grenzen.

Teil III: **Authentizität**

Achim Saupe
„War es wirklich so?"
Zur Authentizität von Quellen

Die Frage „War es wirklich so?" ist ebenso verständlich und hilfreich wie sie theoretisch geschulte Geschichtswissenschaftler*innen zurückschrecken lässt – ob sozial-, ideenhistorisch oder aber postmodern inspiriert, spielt dabei wahrscheinlich keine Rolle. Fast hätte ich sie jedenfalls universitären Proseminaren, dem Geschichtsunterricht oder aber den „Faktenchecks" im „Fake News"-Zeitalter überantworten wollen, da stand sie auf einmal mit dem schönen Zusatz „Zur Authentizität von Quellen" in einem Einladungsschreiben für eine Konferenz zum dokumentarischen Geschichtstheater.

Schauen wir zunächst einmal darauf, warum Historiker*innen wohl eher verwundert auf eine solche Frage reagieren. Denn auch wenn die basale Frage „War es wirklich so?" eine berechtigte quellen- und erzählkritische Nachfrage darstellt und man den gar nicht abwegigen Wunsch herauszuhören meint, einmal eine kurze zusammenfassende Antwort zu erlangen („ja, so war das"), dann verkürzt sie doch unweigerlich die Komplexität von möglichen Aussagen über die Vergangenheit.[1] Sie fragt nach dem Faktischen oder besser, einem Zusammenhang von Ereignissen – und für die kurze Antwort „so war das" muss man sicherlich auch Mut zur interpretativen Deutung aufbringen. Offensichtlich hat die Frage eine Affinität für Ereignisgeschichte, denn es würde wohl kaum Sinn machen, Ideenhistoriker*innen oder Spezialist*innen für historische Diskursanalyse diese Frage zu stellen: Man wäre auf die Sympathie der Gefragten angewiesen, um nicht eine allzu ironische Antwort zu bekommen. Tatsächlich birgt die uns gestellte Frage zugleich die Gefahr, Aussagen über komplexe, immer auch perspektivengebundene Tatbestände auf gleichsam beobachterunabhängige Fakten oder Tatsachen zu reduzieren. So ist man geneigt, sie mit einem Objektivismus zu identifizieren, den Historiker*innen gerne mit dem Diktum Leopold von Rankes aus dem Jahr 1824 verbinden: „Man hat der Historie das Amt, die Vergangenheit zu richten, die Mitwelt zum Nutzen zukünftiger Jahre zu belehren, beigemessen:

---

[1] Die Frage befördert zudem die Vorstellung, dass man als Argument oder Beweis für eine derartige Behauptung sich auf eine einzige Quelle, ein einziges als glaubwürdig eingeschätztes Zeugnis, stützen könne. Prinzipiell gilt in historischen Dingen wie in journalistischen Fragen zumindest der Double-check. Ist dies nicht möglich, kann man nach internen Gesichtspunkten natürlich auch die Glaubwürdigkeit eines Berichts zumindest einschätzen. Zum Problem siehe Ginzburg, Carlo: Just one Witness. In: Probing the Limits of Representation. Nazism and the „Final Solution". Hrsg. von Saul Friedländer. Cambridge 1992. S. 82–96.

so hoher Aemter unterwindet sich gegenwärtiger Versuch nicht: er will bloß sagen, wie es eigentlich gewesen."²

Mit der späteren Fassung, die das „bloße sagen" durch ein „blos zeigen" ersetzte, ist der Ausspruch zum geflügelten Wort geworden, ehrfürchtig rezitiert ebenso wie polemisch kommentiert. Rankes vordergründige Bescheidenheit, jenseits allen Urteilwillens ein adäquates Bild der Vergangenheit zeichnen zu wollen, und auch sein geäußerter Wunsch, sein „Selbst gleichsam auszulöschen, und nur die Dinge reden, die mächtigen Kräfte erscheinen zu lassen"³, um dann bar jeden Sehepunktes und Eigeninteresses eine unverstellte, ja auf paradoxe Weise unvermittelte Repräsentation der Vergangenheit auf der Basis reiner Quellenkritik zu bekommen, ist vielfach kritisiert worden. „Blos zeigen", „eigentlich gewesen", die „Dinge reden lassen", das sind jedenfalls Semantiken des Unverstellten, Unvermittelten und Unmittelbaren, die für das Bedeutungsfeld des Authentischen zentral sind. Die Idee einer „unvermittelten Unmittelbarkeit", die bei Ranke durchscheint, hat er vermutlich von Friedrich Heinrich Jacobi übernommen, bei dem diese Figur ein religiöses Gefühl beziehungsweise eine vorreflexive religiöse Gewissheit meinte.⁴ Die Idee einer geschichtswissenschaftlichen Forschung, die das Dasein wie von selbst aufdeckt, lässt jedenfalls sowohl den*die Interpret*in als auch die Bedeutung der Erzählung zurücktreten – und den*die Historiker*in als Medium bzw. Hohepriester*in der Geschichte hervortreten.

---

2 Erst in der zweiten Auflage der (nicht über den gesamten angegebenen Zeitraum komplettierten) *Geschichten der romanischen und germanischen Völker 1494 bis 1535* wird es 50 Jahre später 1874 und 1885 unverändert gebliebenen Auflage heißen: „blos zeigen, wie es eigentlich gewesen". Ranke, Leopold von: Sämtliche Werke. Bd. 33/34: Geschichte der romanischen und germanischen Völker von 1494–1514. Leipzig 1885. S. 7. Über diese kleine, feine und kontrovers interpretierte Differenz siehe Buck, Thomas Martin: Zu Rankes Diktum von 1824. Eine vornehmlich textkritische Studie. In: Historisches Jahrbuch 119 (1999). S. 159–185.
3 Ranke, Leopold von: Sämmtliche Werke. Bd. 14: Englische Geschichte vornehmlich im 17. Jahrhundert. Leipzig 1870. S. 103. Diesen Gedanken übernahm Ranke recht wörtlich von seinem befreundeten Kollegen, dem französischen Historiker Augustin Thierry. Kirn, Paul: Einführung in die Geschichtswissenschaft, Berlin 2015 [1947]. S. 88, der zudem auf eine mögliche Erklärung zum Verständnis hinweist: „Die rechte Freude ist sich vergessen, sich hingeben, sein selber besser bewußt werden in dem Größeren."
4 Beiser, Frederick Charles: The German historicist tradition. Oxford 2011. S. 266–288; Beiser, Frederick Charles: Hegel and Ranke. A Re-examination. In: A Companion to Hegel. Hrsg. von Stephen Houlgate u. Michael Baur. Malden [u. a.] 2011 (Blackwell companions to philosophy 48). S. 332–342; Schick, Stefan: Vermittelte Unmittelbarkeit. Jacobis „Salto mortale" als Konzept zur Aufhebung des Gegensatzes von Glaube und Spekulation in der intellektuellen Anschauung der Vernunft. Würzburg 2006 (Epistemata, Reihe Philosophie 423); Arndt, Andreas: Unmittelbarkeit. Berlin 2013.

Die Frage „War es wirklich so?" gehört vermutlich in die gleiche Kategorie wie „Ist das echt?". Letztere Frage, so haben mir Kolleg*innen aus verschiedenen Museen immer wieder versichert, wird im Museum häufig an Dinge gestellt, gerne auch an Naturdinge. Es ist ein Ausdruck eines ungläubigen Erstaunens und von Neugier. Und damit ist die Frage der erste Ansatz für kritische Nachforschungen. Gerade Kinder wollen und können es demnach gar nicht glauben, dass das Überlieferte und Ausgestellte echt ist. Weil es Wunder der Natur sind, Artefakte ungeahnter menschlicher Fähigkeiten? Weil es vielleicht so viel wert ist oder ästhetisch so ansprechend? Oder einfach, weil sie mit der Institution des Museums noch nicht derart vertraut sind, dass sie wüssten, dass es zur zentralen Selbstlegitimation moderner Museen gehört, das Originale und das Echte zur Schau zu stellen?

„Zur Schau stellen" ist im Zusammenhang mit unseren beiden Fragen wichtig. Denn so in Szene Gesetztes oder auch nur prominent und markiert Behauptetes provoziert die Frage, ob es echt sei oder wirklich so gewesen. Die Behauptung des Echten und Wirklichen kann dabei natürlich auch in moderater Form an uns herantreten – als kurzer Ausstellungstext, als längere Erzählung in einem Geschichtsbuch oder als Teil einer Montage in einem dokumentarischen Theaterstück. Die Frage „War es wirklich so"?" stellt sich, so meine ich, insbesondere dort gut, wo das Infrage-Gestellte (oder das Unglaubliche) Teil einer Fiktionalisierung, einer erzählerischen Synthese oder medialen, musealen bzw. theatralen Inszenierung ist.

Nun erschöpft sich der folgende Beitrag nicht darauf, wie weit die Frage „War es wirklich so?" trägt, wer sie aufwirft, ob sie Grundvoraussetzung aller Quellenkritik oder ein verstörter Ausruf im Geschichtstheater oder gar ein verzweifelter im vermeintlich postfaktischen Zeitalter ist. Vielmehr soll im Folgenden erstens dem Problem nachgegangen werden, seit wann es überhaupt üblich ist, von „authentischen Quellen" zu sprechen. Zweitens wird die Frage thematisiert, welche Zuschreibungen und Authentifizierungsstrategien im Rahmen der Quellenkritik der Geschichtswissenschaft getroffen werden und worin diese Authentizität überhaupt bestehen soll. Je nach methodischer Ausrichtung, so viel kann vorweggenommen werden, richtet sich die Authentizität der Quelle entweder auf Autor*in, Überlieferung und Plausibilität des Inhalts, oder aber auf Fragen personaler Glaubwürdigkeit, die den lebensweltlichen Bezug von historischen Erzählungen herstellen. Schließlich komme ich zum Ausgangspunkt zurück und versuche einige Aspekte zu reformulieren, wenn wir die Frage nach vergangener Wirklichkeit stellen.

„Nach authentischen Quellen"

Im heutigen Sprachgebrauch hat es sich durchgesetzt, von authentischen Dokumenten zu sprechen, womit sie zunächst als echt, von einem*einer verifizierbaren Autor*in stammend und als glaubwürdig im Hinblick auf eine Sache charakterisiert werden. Dabei ist mit dem Sprechen über authentische Dokumente oft ein besonderer „Reiz des Echten",[5] etwa von Archivalien und Museumsstücken verknüpft, der die Behauptung des durch das Dokument „Bewiesenen" verstärken und Autorität verleihen soll. Die Semantik des Authentischen hat sich in den letzten vier Jahrhunderten jedoch stark gewandelt und seine heutige Geläufigkeit erst im letzten Drittel des 20. Jahrhunderts herausgebildet.

Schauen wir zunächst auf den Bereich, den die Forschung gemeinhin als „Objektauthentizität" bezeichnet und insbesondere textkritische und interpretative Dimensionen sowie materialbezogene Echtheitsfragen anspricht. Im 17. und 18. Jahrhundert wurde authentisch im Rechtswesen, das heißt in der Amts- und Kanzleisprache sowie im Kirchenrecht, in der Bedeutung von amtlich „geprüft", „bezeugt", „bescheinigt" verwendet – und damit im Sinne von „autorisiert".[6] Die „authentica interpretatio" war demnach etwa jene Auslegung insbesondere juristischer und religiöser Texte durch den Urheber, der nicht widersprochen werden konnte, weshalb es dem Gesetzgeber, dem Landesherren oder der Kirche vorbehalten blieb, die endgültige authentische Lesart eines Gesetzes festzulegen. Zugleich wurde im Zusammenhang von Schriftstücken und Gesetzestexten authentisch im Sinne von „original", „urschriftlich", „urkundlich", „beurkundet" und „beglaubigt" verwandt. Seit der Mitte des 18. Jahrhunderts wird authentisch in den sich formierenden Geschichts- und Literaturwissenschaften beziehungsweise der Philologie verwendet. So wird es etwa im Sinne von „historisch, quellenkundlich", „wissenschaftlich nachgeprüft", „bezeugt", „verbürgt", „(ab-)gesichert", „verlässlich", „korrekt", „nachvollziehbar", „glaubhaft" und „glaubwürdig" genutzt. In Bezug auf literarische Quellen sowie Übersetzungen und Interpretationen wird es dann im Sinne eines „eigentlichen ursprünglichen, zum Entstehungszeitpunkt vom Autor, Komponisten gemeinten Gehalt [beziehungsweise] Charakter wiedergebend" gebraucht und adressiert insofern Aspekte einer „original-", „text-" oder „werkgetreuen" Wiedergabe. Während das Adjektiv also in typischen „Syntagmen wie

---

[5] Andree, Martin: Archäologie der Medienwirkung. Faszinationstypen von der Antike bis heute (Simulation, Spannung, Fiktionalität, Authentizität, Unmittelbarkeit, Geheimnis, Ursprung). München 2005. S. 422–515.
[6] Schulz, Hans, Gerhard Strauss u. Otto Basler (Hrsg.): Deutsches Fremdwörterbuch. Bd. 2. S. 535–542. S. 536f.

authentische Abschrift, Kopie, Übersetzung, Zeugnisse [...], Äußerung, Erklärung, Nachricht, Quelle" gebraucht wird, meint das seit der Mitte des 18. Jahrhunderts geläufige Substantiv „Authentizität" insbesondere „Urkundlichkeit, Rechtsgültigkeit, Echtheit; zuverlässige (historische, literarische) Glaubwürdigkeit, Richtigkeit, Gültigkeit, Bewährtheit, (Werk-)Treue" und „Wirklichkeitsnähe". Neben der „Authentik" für ein (schriftliches) Echtheitszeugnis – und speziell für die kirchliche Beglaubigung der Echtheit von Reliquien – sind schon seit dem 16. Jahrhundert verbale Ableitungen wie das transitive „authentisieren" in der Bedeutung von „(die Echtheit) rechtsgültig beglaubigen, urkundlich bescheinigen; glaubwürdig machen" bekannt. Erst für das 19. Jahrhundert kann das Deutsche Fremdwörterbuch darüber hinaus das Verb „authentifizieren" ausfindig machen, wenn auch offensichtlich in anderer als der heute geläufigen Bedeutung, wenn hier noch von „etwas in authentischer Form abfassen, vollziehen" gesprochen wird.[7]

Während die Brüder Grimm Authentizität noch nicht in ihrem Wörterbuch von 1854 verzeichneten, zeigt ein Blick in traditionsbildende Historiken des 18. und 19. Jahrhunderts, dass auch hier die Termini „Authentizität" und „authentisch" trotz des Aufstiegs der historisch-kritischen Methode und einer zunehmend professionell betriebenen Quellenkritik nicht in prominenter Weise zu finden sind. Nur einmal taucht das Wort Authentizität in einer der ersten modernen Historiken, der *Allgemeinen Geschichtswissenschaft* (1752) von Johann Martin Chladenius, auf – und zwar in einem textkritischen Verständnis. In seinem Kapitel *Von alten und ausländischen Geschichten* verweist er darauf, dass es schwerer sei, die alte als die neuere „Geschichte aus ihren Quellen zu erlernen", da es vorkomme, dass „manchmal wegen der Avthenticität einer alten Schrifft ein Zweiffel [sei]: weil es nehmlich auch nachgemachte und untergeschobene giebt".[8] Doch nicht nur die Möglichkeit von verfälschten Nachrichten ist es, was die alte Geschichte so schwierig zu erforschen macht, sondern der verschobene Bedeutungshorizont der Rezipierenden, die weder mit den Ereignissen der Quelle noch mit ihrer Sprache vertraut seien. Deshalb sei „Critick und Philologie" von Nöten, welche man „bey neueren Geschichten entbehren" könne. Und genau dies ist die Ursache, warum man auch „die Hermeneutick nöthig hat, wenn man die alten [sic] Geschichte in ihren Quellen lesen will."[9] Ansonsten ist Chladenius' Analyse historischer Erkenntnis weitgehend vom Sehsinn bzw. der Autopsie abhängig: Perspektivengebunden sind nicht nur die Schilderungen der Quellen, sondern auch Urteile über Geschichte vom „Sehepunkt" aus.

---

7 Schulz/Strauss/Basler, Deutsches Fremdwörterbuch (wie Anm. 6), S. 535–542.
8 Chladenius, Johann Martin: Allgemeine Geschichtswissenschaft. Wien [u. a.] 1985 [1752]. S. 357.
9 Chladenius, Allgemeine Geschichtswissenschaft (wie Anm. 8), S. 359.

Auch Droysen nutzt den Begriff in seiner *Historik* nicht.[10] Offensichtlich gibt es aber eine Diskrepanz zwischen den geschichtstheoretischen Schriften, die den Ausdruck der authentischen Quelle, der Urkunde oder des Zeugnisses kaum benutzen,[11] und seinem Vorkommen in quellenkritischen Kommentaren und Fußnoten, die die Geschichtswerke seit 1800 in zunehmendem Maße charakterisieren. Im Zuge der nun verstärkt gepflegten Quellenkritik wird das Adjektiv „authentisch" geläufiger, und insbesondere unter Altertumshistorikern wird die Kritik der Authentizität zum Ausweis von Wissenschaftlichkeit und die Betonung derselben zum Argument für die Wahrscheinlichkeit der getroffenen Tatsachenfeststellung. So findet sich bei Barthold Georg Niebuhr, einem der Wegbereiter der historisch-kritischen Methode, folgende Fußnote: „Gewiß hat Dionysius jenes Senatusconsult welches dem Volk das cassische Gesetz vergütet haben soll [...] nicht ersonnen: aber wie mehr als unwahrscheinlich ist die Authenticität dieser genauen Urkunde eines nie ausgeführten Beschlusses, bey der Heimlichkeit der Senatsarchive vor dem Jahr 305? Die Nichtigkeit der Reden wird jeder einräumen. Mir scheint es daß die Annalisten auch hier eine dürftige Notiz aus dem Stoff eines späteren Zeitalters ausbildeten [...]."[12]

Schauen wir damit auf Leopold von Ranke, der in seinem Erstling *Geschichten der romanischen und germanischen Völker* von 1824 sein Objektivitätsideal auf der Grundlage von „Memoiren, Tagebüchern, Briefen, Gesandtschaftsberichten und ursprünglichen Erzählungen der Augenzeugen" umzusetzen trachtete. In der dazugehörigen quellenkritischen Studie *Zur Kritik neuerer Geschichtsschreiber* setzte er sich mit dem Erkenntniswert seiner Quellen auseinander, um „Fragen der originalen und der abgeleiteten Erkenntnis neuerer Geschichtsschreiber, um die Trennung des Ursprünglichen und der späteren Zutaten, des Selbsterlebten und des von Früheren Überkommenen, des Wahrheitswillens und der bewussten Entstellung der Autoren" zu klären.[13] Auf dieses quellenkritische Prinzip kam Ranke in seinen Werken immer wieder zurück, wenn er etwa betonte, dass wis-

---

10 Er kennt ihn zwar, wenn es darum geht, ein Dokument „authentisch zu machen", doch ist damit der traditionelle Sprachgebrauch der Beglaubigung eines amtlichen Dokuments durch den Gesetzgeber gemeint.
11 Neben Chladenius sind das Rühs, Friedrich: Entwurf einer Propädeutik des historischen Studiums. Berlin 1811; Wachsmuth, Wilhelm: Entwurf einer Theorie der Geschichte. Halle 1820; Droysen, Johann Gustav: Historik. Historisch-kritische Ausgabe. Bd.1: Rekonstruktion der ersten vollständigen Fassung der Vorlesungen (1857). Grundriß der Historik in der ersten handschriftlichen (1857/1858) und in der letzten gedruckten Fassung (1882). Stuttgart 1977; Bernheim, Ernst: Lehrbuch der historischen Methode und der Geschichtsphilosophie. 4. Aufl. Leipzig 1903 [1889].
12 Niebuhr, Barthold Georg: Römische Geschichte. Theil 2. Berlin 1812. S. 394.
13 Ranke, Leopold von: Zur Kritik neuerer Geschichtsschreiber. Eine Beylage zu desselben romanischen und germanischen Geschichten. Leipzig [u. a.] 1824. S. III.

senschaftlich betriebene Geschichte nicht auf „abgeleiteten Bearbeitungen, zu gründen habe, sondern auf den Relationen der Augenzeugen und den ächtesten unmittelbaren Urkunden aufbauen" solle.[14] In seinen Übungen lehrte er dementsprechend die „Beschäftigung mit den Quellen" und übte kommende Historiker und Historikerinnen in „Kritik, Präcision, Penetration" ein.[15]

Leopold von Ranke berichtet dann 1834 in den *Römischen Päpsten, ihre Kirche und ihr Staat im sechzehnten und siebzehnten Jahrhundert* – angepriesen mit dem Hinweis „Vornehmlich aus ungedruckten Gesandtschafts-Berichten" – von seinem Zugang zum Archiv: „Von den Schätzen des Vatican habe ich Kenntniß nehmen und eine Anzahl Bände für meinen Zweck benutzen können, doch ward mir die Freiheit, die ich mir gewünscht hätte, keinesweges gewährt. Glücklicherweise aber eröffneten sich mir andere Sammlungen, aus denen sich eine wenn nicht vollständige, doch ausreichende und authentische Belehrung schöpfen ließ."[16] Diese authentische Belehrung mündet für Rankes Leser*innen in eine Belehrung über die Authentizität seiner Quellen. Wie Anthony Grafton herausgearbeitet hat, machte Ranke diese Auseinandersetzung mit der Literatur und dem archivarischen Material zu einer leidenschaftlich betriebenen Kunst. Dabei gab es Werke, die diesen Forschungsprozess konsequent in den Fußnotenapparat und die Vorworte verbannten, aber auch Schriften, in denen er gleich die Auseinandersetzung mit der Literatur in den Vordergrund stellte.[17]

---

14 Ranke, Leopold von: Deutsche Geschichte im Reformationszeitalter. Bd. 1. Berlin 1839. S. IX.
15 Waitz, Georg: Die historischen Übungen zu Göttingen. Glückwunschschreiben an Leopold von Ranke zum Tage der Feier seines Fünfzigjährigen Doctorjubiläums 20. Februar 1867. Göttingen o. J. S. 4, 6; hier zitiert nach: Muhlack, Ulrich: Leopold von Ranke und die Begründung der quellenkritischen Geschichtsforschung. In: Historische Debatten und Kontroversen im 19. und 20. Jahrhundert. Jubiläumstagung der Ranke-Gesellschaft in Essen 2001. Hrsg. von Jürgen Elvert u. Susanne Krauß. Stuttgart 2003 (Historische Mitteilungen. Beihefte 46). S. 23–33. S. 23. Damit war auch das vorkritische Prinzip der Berufung auf die Autorität der Zeugen außer Kraft gesetzt, denn „man schreibt die neuere Geschichte nicht mehr nach der Tradition, welche frühere Schriftsteller gebildet hatten und die sich dann fortsetzte, sondern aus den unmittelbaren Denkmalen der letzten Jahrhunderte, die sich in den Archiven finden." Ranke, Leopold von: Neuere Geschichte seit dem Anfang des 17. Jahrhunderts [1867/1868]. In: Aus Werk und Nachlass. Bd. 4: Vorlesungseinleitungen. Hrsg. von Volker Dotterweich u. Walther Peter Fuchs. München [u.a.] 1975. S. 411–417. S. 415. Während das kritische Prinzip bei Ranke weiterhin auf dem traditionellen Anschauungsprinzip beruhte, hatte die Semantik der „Quelle", der „Urkunde" und des „Denkmals" gegenüber der Semantik des Zeugen eine objektivierende Wirkung. Saupe, Achim: Zur Kritik des Zeugen in der Konstitutionsphase der modernen Geschichtswissenschaft. In: Die Geburt des Zeitzeugen nach 1945. Göttingen 2012 (Geschichte der Gegenwart 4). S. 71–92.
16 Ranke, Leopold von: Die römischen Päpste. Bd. 1. Berlin 1834. S. XI.
17 Grafton, Anthony: Die tragischen Ursprünge der deutschen Fußnote. Berlin 1995. S. 48–103 sowie S. 221: „Er machte aus dem Prozeß der Forschung und Kritik ein dramatisches Geschehen

Etwas als authentisch einzustufen wurde dabei zu einem Codewort der Quellenkritik: Akten „unterrichten hierüber sehr authentisch", hieß es etwa ganz allgemein, oder aber man sollte sich weniger auf kompiliertes Material verlassen als auf Dokumente aus dem Umkreis des Forschungsgegenstandes, denn „am meisten authentisch bleiben immer die Acten die von Ignaz selbst herrühren". Die Nachwelt ist, so heißt es andernorts, „über die Sendung authentisch durch Granvella selbst unterrichtet", und natürlich finden sich die „besten Notizen hierüber [...], wo man es nicht suchen sollte, [...] aus authentischen Briefschaften".[18] Auch im zweiten Band der *Römischen Päpste* schindet Ranke mächtig Eindruck mit der Betonung des Authentischen. Nicht allein ein Verweis auf die Quelle genügt, sondern es muss schon heißen: „Authentische Nachricht in der Autobiographie des Cardinals, welche schon Tempesti II, 236 aufgenommen hat."[19]

Wenn hier etwas positiv aufgegriffen wird, dann kritisiert Ranke andernorts den Authentizitätsgehalt, etwa wenn Texte weniger Neuigkeitswert haben, als sie vorgeben: „[...] doch nicht sehr authentisch und vorlängst in den Mémoires de mr le duc de Nevers II, p. 716 gedruckt, in Capefigue Histoire de la réforme tom. VII jedoch als etwas neues mitgetheilt."[20] Deshalb ist es natürlich gut, wenn man sich auf einen glaubwürdigen Autor berufen kann, der aus dem Nähkästchen plaudert und dessen Worte nicht schon zur Standardzitation geworden sind: „In Siris Memorie VI, 257 findet sich hievon Notiz, obwohl nur eine sehr unvollständige. Auch die Nachricht in Richelieus Memoiren XXIII, 283 ist nur einseitig. Um vieles ausführlicher und authentischer ist die Darstellung bei Nicoletti, die wir hier benutzen."[21] Und im dritten Band der *Römischen Päpste*, in dem seine kritischen Erörterungen in den Fließtext Eingang finden,[22] nutzt Ranke das Wort nicht nur, um „unzählige andere mehr oder minder authentische Denkmale"[23] zu adeln oder aber als unglaubwürdig zu verwerfen, sondern auch, um die Lebensumstände in den italienischen Städten zu beschreiben: „Nach ihrer Darstellung, die doch viel authentischer und anschaulicher ist als Bisaccioni, und einen Blick in das Innere

---

und die Fußnote und den kritischen Anhang zu einer genußvollen Angelegenheit statt zu einem Anlaß, sich dafür entschuldigen zu müssen."

18 Ranke, Päpste (wie Anm. 16), S. 341.
19 Ranke, Leopold von: Die römischen Päpste. Bd. 2. Berlin 1836. S. 173.
20 Ranke, Päpste (wie Anm. 19), S. 474.
21 Ranke, Päpste (wie Anm. 19), S. 518.
22 Ranke, Leopold von: Die römischen Päpste. Bd. 3. Berlin 1836. S. 383. „Eine wo nicht authentische, doch sehr bemerkenswerthe Nachricht über den Tod Alexanders: von allen die wir haben vielleicht die beste", heißt es auf S. 232 über eine Quelle.
23 Ranke, Päpste (wie Anm. 22), S. 276.

der Städte zu dieser Zeit eröffnet, war das Korn mißrathen und das Brod ungewöhnlich theuer".[24] Hier erzeugt die Authentifizierung eine realistische Darstellungsweise, die auf dem *effet de réel* eher unwichtiger Details für die Erzählung beruht.[25] Zu Höchstleistungen kommt es aber, wenn Ranke eine Kritik der Überlieferungsschichten vornehmen kann und dabei Geschichte als Forschung in Szene setzt:

> „Auch muß man nicht glauben, daß Rainaldus oder Le Plat diesen Mangel völlig ersetze. Rainaldus excerpirt oft nur den Pallavicini. Le Plat folgt ihm oder Sarpi oft wörtlich, und nimmt aus den lateinischen Uebersetzungen ihrer Werke dasjenige als Denkmal auf was er sonst nicht authentischer fand. Er hat weniger Ungedrucktes als sich erwarten ließe. [...] Wollte Jemand [...] eine neue Geschichte des tridentinischen Conciliums unternehmen, so müßte er ganz von vorn anfangen. Er müsste die eigentlichen Verhandlungen desselben, die Discussionen der Congregationen zusammenbringen, von denen nur sehr wenig authentisch bekannt geworden ist; er müßte sich auch die Depeschen eines oder des andern Gesandten der daselbst zugegen war verschaffen. Erst alsdann würde er den Stoff [...] völlig übersehen können. Ein Unternehmen, zu dem es jedoch nicht kommen wird, da diejenigen die es allenfalls vollführen könnten, es nicht wollen, und die welche es wollen, es nicht vermögen."[26]

Nicht nur bei Ranke stand die Authentizität seiner Quellen im Sinne einer Einschätzung von Echtheit und Glaubwürdigkeit auf dem Prüfstand; und nicht nur für ihn war sie – weniger im Sinne einer Echtheit als vielmehr Frage der Glaubwürdigkeit und der Überlieferung – immer ein Argument, dem Berichteten Glauben zu schenken oder aber Zweifel auszudrücken. Auch Johann Gustav Droysen betonte in seinem Erstlingswerk *Geschichte Alexanders des Großen* wiederholt die (In-)Authentizität des Berichteten beziehungsweise Überlieferten: Hier wird etwa „nach [...] authentischen Auszügen" berichtet. Er hält einen „Brief, so wie die Antwort Alexanders (bei Arrian) für authentisch; sonst würde nicht der König Ochus, wie ihn das Antwortschreiben nennt, in dem Briefe des Darius mit dem königlichen Namen Artaxerxes genannt sein", und auch eine „Veränderung in der Einrichtung des Heeres ist nach den authentischen Berichten des Ptolemäus und Aristobul" zu konstatieren. Auch Droysen trägt zur Entfaltung eines

---

24 Ranke, Päpste (wie Anm. 22), S. 454.
25 Barthes, Roland: L'effet de réel [1968]. In: Le bruissement de la langue. Essais critiques IV. Hrsg. von Roland Barthes. Paris 2000. S. 167–174.
26 Ranke, Päpste (wie Anm. 22), S. 288–289. Für Ranke spielen insofern Fragen der Glaubwürdigkeit einer Quelle und die Nähe des Autors zum Geschehen des Berichteten eine wichtigere Frage als eine Einschätzung der Echtheit, der äußeren Quellenkritik. Sie bleibt ein Spezialfall. Zur quellenkritischen Methode bei Ranke siehe unter anderem Hardtwig, Wolfgang: Historismus als ästhetische Geschichtsschreibung. Leopold von Ranke. In: Geschichte und Gesellschaft 23 (1997). S. 99–114; Muhlack Leopold von Ranke (wie Anm. 15), S. 23–33.

gleichsam eigenen Genres wissenschaftlicher Rationalität bei, wenn er bei der Diskussion der Authentizität der Quelle wunderbar kritische Fußnoten schreibt:

> „So nach den authentischen Tagebüchern, die von Eumenes und Diodotus verfaßt waren; wenn Aristobul den 13. Juni bezeichnete, so scheint er entweder geirrt oder minder genau geschrieben zu haben. Die vielgerühmten Reden, die der König auf seinem qualvollen Sterbebett gehalten haben soll, sind nicht von historischer Wahrscheinlichkeit; oder würde er bei der Frage, wer ihn beerben sollte, im Angesicht des Todes mit etwas frostiger Emphase ‚der Würdigste' gesagt, und nicht lieber, wenn er noch an das Irdische denken und darüber sprechen konnte, eine klare und verständige Antwort, von der das Wohl einer Welt abhing, gegeben haben? Andere noch unsinnigere Dinge, die aus dem Sterbenden einen Theaterhelden machen, übergehe ich. Nach einer Sage war Roxane in den letzten Tagen um Alexander."[27]

Während hier mit biedermeierlichem Habitus Roxane – „die Morgenröthe" oder auch die „Strahlende" – für verblendete Aussagen am Sterbebett verantwortlich gemacht wird, ist es demgegenüber natürlich weitaus üblicher unter den meist männlichen Historikern des 19. Jahrhunderts, den zu großen Abstand der Chronist*innen zum Ereignis als Grund für fehlende Glaubwürdigkeit zu beklagen: „Aber theils war der Chronist von der Zeit des Ereignisses zu weit entfernt, als daß er für authentisch gelten konnte", so Constantin von Höfler in seiner *Abhandlung über eine neue Quelle für die Geschichte Kaiser Friedrich's I., Barbarossa*.[28]

Neben der historischen Zunft waren es insbesondere Journalisten, die ihre publizistischen Fakten im Zuge der Herausbildung des modernen Pressewesens und breiter Korrespondentennetzwerke als authentisch autorisierten, verifizierten und insofern als glaubwürdig charakterisierten. Einige Beispiele aus der *Neuen Rheinischen Zeitung* aus dem Jahr 1848 und 1949 mögen das belegen. Zunächst einmal meint Authentizität die Echtheit und das Original von Objekten, wenn etwa „die hannoversche Regierung [...] sich nicht in dem Besitze des authentischen Protokolls" befinde.[29] Oder aber man hat „einen neuen Beweis für die Richtigkeit unserer ersten Beurtheilung erhalten", und zwar in den „soeben in einer als Manuskript gedruckten, mit authentischen Aktenstücken belegten polnischen Denkschrift der Herren Brodowski".[30] Auch andere Formulierungen dienen der Autorisierung und Beglaubigung. Man begnügt sich etwa, nur den

---

27 Droysen, Johann Gustav: Geschichte Alexanders des Großen. Hamburg 1833. S. 584.
28 Höfler, Constantin von: Abhandlung über eine neue Quelle für die Geschichte Kaiser Friedrich's I., Barbarossa. In: Gelehrte Anzeigen. Bulletin der königlichen Akademie der Wissenschaften 20 (1845). S. 25.
29 Neue Rheinische Zeitung vom 17.1.1849.
30 Neue Rheinische Zeitung vom 8.7.1848.

„authentischen Wortlaut"[31] wiederzugeben (und nichts hinzuzudichten); man weiß etwas aus „authentischer Quelle",[32] was andere noch nicht wissen; man hielte etwas für unglaubwürdig, wenn nicht „authentische Berichte öffentlicher Beamter, welche persönliche Beobachtungen angestellt haben",[33] das Gesagte bestätigten; es kann „nach authentischen Nachrichten"[34] etwas aus kriegerischen Konflikten vermeldet werden; während ein Gerücht im Umlauf ist, das keinesfalls als „verbürgte Thatsache" durchgeht, kann doch „so authentisch, so offiziell"[35] dem gegenüber eine glaubwürdige Aussage entgegengestellt werden. Ein Bericht über einen Justizskandal in Bayern, den die dortige Presse nicht erwähnt habe, wird eingeleitet, dass dieser „zwar nichts vollständiges" bieten könne, „aber es ist authentisch". Und nach dem Bericht heißt es: „Und nun urteile man nach diesem getreuen und authentischen Referat, ob die Preßfreiheit in Baiern nicht ein leeres Wort ist."[36]

Tatsächlich wird man hier festhalten können, dass die Behauptung von Authentizität oft mit seinem Gegenteil, dem Inauthentischen und gerade Nichtglaubwürdigen auftritt.[37] Gerade dort, wo unser Wissen von der Welt unsicher scheint, kann das Authentische seine legitimierende Kraft entfalten. Genau aufgrund dieser Wissenslücken ist es natürlich immer „interessant, hierüber aus authentischer Quelle Aufschluß zu erhalten".[38] Den Maßstäben der Autopsie folgend, ist danach der Augenzeuge bei allen möglichen Einschränkungen dem bloßen Zeitgenossen vorzuziehen.

Die paratextuelle Anmerkung „aus authentischen Quellen" oder gar „nach authentischen Quellen geschöpft" im Titel eines Buches findet man verstärkt seit 1780: etwa im Zuge von Biographien, Familiengeschichten oder Geschichten großer Herrscherhäuser („nach Urkunden und andern authentischen Quellen"[39]), bei Länderberichten, aber auch für juristische Fallbeispielsammlungen. In den 1840er Jahren tauchen dann auch einige eher journalistisch einzuschätzende Reportagen auf, so etwa über den Hamburger Brand 1842 „nach den Berichten von

---

31 Neue Rheinische Zeitung vom 25.10.1848.
32 Neue Rheinische Zeitung vom 6.8.1848.
33 Neue Rheinische Zeitung vom 30.12.1848. Beilage.
34 Neue Rheinische Zeitung vom 20.9.1848.
35 Neue Rheinische Zeitung vom 15.2.1849.
36 Neue Rheinische Zeitung vom 23.9.1848.
37 Kämper, Heidrun: Authentisch – Gebrauchsaspekte eines Leitworts. In: Konzepte des Authentischen. Hrsg. von Heidrun Kämper u. Christopher Voigt. Göttingen 2018. S. 13–28.
38 Neue Rheinische Zeitung vom 7.2.1849.
39 Schilling, Gustav: Geschichte des Hauses Hohenzollern in genealogisch fortlaufenden Biographien aller seiner Regenten von den ältesten bis auf die neuesten Zeiten. Nach Urkunden und andern authentischen Quellen. Leipzig 1843.

Augenzeugen und authentischen Quellen"[40], sowie ein Bericht über *Die gegenwärtig beabsichtigte Umgestaltung der bürgerlichen Verhältnisse der Juden in Preussen* und zwar „nach authentischen Quellen beleuchtet".[41] Diese Bedeutung greift auch Friedrich Engels auf, der seinem Bericht über *Die Lage der arbeitenden Klasse in England* von 1845 den Untertitel „Nach eigener Anschauung und authentischen Quellen" gab.[42] Damit wurde die Aussagekraft authentischer Quellen nochmals durch die Autopsie, Zeugenschaft und eigene Erfahrung erhöht und zugleich – das wird später für die Betonung des Authentischen wichtig sein – den marginalisierten Arbeiter*innen eine Stimme gegeben.

Authentifizieren und Authentisieren in der historisch-kritischen Methode

Der Wortgebrauch und die mit ihm zusammenhängenden Sprach- und Denkspiele macht die Authentifizierung historischer Sachverhalte ebenso wie die Authentisierung ganzer historischer Erzählungen als Beglaubigungspraktik, Wissenstechnik und Forschungsinszenierung erkennbar, die im historiographiegeschichtlichen Diskurs gerne als „Professionalisierung" und „Verwissenschaftlichung" bezeichnet wird. Gehen wir nun noch einmal zur *Historik* Droysens zurück, um darauf zu schauen, welche Aussagen über das Wirkliche durch die Kritik und – wichtiger noch – die Interpretation zu gewinnen sind. Denn schließlich ordnet Droysen die Kritik des Tatbestandes der Interpretation der Sachverhalte beziehungsweise „Auffassungen" unter, denen die Heuristik vor- und die Topik nachgeschaltet ist. Denn sowohl die Gewinnung der Fragestellung unter Berücksichtigung zugängigen Materials als auch die Wahl der Darstellungsform beeinflussen unser Bild von der Vergangenheit.

Wichtig ist festzuhalten, dass für Droysen die Kritik „nicht die ‚eigentliche historische Tatsache' sucht; denn jede sogenannte historische Tatsache ist [...] ein Komplex von Willensakten".[43] Ihr Ziel ist es wiederum „zu bestimmen, in welchem Verhältnis das vorliegende Material zu den Willensakten steht, von denen es

---

40 Herbert, Ernst: Geschichtliche Darstellung des grossen Hamburger Brandes vom 5. bis 8. Mai 1842. Nach den Berichten von Augenzeugen und authentischen Quellen. Altona 1842.
41 Freund, Wilhelm: Die gegenwärtig beabsichtigte Umgestaltung der bürgerlichen Verhältnisse der Juden in Preussen. Nach authentischen Quellen beleuchtet. Breslau 1842.
42 Engels, Friedrich: Die Lage der arbeitenden Klasse in England. Nach eigener Anschauung und authentischen Quellen. Leipzig 1845.
43 Droysen, Historik (wie Anm. 11), S. 428.

Zeugnis abgibt".⁴⁴ Dabei definiert er drei kritische Verfahren, um einer Quelle nicht nur Authentizität zuzuschreiben, sondern auch authentische Aussagen zu entnehmen. Da ist erstens die „Kritik der Echtheit", bei der es sich fragt, „ob dies Material wirklich das ist, wofür es gehalten wird oder gehalten werden will". Hier geht es also um potentielle Fälschungen. Das ist insbesondere in der Diplomatik relevant, die die Echtheit von Urkunden prüft. Das ist zweitens das „diakritische Verfahren", bei dem es darum geht, „ob das Material noch unverändert das ist, was es ursprünglich war und noch sein will, oder welche Veränderungen an demselben zu erkennen und außer Rechnung zu stellen sind". Hier geht es also um eine Kritik des Früheren und Späteren, um die Entwicklung nachzuzeichnen, die eine Quelle von der ersten Aufzeichnung ausgehend erfahren haben kann. Und das ist drittens die „Kritik des Richtigen". Hier kommen ganz unterschiedliche Aspekte in Betracht: Ist das Berichtete überhaupt möglich gewesen? Gibt es Motive, Zwecke oder persönliche Verhältnisse, die die Darstellung beeinflusst haben könnten? Wie waren die Voraussetzungen bei der Wahrnehmung des Berichteten? Genau diese Kritik des Richtigen im Sinne einer Analyse von Glaubwürdigkeit und Plausibilität ist für Droysen die wesentliche Quellenkritik, die nicht nur die berüchtigten „W"-Fragen stellt, sondern auch eine Einschätzung vornimmt, „welche Färbung" das Berichtete hat – nicht nur im Hinblick auf den*die Autor*in, sondern auch auf den Horizont der Zeit.⁴⁵

Es sei hier schon einmal bemerkt, dass man heute wohl eher daran interessiert ist, gerade diese Färbungen des Berichteten zu analysieren – nicht um dahinter das Wirkliche, Tatsächliche zu entdecken, sondern eine Wirklichkeit, die immer schon perspektivisch gebrochen ist. In der Färbung, so könnte man behaupten, liegt gerade der Reiz des authentischen Berichts, der sich irgendwie vom Durchschnitt abheben muss. Wenn jedoch als Ziel eine „neutrale" Darstellung angestrebt wird (die es letztlich nicht geben kann), dann wird man versuchen, das Persönliche oder Markante aus den Quellen zugunsten eines farblosen Tatsachenberichts herauszufiltern.

Wie bereits erwähnt bleibt es bei Droysen nicht bei der Kritik, denn um einen komplexen Tatbestand zu verstehen (und damit die Frage „War es wirklich so?" zumindest rudimentär beantworten zu können), bedarf es der Interpretation. Die Interpretation geht bei Droysen in vier Schritten vor: Zunächst widmet sich die pragmatische Interpretation dem „sachlichen Verlauf" eines Tatbestandes. Im zweiten Schritt, der „Interpretation der Bedingungen", werden die Umstände und Zusammenhänge einer Handlung vor dem Hintergrund ihrer räumlichen, zeitli-

---

44 Droysen, Historik (wie Anm. 11), S. 401.
45 Droysen, Historik (wie Anm. 11), S. 430.

chen und materiellen (auch moralischen und technologischen) Faktoren erschlossen und kontextualisiert.[46] Die „psychologische Interpretation" sucht dann „in dem Sachverhalt die Willensakte, die ihn hervorbrachten".[47] Dabei bleibt es der Wissenschaft versagt, in das Gewissen als „Heiligtum" der Person vorzudringen – das bleibt allenfalls den großen Literaten vorbehalten, die aus der psychologischen Disposition und den Charakteren die Taten ihrer Helden erklären. Bei allem Willen und Wollen, das man auch als Historiker des 19. Jahrhunderts mit etwas allgemeiner Menschenkenntnis erklären kann, stellt die Persönlichkeit, stellt der „Genialste, Willensstärkste, Mächtigste" jedoch „nur ein Moment in der Bewegung der sittlichen Mächte" dar.[48] Letztlich bleibt Droysen nämlich skeptisch gegenüber den Intentionen und Handlungsspielräumen von Akteur*innen, und so verweist er darauf, dass jede Handlung in geschichtsmächtige „Ideen" und handlungswirksame „sittliche Mächte" eingebunden ist.[49] Für Droysen, der Geschichte als stetes Werden, eher als fortschreitenden Wandel und Prozess denn als Fortschritt verstand, zielt die Interpretation dann darauf, die „Freiheit des menschlichen Willens, die Verantwortlichkeit des Individuums, generell auch die Bedeutung der ‚sittlichen' Ideen und Werte für die historische Entwicklung hervorzuheben".[50]

Machen wir damit einen Sprung in die Gegenwart und schauen zunächst in den seit 1969 weitergeführten „Opgenoorth", eine klassische Einführung in das Studium der Geschichte. Dort heißt es noch 2010 nach einer langen Einführung in Traditionsquellen (Historiographie, Autobiographie, Memoiren, Tagebücher und Zeitzeugen) sowie in Überrestquellen (insbesondere aus Archiven, Bildquellen und Presse, während die materielle Kultur auf zwei Seiten *ad acta* gelegt wird) in der übergreifenden Rubrik zur Quellenkritik, die in bekannter Weise „äußere" und „innere" Quellenkritik unterscheidet: „Den Historiker hingegen interessieren die stilistischen Merkmale der Quellen nicht um ihrer selbst willen [wie angeblich in der Philologie, Anmerkung des Verfassers], sondern im Hinblick auf die Frage: Wie verhält sich der Wortlaut der Überlieferung zu den geschilderten Tatsachen?

---

46 Droysen, Historik (wie Anm. 11), S. 165.
47 Droysen, Historik (wie Anm. 11), S. 432.
48 Droysen, Historik (wie Anm. 11), S. 433.
49 Hackel, Christiane: Die Bedeutung August Boeckhs für den Geschichtstheoretiker Johann Gustav Droysen. Die Enzyklopädie-Vorlesungen im Vergleich. Würzburg 2006. S. 22: Im Vergleich zu August Boeckhs Theorie der Hermeneutik, die auf eine Rekonstruktion eines ursprünglichen Sinngehalts zielt, ist Droysens Theorie der Interpretation auf die Rekonstruktion historischer Sachverhalte gerichtet.
50 Lengwiler, Martin: Praxisbuch Geschichte. Einführung in die historischen Methoden. Zürich 2011. S. 84.

Nicht-schriftliche Quellen sind selbstverständlich genauso kritisch zu prüfen."[51] Dazu dienen Fragen der Echtheitsprüfung (hier tatsächlich einmal mit dem Hinweis auf die „Authentizität" der Quellen, ihre „Entstehung" und „Originalität")[52] und eine Plausibilitätsprüfung, wie man die zahlreich notwendigen Prozeduren der inneren Quellenkritik wohl zusammenfassen kann. Insbesondere dient die Kritik dann dazu, auf die „Intention des Autors" zu schließen.

Solange es das Ziel der historischen Forschung ist, aus Quellen historische Tatsachen bzw. auf Willensakten beruhende Tatbestände und deren zugrunde liegenden Intentionen zu erkennen, fällt es schwer, auf die subjektive Stimme oder Färbung *der Berichtenden einzugehen und Geschichte damit zumindest in Teilen als eine Wahrnehmungsgeschichte zu konzipieren, die die Erfahrungen der*die Zeitgenoss*innen mitinterpretiert. In der klassischen Ausformung historischer Arbeit werden bei einem solchen Vorgehen jedenfalls historische Vorgänge an Akteur*innen und ihre Intentionen gebunden, die es zu rekonstruieren gilt. Das fällt in der Einführung von Ernst Opgenoorth und Günther Schulz etwa auf, wenn eine durchaus berechtigte Vorsicht im Umgang mit Memoiren betont wird. Die Crux ist hier jedoch, dass es für die beiden Autoren das Ziel bleibt, eine objektive Schilderung des Geschehens zu gewinnen, für die sie amtliche Zeugnisse als wesentlich besser einschätzen: „In welchem Umfang die Forschung sich auf Memoiren als Quellen stützen muss, hängt auch davon ab, ob diese als Ersatz für fehlende amtliche Überlieferung dienen müssen."[53] Man sieht es auch bei einer Anleitung, wie man Baupläne des 17. Jahrhunderts einzuschätzen habe: „Der Historiker hat sich hier u. a. zu fragen: Hat man einen solide ausgearbeiteten oder einen wenig durchdachten Plan vor sich? Bewies der Landesfürst sicheres Urteil, als er seine Zustimmung verweigerte, oder handelte er kurzsichtig?"[54] Man denke sich einmal, zukünftige Historiker*innen des 3. Jahrtausends wollten einschätzen, warum der Berliner Flughafen mit dem Kürzel BER, der Ende des 20. Jahrhunderts geplant worden war, eine so lange Bauzeit haben sollte, und wie die Urteile der beteiligten Aufsichtsratsvorsitzenden im Wandel der Zeit einzuschätzen seien. Werden sie dazu die Akten in aller Feinheit studieren wollen und die Entscheidungen rekapitulieren? Man kann für zukünftige Historiker*innen und Leser*innen nur hoffen, dass sich derartige Detailfragen auf ein Mindestmaß beschränken

---

51 Opgenoorth Ernst u. Günther Schulz: Einführung in das Studium der Neueren Geschichte. 7. Aufl. Paderborn [u. a.] 2010. S. 180.
52 Opgenoorth/Schulz, Einführung (wie Anm. 51), S. 181, 183.
53 Opgenoorth/Schulz, Einführung (wie Anm. 51), S. 77. Ganz anders und interessanter: Memoiren stellen das Individuum in einen sozialen Kontext, die Autobiographie eröffnet einen Diskurs über das Selbst. Lejeune, Philippe: Le pacte autobiographique. Paris 1975. S. 15.
54 Leujeune, pacte (wie Anm. 53), S. 183.

und man auch weiterhin den Schritt zu generalisierenden Urteilen wagt. Denn eines ist offensichtlich: Vor dem Hintergrund eines juridisch-kriminalistischen Modells lassen sich solche Fragen an Quellen zwar sehr gut stellen; die Antworten fallen aber meistens dünn aus. Der „akteurszentrierte" Blick, den Historiker*innen heute so gerne mit einem oft vereinfachenden Verweis auf praxeologische Methoden wieder einfordern, führt jedenfalls in die Irre, wenn er sich ausschließlich auf Intentionen und Handlungsoptionen richtet. Denn anstatt sich mit einer Reflexion von Wahrscheinlichkeiten zu begnügen, müsste eine synthetisierende Darstellung zumindest versuchen, Handlungsoptionen und zugrundeliegende Strukturen sichtbar zu machen. Die Frage wäre dann nicht mehr, ob es wirklich so war, sondern welche politischen, sozialen und medialen Faktoren diese Wirklichkeit bestimmten.

Der Aufbruch zum Subjekt als Rekonfiguration des Authentischen

Doch nicht alles ist Ereignis, nicht alles Struktur, nicht alles Handeln. Geschichte lässt sich auch jenseits davon schreiben. Im 20. Jahrhundert wird das Bedeutungsfeld des Authentischen, wie es im Deutschen Fremdwörterbuch heißt, „allgemeiner bis abgeflacht" und analog zu echt „in vielfältigen Verwendungszusammenhängen gebraucht", etwa „im Sinne von ‚richtig, korrekt, wahr(haftig), objektiv, solide, zuverlässig, den Tatsachen entsprechend, tatsächlich'" oder eher – und darauf kommt es hier jetzt an – subjektiv und mit positiver Konnotation im Sinne von „ursprünglich, echt, der Realität entsprechend, realistisch; natur-, wirklichkeitsnah, (lebens-)echt, wirklich, natürlich, normal; unverfälscht, unverformt, unverdorben, unverbildet, unverbraucht; spontan, gefühlsecht".[55] Einerseits kann man sehen, wie sich hier ein eher referentieller Authentizitätsbegriff zu einem stärker relational gebrauchten Begriff entwickelt, der die Realität oder das Wirkliche nicht mehr als unwidersprüchlich beschreibbar auffasst. Andererseits wird deutlich, dass der Ausweis von Authentizität von Texten und Artefakten verstärkt auf Personen übertragen wird. Diesem Diskurs über personale Authentizität, der eng mit der Ausbildung des modernen Subjekts im 17. und 18. Jahrhundert verbunden ist, geht es insbesondere um die Glaubwürdigkeit der Person, aber auch um ein Leben im Einklang mit sich selbst (seinem „Wesen", seiner „Natur" und „Geschichte") und um die Möglichkeit, authentische – und das heißt wohl in erster Linie „echte" und für die Person „einmalige" – Erfah-

---

55 Schulz/Strauss/Basler, Deutsches Fremdwörterbuch (wie Anm. 6), S. 537.

rungen zu machen. Verstärkt wird dies seit den 1970er und 1980er Jahren durch Formen und Praktiken der Selbsterkundung, Selbstbestimmung und Selbstverwirklichung – eine Arbeit am Selbst, die von dort aus in die Medien, die Politik und den Werbesektor wandert.

Schaut man heute in Einführungen in die Geschichtswissenschaften, die seit den 1990er Jahren entstanden sind, so wird darin die Bedeutung der Quellenkritik für den weiten Bereich historischer Erkenntnismöglichkeiten relativiert, der sich eben nicht auf das Proklamieren oder Infragestellen historischer Tatsachen oder das Entziffern glaubwürdiger Einschätzungen vergangener Ereignisse beschränkt. So ist der Beitrag Klaus Arnolds zur Quellenkritik nur ein Beitrag unter vielen in dem von Hans-Jürgen Goertz herausgegebenen 800-seitigen *Grundkurs Geschichte*; auch in kürzeren Einführungen ist das Verhältnis kaum anders.[56] Die Gründe sind mitunter eine erweiterte Quellenbasis, sozialstatistische und geographische Daten, Bild- und Fotoquellen sowie mündliche Überlieferung zum Beispiel, bei denen die ausschließliche Frage nach intentionalem Handeln oder ursprünglicher Bedeutung in eine akteur*innen- bzw. autor*innenzentrierte Sackgasse führen würde. Insofern liegt die Relativierung der Bedeutung der Quellenkritik insbesondere an einem gewandelten Wissenschafts- und Methodenverständnis, das nach den Verwerfungen und Herausforderungen im Zuge von politisch-gesellschaftlichem, globalem, kulturellem und medialem Wandel fragt und dabei etwa Herrschaftsverhältnisse und Machtbeziehungen und die aus ihnen resultierenden Konflikte analysiert. Um einer breiten Quellenbasis gerecht zu werden, bieten sich insbesondere erweiterte diskursanalytische Ansätze an, die nicht nur Regeln und Grenzen des Sagbaren, sondern Repräsentationen von Wirklichkeit in verschiedenen medialen Formen erforschen, um Zugehörigkeiten und Ungleichheiten, inkludierende und exkludierende Prozesse zu erforschen.

Natürlich hat die Quellenkritik auch in Zeiten diskursanalytischer Zugriffe ihre Funktion nicht gänzlich verloren. Nur wird sie nicht mehr ausschließlich nach der Nähe und Distanz der Berichtenden zum Geschehen und den daraus abzuleitenden Tatsachen oder nach den Motiven von Willensakten fahnden. Stattdessen wird sie ihre Dokumente eher als Teil eines Kommunikationszusammenhanges oder sprachlichen bzw. diskursiven Bedeutungssystems begreifen, um dann nach wiederkehrenden Diskurselementen, inhaltlichen Gewichtungen, historisch wandelbaren Schlüsselbegriffen und ihre Bedeutungsvarianzen, Metaphern, rhetorischen Formen und Objektivierungsstrategien, Erzählerfiguren

---

56 Arnold, Klaus: Der wissenschaftliche Umgang mit Quellen. In: Geschichte. Ein Grundkurs. Hrsg. von Hans-Jürgen Goertz. 3. Aufl. Reinbek 2007 [1998]. S. 42–58. Vgl. unter anderem auch Lengwiler, Praxisbuch Geschichte, S. 85.

und Erzählmustern zu fragen.[57] Während derartige Verfahren für den Umgang mit Texten gut erprobt sind, werden sie zunehmend für andere Medien adaptiert und reformuliert.[58] Die Rekonstruktion eines autoritativen Text- oder Bildsinns ist in einem konsequenten diskursanalytischen Zugriff jedenfalls ausgeschlossen oder muss mindestens als eine Aussage unter vielen in ihrer Relevanz kritisch hinterfragt werden.

Wahrheit, Glaubwürdigkeit und Wahrhaftigkeit in der Oral History

Gerade in der Analyse von Formen autobiographischen Schreibens, der Oral History, des Zusammenhangs von individuellem und kollektivem Gedächtnis, der Beschäftigung mit Holocaust-Zeugnissen und in der Auseinandersetzung mit Zeitzeug*innen – ein Begriff, der in der zweiten Hälfte des 20. Jahrhunderts entsteht und dessen Genese eng an die Pluralisierung, Subjektivierung und Ent-Juridifizierung des Geschichtsverständnisses und der Repräsentation von Geschichte in den Medien gebunden ist[59] – lässt sich immer wieder ein doppelter Bezug des Authentizitätsbegriffs erkennen: Die Authentizität des Berichteten betrifft einerseits klassische Fragen der Quellenkritik, nämlich ob der Bericht wahrheitsgemäß und glaubwürdig ist. Andererseits ist es die subjektive Dimension, das *Wie* des Erzählten, die mit dem Authentizitätsbegriff heute immer mitgemeint ist und eher in Aspekten der Wahrhaftigkeit zu fassen ist.[60] Im Nachklang der 1960er und 1970er Jahre, als mit dem gesellschaftlichen Aufbruch der neuen sozialen Bewegungen die Möglichkeiten der Oral History auch im akademischen Bereich verstärkt genutzt wurden, bemühte man sich immer wieder um eine

---

57 Vgl. Lengwiler, Praxisbuch (wie Anm. 50), S. 99f, mit dem Verweis auf Dobson, Miriam u. Benjamin Ziemann (Hrsg.): Reading Primary Sources. The Interpretation of Texts from nineteenth- and twentieth-century History. London [u. a.] 2009 (Routledge guides to using historical sources).
58 Eder, Franz X., Oliver Kühschelm u. Christina Linsboth (Hrsg.): Bilder in historischen Diskursen. Wiesbaden 2014 (Interdisziplinäre Diskursforschung).
59 Saupe, Kritik (wie Anm. 15).
60 Aus der umfangreichen Literatur zum Umgang mit Zeitzeug*innen und der Frage, inwieweit aus ihren Aussagen historische Tatbestände erschlossen werden können, seien zwei Beiträge genannt, aus denen sich die Kontroverse erschließen lässt: Plato, Alexander von: Zeitzeugen und die historische Zunft. Erinnerung, kommunikative Tradierung und kollektives Gedächtnis in der qualitativen Geschichtswissenschaft – ein Problemaufriss. In: BIOS 13 (2000). S. 5–29; Welzer, Harald: Das Interview als Artefakt. Zur Kritik der Zeitzeugenforschung. In: BIOS 13 (2000). S. 51–63.

Professionalisierung dieses Zugriffs. Denn die Oral History stand nicht nur in der Kritik, „triviale Informationen an[zu]häufen ohne diese zu sortieren und interpretieren",[61] sondern auch die gewonnenen Aussagen oft für bare Münze zu nehmen. Damit verschob sich der Diskurs über die Authentizität der Zeugnisse: Zunächst in einem „anwaltschaftlichen Anliegen" als direkte, glaubwürdige Repräsentationen weitgehend marginalisierter Subjekte begriffen, deren Stimme möglichst unverfälscht wiedergegeben werden sollte, befand die Kritik nun ganz im Sinne einer an der Autopsie orientierten historisch-kritischen Methode, dass sich die Erinnerungen der Befragten als trügerisch und disparat erwiesen. Auch vor dem Hintergrund der Gedächtnisforschung der 1980er und 1990er Jahre wurde die Vorstellung, mündliche Überlieferung eröffne einen besonders authentischen Zugang zur historischen Realität und habe eine erhöhte dokumentarische Beweiskraft, relativiert. Aussagen wurden als selektiver und wertender Teil eines komplexen Wahrnehmungs- und Erinnerungsprozesses interpretiert, in dem sich verschiedene Zeitschichten überlagerten und im besten Fall der Zusammenhang von individueller und kollektiver Erinnerung untersucht werden konnte: „Von der erhofften Authentizität der mündlichen Überlieferung blieb nach solchen Einwänden nicht viel übrig."[62] Von dort aus hat sich eine produktive Diskussion über die Durchführung von Zeitzeug*innen-Befragungen und narrativen Interviews ergeben, wobei je nach Auslegung, Stil und Erkenntnisinteresse auf kritische Nachfragen gänzlich verzichtet wurde oder aber in offeneren Formen nach einer Einstiegsphase ein insistierendes Nachhaken möglich blieb. Historiker*innen schufen sich in Oral-History-Projekten ihre Quellen also quasi selbst, doch die Frage blieb bestehen, was man mit den Aussagen der Interviewten dokumentieren oder erforschen wollte: eine möglichst neutrale, objektive Rekonstruktion von historischen Ereignissen oder aber Erkenntnisse über die Wirkkraft der Geschichte im Privaten und die Struktur und Konfiguration von Erinnerung zwischen erzählter Zeit und Erzählzeit und damit über die Historisierung des Selbst und des Individuums?

Genau auf diesen zweiten Aspekt zielte die Oral History seit den späten 1970er Jahren, die sich nicht mehr als Ergänzung zur Analyse schriftlicher Quellen, sondern selbstbewusst als eigenständige Methode begriff. Was vormals als Problem der Oral History angesehen wurde, wurde nun weitgehend als Stärke charakterisiert. Die Beeinflussbarkeit von Erinnerung machte Deutungsprozesse der

---

61 Lengwiler, Praxisbuch (wie Anm. 50), S. 107.
62 Lengwiler, Praxisbuch (wie Anm. 50), S. 110; siehe auch Sharpless, Rebecca: History of Oral History. In: History of Oral history. Foundations and Methodology. Hrsg. von Thomas L. Charlton, Lois E. Myers u. Rebecca Sharpless. Lanham [u. a.] 2007. S. 21–42; Thompson, Paul: The Voice of the Past. Oral History. Oxford 1978.

Vergangenheit sichtbar; an der narrativen Form ließ sich nicht nur die Modellierung von Geschichte erforschen, sondern auch diejenige des Subjekts:

„But the unique and precious element which oral sources force upon the historian and which no other sources possess in equal measure is the speaker's subjectivity. If the approach to research is broad and articulated enough, a cross section of the subjectivity of a group or class may emerge. Oral sources tell us not just what people did, but what they wanted to do, what they believed they were doing, and what they now think they did."[63]

Insbesondere im Zuge des Umgangs mit Zeugnissen von Holocaust-Überlebenden, auf die hier nicht weiter eingegangen werden kann, ist die Frage nach der Beweiskraft der Berichte und ihrer subjektiven Wahrhaftigkeit, die zu einem Gutteil den Reiz und die moralische Kraft ihrer Erzählungen ausmacht, wiederholt diskutiert worden. Aus verschiedenen Diskussionszweigen gespeist ist diese doppelte Dimension des Authentischen aber auch ins Blickfeld eher traditionellerer Einführungen in die Geschichtswissenschaften geworden. Sehr differenziert wird die Frage nach der Bedeutung der Subjektivität des Berichteten etwa von Winfried Schulze behandelt, der dabei konsequent mit tradierten Einführungen des Historismus bricht. Das zeigt schon der Blick auf das Inhaltsverzeichnis, das auf sechs Seiten in die Quellen der Neueren Geschichte einführt, dann aber auf deren Kernbegriffe und Kernprobleme aufmerksam macht (wie Aspekte der Modernisierung und der Globalisierung), bevor Schulze auf Fragen der Konstitution von Tatsachen und auf das Problem, „wie lässt sich Geschichte erfassen", zurückkommt.[64] Als Sozial- und Wirtschaftshistoriker der Frühen Neuzeit betont er, dass Tatsachen erst durch eine auf Quellen basierende Forschung und ihre Fragestellungen geschaffen werden. Dies mache auch die „präsentische" Redeweise „es ist eine Tatsache, dass" deutlich – eine Position, die zeige, dass das Faktum von *facere* herzuleiten und als „das Gemachte" zu verstehen sei.[65] Insofern handelt es sich für Schulze bei der „Feststellung des historischen Faktums keineswegs um eine bloße „Reproduktion" [...], sondern um die erste Stufe einer begrifflichen Erfassung der historischen Wirklichkeit".[66] Diese begrifflich-sprachliche Erfassung, die immer eine synthetisierende Leistung darstellt, wird durch das „Vetorecht der Quellen"[67] kontrolliert. Denn nach Koselleck schützen uns Quellen „vor

---

63 Portelli, Alessandro: What makes oral history different [1979]. In: The oral history reader. Hrsg. von Robert Perks u. Alistair Thomson. 2. Aufl. London [u. a.] 2006. S. 32–42. S. 36.
64 Schulze, Winfried: Einführung in die Neuere Geschichte. 5. Aufl. Stuttgart 2010. S. 266–281.
65 Schulze, Einführung (wie Anm. 64), S. 246.
66 Schulze, Einführung (wie Anm. 64), S. 247.
67 Koselleck, Reinhart: Standortbindung und Zeitlichkeit. Ein Beitrag zur historiographischen Erschließung der geschichtlichen Welt. In: Objektivität und Parteilichkeit in der Geschichtswis-

Irrtümern, nicht aber sagen sie uns, was wir sagen sollen". Insofern lassen sich zwar einfache Aussagen, rohe Daten und Fakten anhand ihrer Falsifikationsmöglichkeit identifizieren, verifizieren und authentifizieren. Die Authentisierung einer auf den Begriff gebrachten oder in eine Erzählung gegossenen Analyse hingegen lässt sich nicht als alleiniges Resultat der Quellenkritik auffassen.

Wichtig ist auch bei Schulze die Ausweitung der Beschäftigung mit Selbstzeugnissen, ein Interesse, das bei ihm durch die Oral-History-Bewegung, stärker aber durch die Historische Autobiographieforschung, die Historische Anthropologie, Mentalitäts- und Mikrogeschichte angeregt wurde. Schulze stellte nun traditionellen Tagebüchern und Autobiographien eine weitere Reihe von „Ego-Dokumenten" zur Seite. Darunter verstand er unterschiedlichste Selbstzeugnisse, Schriftgut der Gerichte wie Klagen, Bittschriften und Verhörprotokolle, insgesamt also „Quellen, in denen Aussagen oder Partikel von Aussagen vorliegen, die teils auch in rudimentärer und verdeckter Form über die freiwillige oder erzwungene Selbstwahrnehmung eines Menschen in seiner Familie, seiner Gemeinde, seinem Land oder seiner sozialen Schicht, kurz seinem Lebensraum, Auskunft geben oder sein Verhältnis zu diesen Systemen und deren Veränderungen reflektieren".[68] Anhand dieser Ego-Dokumente und Zeugnisse lässt sich eine Geschichte des Selbst rekonstruieren, insbesondere marginalisierter Subjekte der Unter- und Mittelschichten, von denen ansonsten wenig bekannt ist. Zudem entwickelt die Geschichtsschreibung ein Interesse für „soziale Praktiken, Erfahrungszusammenhänge und Lebenswelten", was mit einer neuartigen Empathie einhergeht: „Selbstzeugnisse eröffnen neue Zugänge, um die historischen Akteure als empfindende und wahrnehmende, leidende und handelnde Personen zu zeigen."[69] Einher geht dies mit einer Kritik des „Individualitätssyndroms" des Historismus, das in einem „merkwürdigen Widerspruch zu seiner Zurückhaltung steht, das Innerste des Menschen vollends ergründen zu wollen".[70] Die „Dignität des Individuums" sei insofern am Ende des 20. Jahrhunderts aufgebrochen und „das berühmte X Droysens"[71] – die undurchschaubare Individualität der Person – auf

---

senschaft. Hrsg. von Reinhart Koselleck, Wolfgang J. Mommsen u. Jörn Rüsen. München 1977 (Theorie der Geschichte. Beiträge zur Historik 1). S. 17–46. S. 45f.
68 Schulze, Winfried: Ego-Dokumente. Annäherung an den Menschen in der Geschichte? Vorüberlegungen für die Tagung „Ego-Dokumente". In: Ego-Dokumente. Annäherung an den Menschen in der Geschichte. Hrsg. von Winfried Schulze. Berlin 1996. S. 11–30. S. 28.
69 So das Geleitwort zur Reihe *Selbstzeugnisse der Neuzeit, Quellen und Darstellungen zur Sozial- und Erfahrungsgeschichte*, die von Hartmut Lehmann, Alf Lüdtke, Hans Medick, Jan Peter und Rudolf Vierhaus herausgegeben wurde. https://www.degruyter.com/view/serial/SZ-B (3.8.2020).
70 Schulze, Ego-Dokumente (wie Anm. 68), S. 12.
71 So schreibt Schulze mit Verweis auf Otto Hintze. Ihre Quellen mit dem Prädikat des Authentischen auszuzeichnen, kam den Beiträgern des Bandes allerdings recht selten in den Sinn:

ein Mindestmaß reduziert worden. Das war ein wissenschaftsgeschichtlich durchaus paradoxer Prozess: Die Sozialgeschichte öffnete sich in modifizierter Weise dem Individualitätsparadigma des Historismus und machte das Subjekt, von dem sie ja eigentlich Abstand gewinnen wollte, zur „authentischen Quelle" einer Geschichte des Selbst.

Zum Abschluss: Vergangene Wirklichkeit

Welche Wirklichkeit ist überhaupt gemeint, wenn wir von der „vergangenen Wirklichkeit" sprechen? Und wann reden wir in der Gegenwart überhaupt darüber, dass etwas „wirklich" geschehen ist? Hans-Jürgen Goertz hat zwei Ausgangspunkte zum Gegenstand seiner Reflexion gemacht, die ihn dazu brachte, ein Plädoyer für den Abschied von der historischen Wirklichkeit zu formulieren: Einerseits könne jene Wirklichkeit gemeint sein, die vergangene Akteur*innen wahrnahmen, und andererseits jene, die die Akteur*innen in ihrem Handeln bestimmte, ohne dass sie sich dessen voll bewusst waren.[72] Über die Rekonstruktion des wahrgenommenen Weltbezugs und die Frage nach strukturierenden Strukturen hinaus betont er, dass historische Wirklichkeit letztlich sprachlich beziehungsweise diskursiv erzeugt wird, was aber nicht heißt, dass man damit die Referentialität des Weltbezugs in historischen Aussagen und Quellen in Abrede stellt. Und insofern gilt es auch nach einem Abschied von der historischen Wirklichkeit noch, dass bei Zweifeln am Wahrheitsgehalt einer Aussage herkömmliche Methoden der Quellenkritik von Nutzen sind. Man wird das aber nun nicht zur ausschließlichen Grundlage von Geschichtsschreibung machen wollen.

Nicht erst sprachkritische, diskursanalytische und konstruktivistische Positionen des letzten Drittel des 20. Jahrhunderts haben den Glauben daran überwunden, dass die geschichtswissenschaftliche Forschung in irgendeiner Weise einen direkten Zugriff auf vergangene Wirklichkeit haben könnte. Gegen derart objektivistische Positionen kann man schon bei Droysen lesen, dass es sich bei

---

Unter dem Hinweis auf Authentizität gerieten „Elemente der Umgangssprache [...] in den Blick" [Schulze, Ego-Dokumente (wie Anm. 68.), S. 158], oder aber es hieß die „Erfahrungen der Schreiber seien durch die Authentizität des Selbsterlebten legitimiert" [Schulze, Ego-Dokumente (wie Anm. 68), S. 190). Freilich wichtig: Es ging um die Erfahrungen und nicht darum, ein Geschehen auf der Basis authentischer Berichte zu rekonstruieren.

72 Goertz, Hans-Jürgen: Abschied von „historischer Wirklichkeit". Das Realismusproblem in der Geschichtswissenschaft. In: Konstruktion von Wirklichkeit. Beiträge aus geschichtstheoretischer, philosophischer und theologischer Perspektive. Hrsg. von Jens Schröter u. Antje Eddelbüttel. Berlin 2003. S. 1–18. S. 5.

Geschichtsdarstellungen letztlich um Repräsentationen von Repräsentationen handelt – auch wenn er die Rekonstruktion von Tatbeständen wie gezeigt für weitgehend möglich hielt und er, wenn man überhaupt mit derartigen Labeln arbeiten möchte, wohl einen „reflektierten Realismus" vertrat.[73] Während das analysierte Material in vielfacher Weise auf vergangene Welt verweist, ist zugleich der Gegenstand der Forschung eher ein doppelt gegenwärtiger als ein vergangener, zum einen anhand der Fragestellung, die wir aus einer historisch gewordenen Gegenwart an die Vergangenheit herantragen, zum anderen aufgrund des vorliegenden Materials, das uns aus der Vergangenheit überliefert worden ist und mit dem wir in der Gegenwart argumentieren.

Aus praxisorientierten und interdiskursiven Gründen, aber auch als Versuch einer Antwort auf die Herausforderung der Naturwissenschaften verstand Droysen die Geschichtswissenschaft als empirische Wissenschaft und die Geschichte als „ein Ergebnis empirischen Erfahrens und Erforschens".[74] Die Forschung richtet sich dabei auf „Gegebenes", welches selbst aber nicht die vergangene Wirklichkeit oder Geschichte, sondern vielmehr das historische Material ist.[75] Hinzu kommt, dass unserer eigener Interpretationsstandpunkt nie neutral, sondern historisch, sozial und kulturell formiert ist: „Die historische Forschung setzt die Reflexion voraus, daß auch der Inhalt unseres Ich ein vermittelter, gewordener, ein historisches Resultat ist."[76] Was wir uns also im Prozess des Forschens erschließen, ist ein „Gedankenbild einer Vergangenheit",[77] oder, um es mit Otto Gerhard Oexle zu formulieren: „Historische Erkenntnis ist also nicht eine Abbildung vergangener Wirklichkeit, irgendeiner ‚Vergangenheit', ist nicht eine Erkenntnis, ‚wie es eigentlich gewesen', sie ist vielmehr ein Konstrukt, freilich kein willkürliches, sondern ein empirisches, ein durch empirische Forschung am historischen Material gewonnenes. Was also ist die ‚Wirklichkeit' des historischen Wissens? Es ist, wie Droysen sagt, nicht eine Abbildung der Vergangenheit, es ist

---

73 Goertz, Hans-Jürgen: „Wirklichkeit". In: Lexikon Geschichtswissenschaft. Hundert Grundbegriffe. Hrsg. von Stefan Jordan. Stuttgart 2002. S. 328–332. S. 329.
74 Oexle, Otto Gerhard: Krise des Historismus – Krise der Wirklichkeit. Eine Problemgeschichte der Moderne. In: Krise des Historismus – Krise der Wirklichkeit. Wissenschaft, Kunst und Literatur 1880–1932. Hrsg. von Otto Gerhard Oexle. Göttingen 2007 (Veröffentlichungen des Max-Planck-Instituts für Geschichte 228). S. 11–116. S. 54. Zu den interdiskursiven Aspekten zeitgenössischer Kriminalistik vgl. Saupe, Achim: Der Historiker als Detektiv. Der Detektiv als Historiker. Historik, Kriminalistik und der Nationalsozialismus als Kriminalroman. Bielefeld 2009 (Histoire 7).
75 Droysen, Historik (wie Anm. 11), S. 397. Siehe auch Oexle, Krise des Historismus (wie Anm. 74), S. 57.
76 Ebd. S. 218.
77 Ebd. S. 7.

vielmehr ein ‚Zeichen', eine ‚Repräsentation' der vergangenen Wirklichkeit."[78] Die Vorstellung, historisches Geschehen oder „Wirklichkeit" lasse sich unbeeinträchtigt von geschichtswissenschaftlichen Erkenntnisoperationen rekonstruieren oder erfassen, ist damit seit der Mitte des 19. Jahrhunderts obsolet. Im 20. Jahrhundert verstärkt sich dies, indem Wirklichkeit als etwas durch Sprache Geprägtes verstanden wird.

Im Gegensatz zu jenen Wirklichkeiten, die als Strukturen das Leben beeinflussen oder summarisch unsere Erfahrungen mit der Welt ausdrücken, offenbart die Rede von der „vergangenen Wirklichkeit" nun aber oftmals eine Emphase, die beim Zugriff auf Geschichte eigentlich unnötig erscheint: wäre sie nicht so umstritten oder aber so unsicher zu rekonstruieren. Wenn in der Historiographie und historischen Argumentationsgefechten die Wirklichkeit als das „tatsächlich Existierende", als „unhintergehbare Realität" oder Ähnliches beschworen und ins Felde geführt wird, dann liegt dem meist – handelt es sich nicht um eine Reaktion auf Geschichtsrevisionismus, die Leugnung und Nichtanerkennung von einfachen Tatsachen – eine Kritik dominanter Geschichtsauffassungen, bisheriger Forschungsmeinungen oder aber ein Einspruch zugrunde, der mit der „individuellen Erfahrung" historischer Subjekte – wenn nicht gleich der eigenen Zeitzeugenschaft – argumentiert. Oder aber es handelt sich um eine klassische, im geschichtswissenschaftlichen Diskurs freilich gern gesehene (Selbst-)Autorisierungsstrategie, die das bisher Unentdeckte zum eigentlichen Ausgangspunkt einer antiquarisch-kritischen Historiographie verklärt.

Auch bei Quellen stellt sich nun die Frage, wann es überhaupt sinnvoll ist, sie als Manifestationen von Wirklichkeit zu begreifen. Auch hier scheint es, dass die Wirklichkeit überall dort ins Spiel gebracht wird, wo es sich um ansonsten Kaum-zu-Glaubendes, Marginalisiertes oder im „offiziellen Diskurs" nicht korrekt Wiedergegebenes handelt, und dem man sich nun entgegenstellen möchte. Dabei besteht die Wirklichkeit entweder aus einzelnen Details beziehungsweise atomarer Faktizität oder sie führt einen Gesamteindruck ins Feld, eine Generalisierung komplexer Tatbestände, mit der etwas auf den Begriff gebracht oder im Rahmen einer Erzählung plausibel gemacht wird. Im Grunde ist damit Wirklichkeit eher in „Traditionsquellen" und „ersten Auffassungen" (Droysen) von historischen Vorgängen zu finden als in Überresten, seien es die Überbleibsel einer

---

[78] Oexle, Krise des Historismus (wie Anm. 64), S. 55. „Zeichen" in Droysen, Grundriss der Historik (wie Anm. 43), S. 421; „Repräsentation" hier als Querverweis auf Oexle, Otto Gerhard: Im Archiv der Fiktionen. In: Auf der Suche nach der verlorenen Wahrheit. Zum Grundlagenstreit in der Geschichtswissenschaft. Hrsg. von Rainer Maria Kiesow u. Dieter Simon. Frankfurt am Main [u. a.] 2000. S. 87–103. S. 95.

Lebensgeschichte oder die Requisiten einer Theatergruppe. Letzteren bleibt die Wirklichkeit fremd, die sie als Welt zugleich dokumentieren.

Natürlich ist die Unterscheidung von Welt und Wirklichkeit fragil. Hier soll sie nur darauf aufmerksam machen, dass es sich bei der Behauptung des Wirklichen um einen Sprechakt handelt, der diese maßgeblich kreiert. Die Anrufung der Wirklichkeit ist, um es noch einmal in anderer Weise zu umschreiben, die Reaktion auf eine Krise, in der unser Wissen unsicher oder in Frage gestellt wird. Eine methodengeleitete Geschichtswissenschaft braucht die vergangene Wirklichkeit meist nicht; sie beschäftigt sich damit, was über die Vergangenheit gesagt werden kann, bietet bestenfalls reflektierte Erkenntnis unter Berücksichtigung vielfältiger und divergierender Perspektiven und stellt so Wissen zur Reflexion bereit.

Damit komme ich zurück zum Ausgangspunkt: Wenn überhaupt, dann wird man von einer ausschnitthaften Wirklichkeit sprechen können, die Quellen in ihrem Weltbezug wiedergeben. Für die Beantwortung der Frage „War es wirklich so?" – wenn wir ihr nicht ausweichen wollen – benötigen wir einen breiteren Überblick, um generalisierend antworten zu können. Die Feststellung der Echtheit und des authentischen Gehalts *einer* Quelle wird dabei nur bedingt weiterhelfen.

Dass Historiker*innen ihre Erzählungen „nach authentischen Quellen" kritisch anlegen oder generalisierend erzählen, gehört seit der Professionalisierung der Geschichtswissenschaften im 19. Jahrhundert zu ihrem traditionellen Geschäft. Authentifizierung und Authentisierung werden nun regelrecht inszeniert, um dann in oft objektivistischer Manier ein Verfahren zu statuieren oder einen eigentümlichen Realismus zu kreieren. Ein Alleinstellungsmerkmal der Historie ist dies allerdings nicht, denn auch der historische Roman oder das dokumentarische Theater haben sich diesen Anspruch zu Nutze gemacht, um Deutungen der Geschichte vorzunehmen. Von Karlheinz Stierle stammt die Aussage, dass sich fiktionale Welten insbesondere dort entfalten lassen, wo „unser Wissen von der Welt lückenhaft und unsicher ist".[79] Die Vergangenheit bietet sich insofern hervorragend an. Fiktionalisierung und Dramatisierung – aber auch dokumentarische Formate mit ihrer ästhetischen Exposition von Wirklichkeit – sind dann eine gute Voraussetzung, dass sich die Frage nach dem Wirklichen und Echten stellt. In der Historiographie verhält es sich durchaus ähnlich, doch unter anderen Vorzeichen: Historische Erzählungen rufen (quellen-)kritische Fragen insbesondere dann wach, wenn sie sich gegen unser Wissen oder unsere eigene Positionierung stellen, Sachverhalte verkürzen oder divergierende Stimmen unberück-

---

[79] Stierle, Karlheinz: Die Fiktion als Vorstellung, als Werk und als Schema. In: Funktionen des Fiktiven. Hrsg. von Dieter Henrich u. Wolfgang Iser. München 1983 (Poetik und Hermeneutik 10). S. 173–182. S. 176.

sichtigt lassen. Dass es auch in der Geschichtsschreibung narrative Strategien der Verrätselung und Aufdeckung, der Evokation des Faktischen und einen rhetorisch geschickten Einsatz der vielsagenden Anekdote im Sinne eines Durchbruchs zur Wirklichkeit gibt, steht auf einem anderen Blatt. Auch sie bieten Anlass zur kritischen Nachfrage.

Konstruktivistische und postmoderne Positionen haben seit dem ausgehenden 20. Jahrhundert Referenz und Weltbezug historischer Darstellungen nicht einfacher gemacht. Während das Subjekt nun im Strudel der Diskurse formiert wird, versucht es zugleich, durch personale Authentizität an Oberwasser zu gewinnen. Dabei schiebt sich im Zugriff der Oral History – um das hier in den Blick genommene Beispiel noch einmal zu rekapitulieren – zwischen die weitgehende Deckungsgleichheit von „authentifiziertem" Bericht und „Wirklichkeit" die subjektive Erfahrung. Diese findet nicht nur vor dem Hintergrund von Entfremdungstheoremen neue Anerkennung, nicht nur, weil sie einen lebendigen Gegenpol zu einem oft bürokratischen, erstarrten Quellenkorpus bildet, nicht nur aufgrund ihrer emotionalen Dimension, die den Blick in bisher verschlossene Lebenswelten gewährt, und nicht nur als Verkörperung historischer Erfahrungen oder lebendiger Zeugenschaft. Vielmehr schiebt sich die subjektive Erfahrung als Inbegriff einer neu verstandenen Authentizität zwischen Bericht und Wirklichkeit, nicht als Makel, sondern als kaum zu hintergehende Perspektivierung von Geschichte sowie als Brücke zwischen Vergangenheit und Gegenwart.

Nils Steffen
„Ich wusste nicht, dass es so war!"
Authentizität im Zeitzeugnistheater

„Ich wusste nicht, dass es so war!" – Publikumsäußerungen wie dieser bin ich mehrfach im Rahmen der Theaterprojekte in Bremen und Heidelberg begegnet.[1] Dahinter steckt eine Wahrnehmung der Zuschauer*innen, die die Glaubwürdigkeit der Aufführung zu dokumentieren scheint, aber in der Regel von den Theatermacher*innen gar nicht intendiert ist. Die in ein Kompliment gekleidete Aussage ist aus methodischer Sicht nämlich durchaus ein zweischneidiges Schwert: Auf der einen Seite sind Wunsch und Wille, dem Publikum quellenbasierte Forschung zugänglich zu machen oder zumeist wenig bekannte Kapitel der Geschichte aufzuarbeiten. Zuschauer*innen werden multiperspektivisch mit vergangenen Aussagen konfrontiert, damit sie sich selbst eine Meinung bilden können. Auf der anderen Seite ist den Beteiligten einer solchen Produktion vollkommen klar, dass sie kein historisches Reenactment,[2] keine Wiederaufführung der Vergangenheit auf die Bühne bringen können. Vielmehr bestimmen Themensetzungen, Fragestellungen, Quellenauswahl sowie Mittel und Möglichkeiten der Inszenierungen hinsichtlich des Raums, des Körpers und der Atmosphäre maßgeblich die Herstellung und Wahrnehmung der Aufführung durch Theaterschaffende und Publikum. Sie sind damit ein zeitgebundenes Produkt der Geschichtskultur, das viel weniger darüber aussagen kann, „wie es gewesen ist", als darüber, wie das Team hinter der Produktion die Geschichte interpretiert. Freilich steht das Erkenntnisinteresse des Publikums in der Regel im Kontrast zu dieser Feststellung.

---

[1] Diesen Beitrag schreibe ich als teilnehmender Beobachter: Während meines Studiums und danach war ich in der Bremer Projektreihe *Aus den Akten auf die Bühne* als Student, Hilfskraft und später als Lehrbeauftragter tätig. 2016/2017 habe ich als Mitarbeiter der Universität Heidelberg die Idee, studentische Forschung mit Mitteln des Theaters zu inszenieren, aufgegriffen und in zwei Projekten umgesetzt. Eines der Projekte war *Geflüchtet, unerwünscht, abgeschoben*, das parallel in Heidelberg in Zusammenarbeit mit der Theaterwerkstatt sowie in Bremen mit der *bremer shakespeare company* unter der Leitung von Eva Schöck-Quinteros realisiert wurde.
[2] In der Theaterwissenschaft wird der Begriff Reenactment verwendet und diskutiert. Vgl. dazu Engelke, Heike: Geschichte wiederholen. Strategien des Reenactment in der Gegenwartskunst. Omer Fast, Andrea Geyer und Rod Dickinson. Bielefeld 2017 (Image 118). Roselt, Jens u. Ulf Otto (Hrsg.): Theater als Zeitmaschine. Zur performativen Praxis des Reenactments. Theater- und kulturwissenschaftliche Perspektiven. Bielefeld 2012 (Theater 45).

https://doi.org/10.1515/9783110661866-008

Wenn wir uns dem Phänomen der Authentizität in theatralen Kontexten nähern, gilt es drei plus zwei Dimensionen in den Blick zu nehmen: Auf der einen Ebene liegen die Dimensionen der *Objekte*, also (1.1.) die Authentizität der inszenierten Zeitzeugnisse, Quellen und Geschichten, (1.2.) die Authentizität der Inszenierung und (1.3.) die Authentizität der Aufführung als singuläres Ereignis. Die andere Ebene nimmt die *Subjekte*, also die beteiligten Akteur*innen in den Blick: (2.1.) die produzierende Authentisierung der Inszenierung und des Inszenierten durch die Inszenierenden, also die Theaterschaffenden (Regisseur*innen, Dramaturg*innen, Schauspieler*innen et cetera) sowie (2.2.) die annehmende Authentifizierung der Inszenierung und des Inszenierten durch die Zuschauer*innen. Material und Umsetzung unterliegen demnach sowohl einer aktiven Strategie der Theaterschaffenden als auch individuellen Perzeptions- und Rezeptionsmechanismen der Zuschauer*innen. Zusammen erzeugen sie Authentizität im Sinne einer Zuschreibung.[3]

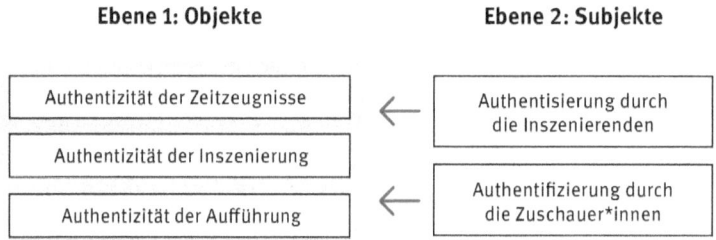

Abb. 6: Authentisierung und Authentifizierung im Zeitzeugnistheater

Dieser Beitrag skizziert in drei Schritten, wie die Dimensionen von Authentizität, Authentisierung und Authentifizierung im Theater erzeugt werden können. Dazu werde ich *erstens* die Kategorie des Zeitzeugnistheaters als eine gegenwärtige und spezifische Spielart des dokumentarischen Theaters einführen und damit zeigen, dass die Rückbezüge auf materielle Spuren der Vergangenheit eine zentrale Bedeutung für die Konstruktion von Authentizität haben. Anschließend möchte ich *zweitens* einen Blick auf theatrale Mittel der Inszenierung von Text, Raum und Körper als mögliche Authentizitätsanker in den Blick nehmen, um dann *drittens* zu skizzieren, dass Atmosphären und Vorwissen die Wahrnehmungen des Publikums prägen.

---

3 Vgl. zur Begriffsgenese und Formen der Authentizität insbesondere in Bezug auf historische Quellen den Artikel von Achim Saupe in diesem Band.

1 Zeitzeugnistheater

Der Begriff des Zeitzeugnistheaters ist neu. Ich definiere damit eine gegenwärtige Spielform des dokumentarischen Theaters, das sich seit den späten 1990er Jahren und verstärkt im deutschsprachigen Raum entwickelt hat. Mit dem Begriff ist weniger eine grundlegend neue theatrale Herangehensweise an den Umgang mit dem Dokumentarischen gemeint als vielmehr eine Perspektivenverschiebung. Dieser Begriff kann die Verschiebung der Perspektiven transparent machen.

In den letzten 20 Jahren haben wieder vermehrt dokumentarische Inszenierungen ihre Wege auf die Bühnen gefunden und zwar nicht nur auf die Bühnen der Theaterhäuser, sondern auch in Museen, in Gedenkstätten und an anderen historischen Orten. Immer häufiger stehen Zeitzeugnisse im Mittelpunkt dieser Inszenierungen: Vergangenheitsbezüge und historische Quellen bleiben nicht mehr nur wichtiger Bestandteil der Recherche, sondern werden auf der Bühne präsentiert – sei es durch die Rezitation historischer Texte, sei es durch die Visualisierung mit Projektionen, sei es durch die physische Präsenz von Historiker*innen, Zeitzeug*innen oder Zeitzeugnissen auf der Bühne. Diese Entwicklung fällt zusammen mit geschichtsdidaktischen Überlegungen zu der Zeit nach den Zeitzeug*innen: Wie kann Geschichte „erlebbar" gemacht werden, wenn Zeitzeug*innen nicht mehr direkt berichten können? Dass es hier thematisch vorrangig (wenn auch nicht ausschließlich) um die Diktaturerfahrungen im Nationalsozialismus und in der DDR geht, spiegelt sich auch im Portfolio des Zeitzeugnistheaters wider. Gegenwartsbezüge werden durch die Leitfragen der Recherche und Darstellung hergestellt, in der Regel jedoch nicht durch die Themenwahl und Dokumente aus der unmittelbaren Zeitgeschichte, auch wenn dies der Herangehensweise keinesfalls widersprechen würde.[4]

Die Bremer Inszenierungen der Reihe *Aus den Akten auf die Bühne* sind beispielsweise seit der ersten Aufführung 2007 auf die historischen Textquellen und deren Sprache fokussiert, denn Sprache bringt Machtstrukturen zum Ausdruck[5]: Gesetzestexte, Behördenschriftgut und Ausweisungsbescheide, wie sie im Stück *Geflüchtet, unerwünscht, abgeschoben* vorkommen, dokumentieren nicht nur

---

[4] Ausnahmen bestätigen die Regel. So hat beispielsweise die *Bühne für Menschenrechte* 2016 die *NSU-Monologe* inszeniert, für die die Familien der NSU-Opfer interviewt wurden und diese Interviews dann auf die Bühne kamen. Das Projekt beschreibt sich selbst als „dokumentarisches, wortgetreues Theater". Siehe dazu weitergehend https://buehne-fuer-menschenrechte.de/nsu-monologe (28.7.2020).

[5] Einen aktuellen Überblick über die Arbeitsweisen bieten Dauks, Sigrid [u.a.]: Aus den Akten auf die Bühne – eine Kooperation zwischen Universität und Theater. In: Der Deutschunterricht 5 (2019). S. 63–72.

politische und juristische Staatsmacht, sondern sind auch für heutige Zuschauer*innen eine kognitive Herausforderung. Diese Quellen sind zum Teil weit entfernt von einer leicht verständlichen Alltagssprache. Dem gegenüber stehen einordnende und zumeist meinungsbildende Presseartikel sowie Egodokumente wie beispielsweise Gnadengesuche der betroffenen Geflüchteten. Das Potpourri der Sprachen dokumentiert die Machtstrukturen in der Geschichte und kann für die Zuschauer*innen zugleich Impulse zur Identifizierung beziehungsweise Abgrenzung zu den Rollen geben. Dass *Aus den Akten auf die Bühne* szenische Lesungen und keine Form des Geschichtsdramas zeigt, betont die Anbindung der Inszenierung an die Quellen, die damit einen zentralen Authentizitätsanker bilden.

Meine eigenen Inszenierungen in Zusammenarbeit mit der *Theaterwerkstatt Heidelberg* haben diese Ideen aufgegriffen und erweitert.[6] In der Heidelberger Fassung von *Geflüchtet, unerwünscht, abgeschoben* haben wir als zusätzliche Ebene die Visualisierung von Quellen gewählt: Auch wenn historische Dokumente gelesen und damit verkörpert und auditiv erfahrbar gemacht werden, handelt es sich doch in den meisten Fällen um Schriftquellen. Die Projektion von digitalisierten Dokumenten, ergänzenden Fotos sowie Quellenbelegen macht den Konstruktionscharakter der Inszenierung transparent und lädt die Zuschauer*innen ein, den Entstehungsprozess und die Zeitbezogenheit des Stückes zu reflektieren. Ergänzend wird schon zu Beginn der Aufführung ein Video eingespielt, in dem ein Student des Projekts bei der Arbeit im Archiv zu beobachten ist. Der gleiche Einspieler wird erneut am Ende der Aufführung rückwärts im Zeitraffer gezeigt.

Auch andere Projekte wie das *Historikerlabor* aus Berlin rücken die historischen Quellen in den Mittelpunkt der Inszenierung. Die Quellencollagen werden hier in der Regel von Historiker*innen und nicht von professionellen Schauspieler*innen auf die Bühne gebracht. Authentizität wird hier also auch über die Autorität der Wissenschaft erzeugt: „Die Historiker treten als Historiker vor ihr Publikum; als Amateure und Profis zugleich. Sie sind keine Schauspieler, gestalten keine Rolle, sie sind Historiker, die auf der Bühne ihre Arbeit zeigen."[7]

Weniger die Zeitzeugnisse als vielmehr – im weiteren Sinne – Zeitzeug*innen stellen die Inszenierungen des Theaterkollektivs *Rimini Protokoll* in den Mittelpunkt ihrer Stücke. Als „Expert*innen des Alltags" bringen die (Laien-)Schauspieler*innen einen direkten Bezug zu den verhandelten Themen mit. In ihrer

---

6 Vgl. dazu das Interview mit Wolfgang G. Schmidt, Regisseur und Leiter der *Theaterwerkstatt Heidelberg*, in diesem Band.
7 Projektbeschreibung des Historikerlabors. https://www.historikerlabor.de/seite/284404/das-labor-der-historiker.html (28.7.2020).

Inszenierung *Hitlers Mein Kampf, Teil 1 und 2* (2015) verhandelt das Kollektiv die Frage der damals aktuellen Wiederveröffentlichung der politischen Schrift Adolf Hitlers, indem von Alter, Herkunft und Lebensweg sehr unterschiedliche Laien über ihre Perspektiven und Bezüge zu dem Buch sprechen: Soziologieprofessorin Sibylla Flügge etwa wollte als Jugendliche wissen, was *Mein Kampf* so gefährlich macht, tippte Auszüge ab und verschenkte sie 1965 zu Weihnachten an ihre Eltern. Alon Kraus aus Israel zeigt sich erschrocken-fasziniert von der Lektüre des Buches. Heute provoziert er damit gerne und nutzt es beispielsweise, um in Israel mit deutschen Tourist*innen ein Gespräch zu beginnen. Authentizität wird hier durch die Präsenz der Zeitzeug*innen erzeugt, die ihre Erlebnisse und Gedanken – teils nachvollziehbar, teils provozierend – teilen.

Daneben gibt es zahlreiche Spielarten des Zeitzeugnistheaters, die auch Elemente des Epischen Theaters von Bertolt Brecht aus der ersten Hälfte des 20. Jahrhunderts wieder aufgreifen. So setzt unter anderem das Hamburger *Axensprung Theater* zum einen auf Musik als Szenen verbindendes und trennendes Element, um eine emotionale Auseinandersetzung mit der präsentierten Geschichte anzuregen.[8] Zum anderen werden hier bewusst historische Ereignisse durch fiktive Protagonist*innen verkörpert: „Fakten aus Originalquellen, Interviews und biografischem Material umrahmen eine Erzählung über fiktive Figuren, in der berührende Einzelschicksale die Vergangenheit bzw. die Gegenwart lebendig werden lassen."[9] Hier steht also weniger eine historisch möglichst genaue Darstellung im Vordergrund, sondern die mitreißende, unterhaltsame und dennoch zur kritischen Reflexion anregende Erzählung.

Die genannten Beispiele des Zeitzeugnistheaters zeigen zugleich seine Heterogenität. Die Theaterschaffenden nähern sich den Zeugnissen unterschiedlich und setzen eine Vielzahl theatraler Methoden ein, um sie auf der Bühne zu verkörpern und zu visualisieren. Gänzlich neu ist dies freilich nicht, denn es bleibt eine Form des authentizitätsgeleiteten politischen Theaters. Deshalb lässt sich das Zeitzeugnistheater in eine Reihe mit anderen dokumentarischen Ansätzen stellen, deren Realitätsbezug Brigitte Marschall treffend skizziert:

> „Der Einbruch der Realität in das Medium Theater prägte zugleich den Begriff ‚Authentizität'. Wurde dieser zunächst als Relation verstanden, in Opposition zu Künstlichkeit und Artifizialität gesehen, werden Authentizitätsphänomene seit den 90er-Jahren des 20. Jahrhunderts als Inszeniertheit des Alltags bewusst erfahrbar gemacht. Authentizität ist als Zuschreibungsmodus zu verstehen, abhängig von der Weltanschauung des Autors, von den

---

[8] Vgl. den Artikel des *Axensprung Theaters* in diesem Band.
[9] Zur Selbstdarstellung des *Axensprung Theaters* siehe https://www.axensprung-theater.de (28. 7. 2020).

gewählten Sichtweisen und ausgewählten Bruchstücken und Fragmenten von Wirklichkeiten. Authentifizierung entsteht im und durch den darüber geführten Diskurs."[10]

Im dokumentarischen Theater kann es also um Realitäts*bezüge* und Wirklichkeits*fragmente* gehen. Dazu schreibt der Theaterwissenschaftler Stephen Bottoms: „[...] that realism and reality are not the same thing, and that unmediated access to ‚the real' is not something the theatre can ever honestly provide."[11]

Parallel gibt es auch theatrale Herangehensweisen, die zwar auf intensiven Recherchen beruhen, aber das Dokumentarische nicht als Wesenskern des Stückes betrachten. Einen solchen Ansatz priorisiert der Theatermacher Milo Rau, der über seinen Arbeitsprozess in einem Interview sagte: „Der erste Schritt ist eine lange Phase der Recherche. [...] Es geht hier – neben der Mühe um eine bestimmte Korrektheit, denn natürlich muss zuerst das *Was* und das *Wie* geklärt werden – darum, an die Atmosphäre eines Vorgangs, einer speziellen historischen Situation heranzukommen. Der zweite, entscheidende Schritt ist die künstlerische Aktualisierung. Ich glaube, dass hier der Begriff Dokumentation irrtümlich ist, denn worum es mir geht, ist die Entfaltung der Bedeutungsdichte eines speziellen Ereignis [sic!] im Jetzt, nicht um eine szenische Anordnung von Dokumenten."[12] Während bei Rau die Zeitzeugnisse auf ihre Rolle der Wissensgenerierung und Authentisierung seiner Inszenierung reduziert werden, betreten sie im Zeitzeugnistheater auch die Bühne und zwar als „szenische Anordnung von Dokumenten", die jedoch keineswegs frei von einer künstlerischen Aktualisierung ist. Den Inszenierungen mit dokumentarischen Ansätzen ist gemein, dass sie nicht Fakten und Ereignisse als historische Lehrstunde wiederzugeben versuchen, sondern Zusammenhänge und Wirkungen zwischen Vergangenheit und Gegenwart aufzeigen wollen. Damit übernimmt das dokumentarische Theater insgesamt und das Zeitzeugnistheater im Speziellen eine politisch-kritische Funktion, wie auch Brian Barton 1987 festhielt:

> „Diese kritische Funktion des dokumentarischen Theaters wird durch ein selektives Zitieren aus dem Quellenmaterial erfüllt. Indem inhaltliche und sprachliche Elemente aus den Dokumenten in das dramatische Modell eingebaut werden, entwickelt sich ein Netz von Beziehungen zwischen dem Stück und der historischen Wirklichkeit. Die Partikel der Wirklichkeit

---

10 Marschall, Brigitte: Politisches Theater nach 1950. Wien [u. a.] 2010. S. 19 f.
11 Bottoms, Stephen: Putting the Document into Documentary. An Unwelcome Corrective? In: The Drama Review 50 (2006). S. 56–68. S. 57.
12 Rau, Milo u. Rolf Bossart: Wiederholung und Ekstase. Ästhetisch-politische Grundbegriffe des International Institute of Political Murder. Zürich 2017 (SubTexte 13). S. 162.

fungieren als Belege, die der Darstellung und Analyse des Themas Überzeugungskraft verleihen und den symbolisierenden Tendenzen der künstlerischen Form entgegenwirken."[13]

Das Zeitzeugnistheater löst das dokumentarische Theater nicht ab; es ist nicht die nächste Evolutionsstufe der Wirklichkeitsannäherung des Theaters. Grundlegende Parameter bleiben erhalten, allen voran die Auseinandersetzung mit Geschichte als Diskursraum für die Gegenwart und damit die politische Wirkmacht des Dokumentarischen. Neu hingegen ist, dass Zeitzeugnisse im Mittelpunkt der Inszenierungen stehen und somit zu direkten Authentizitätsankern für das Publikum werden. Das Dokument ist nicht mehr nur Ausgangspunkt und Grundlage der Recherche wie im dokumentarischen Theater von Rolf Hochhuth und Peter Weiss in den 1960er Jahren, sondern fester Bestandteil der Aufführung.

Zugleich übernimmt das Zeitzeugnis neben einer soziologisch-politischen Aufklärungsfunktion eine erinnerungskulturelle Funktion. So sind Inszenierungen des Zeitzeugnistheaters verstärkt in Kontexten zu beobachten, in denen sonst Zeitzeug*innen selbst berichtet hätten, also insbesondere in historisch-politischen Bildungskontexten mit Anbindung an Museen, Gedenkstätten und Universitäten. Denn hier wird das Zeitzeugnistheater – neben Ausstellungen, Vortragsveranstaltungen, Rundgängen und vielem anderen mehr – zu einem festen erinnerungskulturellen Angebot mit Eventcharakter in der Zeit nach den Zeitzeug*innen.

2 Authentisierung durch Text, Raum und Körper

Authentizität im Zeitzeugnistheater entsteht nicht nur durch den Einsatz der historischen Quellen, sondern auch durch das Handeln der Theaterschaffenden – also der Autor*innen, Regisseur*innen, Dramaturg*innen, Schauspieler*innen und Mitarbeiter*innen für Bühne, Kostüme, Requisite und Maske. Wenn Freddie Rokem von Schaupieler*innen als Hyper-Historiker*innen schreibt und damit die historiographische Dimension ihres Handels in den Fokus rückt,[14] lässt sich die Frage stellen, ob dieser Begriff nicht auch auf alle anderen beteiligten Akteur*innen übertragbar wäre. Theaterschaffende des Zeitzeugnistheaters arbeiten am Knotenpunkt zwischen historischer und ästhetischer Forschung und betreiben damit eine spezifische Form der Historiographie.[15] Die Arbeit in der Ge-

---

13 Barton, Brian: Das Dokumentartheater. Stuttgart 1987. S. 4.
14 Vgl. dazu den Artikel von Freddie Rokem in diesem Band sowie Rokem, Freddie: Geschichte aufführen. Darstellungen der Vergangenheit im Gegenwartstheater. Berlin 2012.
15 Vgl. den Beitrag zur Geschichtssorte Zeitzeugnistheater von Thorsten Logge in diesem Band.

schichtswissenschaft unterliegt vergleichbaren Parametern: Auf der Grundlage einer Fragestellung und eines methodischen Vorgehens werden historische Quellen analysiert, ausgewertet und in ihre Kontexte eingeordnet; für die Präsentation der Forschungsergebnisse wird dann eine geeignete Form der Darstellung gewählt. Während die Geschichtswissenschaft in ihrer weitgehend beharrlichen Ablehnung Hayden Whites[16] ihre Darstellungspraxen nur selten als Formen ästhetischer Forschung und Darstellung wahrnimmt, gehören letztere zu den Kerntätigkeiten der Theaterschaffenden. Die Darstellung verleiht dem Text Bedeutung; ihre Ausgestaltung beeinflusst und leitet die Wahrnehmung des Publikums. Diese Wahrnehmung und damit auch die Zuschreibung von Authentizität beeinflussen Theaterschaffende auf drei Ebenen: durch den Text, den Raum und den Körper.

2.1 Der Text

Das Zeitzeugnistheater zeichnet sich durch seine Fokussierung auf die historischen Quellen aus. Dem Text kommt hier im doppelten Sinn eine zentrale Bedeutung zu: zum einen durch die Dokumente selbst und zum anderen durch die Art ihrer Aufbereitung und Inszenierung. Bereits der Rechercheprozess anhand einer in der Gegenwart entspringenden Fragestellung, das Suchen, Finden und Auswählen der Quellen stellt die Weichen für die weitere Stückentwicklung. Es werden historische Stimmen identifiziert und selektiert, die in der Inszenierung zu Wort kommen sollen. Die Theaterschaffenden entscheiden hier bewusst, welche historischen Personen oder Gruppen mit ihren Haltungen, Meinungen und Erlebnissen zu hören sein sollen. Sie setzen Schwerpunkte und konstruieren so Multiperspektivität. Sie entscheiden, ob nur zeitgenössisches Material verwendet wird oder auch spätere kommentierende Dokumente oder gegenwärtige Stimmen zu Wort kommen, die – beispielsweise in der Rolle eines*r Erzählers*in – die historischen Quellen kommentieren, einordnen oder gar bewerten.

Das Material wird in der Regel nicht unbearbeitet und vollständig auf die Bühne gebracht, da es häufig zu umfangreich, zu komplex und in vielen Fällen zu wiederholend ist. Es gilt, auf Grundlage eines Narrativs eine stringente theatrale Erzählung zu entwickeln. Der Prozess der Montage ist ein Eingriff in das Material, bei dem für das Narrativ wichtige Fragmente aus den Dokumenten herausgelöst

---

16 Geschichtsschreibung, so White, ist immer narrativ, auch wenn sie vorgibt, es nicht zu sein. White, Hayden: Auch Klio dichtet oder Die Fiktion des Faktischen. Studien zur Tropologie des historischen Diskurses. Stuttgart 1986 (Sprache und Geschichte 10).

und in einen neuen Erzählzusammenhang gestellt werden. Manchmal bleiben diese Erzählzusammenhänge nah an der Vergangenheit, beispielsweise wenn Auszüge aus einem Briefwechsel von den betreffenden Figuren inszeniert werden. Manchmal hingegen werden auch Erzählsituationen konstruiert, zum Beispiel wenn auf einen Gesetzestext, der Entwicklungskontexte erklären soll, eine Szene oder Figurenhandlung folgt, obwohl die direkte Wirkung des Gesetzes für das Individuum nur angenommen, nicht aber belegt werden kann. Hier werden Sinnzusammenhänge gestiftet, um eine Erkenntnis zu fördern. Auch wissenschaftlich-historiographische Arbeiten in traditionellen Formaten – wie auch dieser Text – beruhen auf dem gleichen Prinzip: Material wird gesichtet, ausgewählt und montiert, sodass am Ende eine Aussage, These oder Erkenntnis steht.

Dieser Prozess, der Wissenschaft und Theater eint, wirkt auf Kritiker*innen des dokumentarischen Theaters dennoch unangebracht: Auswahl- und Montagemechanismen erwecken den nicht immer gerechtfertigten Anschein von mangelhafter Auseinandersetzung mit der Komplexität der Geschichte, Meinungsbildung oder politischer Agitation. So kritisierte Martin Walser bereits 1967 in der *Zeit*, dass das dokumentarische Theater die Realität vortäusche und den Zuschauer*innen einen „Ersatz für die Wirklichkeit, an der er nicht teilnehmen mußte", biete.[17] Brian Barton beschrieb den Kern der andauernde Kritik bereits Ende der 1980er Jahre:

> „Das Problem liegt nicht nur darin, daß die Hintergründe durch Dokumente nicht ausreichend erklärt werden können, sondern auch, daß einzelne Beweisstücke oft zu falschen Schlüssen führen, weil sie im Widerspruch zu den Wahrheiten stehen, die durch eine gesamtgesellschaftliche Perspektive zu gewinnen wären. Der Dokumentarist wird also in die Lage versetzt, zwischen der beschränkten Wahrheit des belegten Dokuments und der umfassenderen, aber unbelegbaren Wahrheit des Gesamtbildes entscheiden zu müssen."[18]

Dem gegenüber stehen zahlreiche Formate, die eine explizite wissenschaftliche Anbindung haben oder suchen, sei es durch die Beteiligung von Historiker*innen auf der Bühne (*Historikerlabor*) oder hinter der Bühne (*Aus den Akten auf die Bühne*), sei es durch Berater*innen aus der Wissenschaft (*Axensprung Theater*) oder den geradezu omnipräsenten Verweis auf die Recherche in Archiven. Diese Anbindungen haben nicht zwingend einen Einfluss auf den entstehenden Text; durch eine wissenschaftliche Beteiligung wird er nicht *per se* besser, auch wenn die Wahrscheinlichkeit steigt, dass insbesondere die historische Methode im Auswahl- und Montageprozess berücksichtigt wird. Vielmehr ist das Label der

---

17 Walser, Martin: Theater als Seelenbadeanstalt. In: Die Zeit vom 29.9.1967.
18 Barton, Dokumentartheater (wie Anm. 13), S. 11.

Wissenschaft ein zentrales Element der Authentisierung des Textes. Die Beteiligung von Wissenschaftler*innen und Archivar*innen sowie der Einbezug von Forschungsliteratur und historischen Quellen verleihen dem Stück Glaubwürdigkeit und können auch schon vor Aufführungsbeginn eine entsprechende Erwartungshaltung bei den Zuschauer*innen wecken. Mit den inszenatorischen Ebenen des Raums und des Körpers können diese Eindrücke verstärkt oder dekonstruiert werden.

2.2 Der Raum

Für die authentische Wahrnehmung und Wirkung einer Inszenierung ist nicht allein der Text entscheidend. Eine spezifische, aber häufig nur unterschwellig wahrgenommene Wirkung hat der Aufführungsort inner- oder außerhalb eines Theaters. Der Ort der Aufführung ist ein ästhetischer Aktions- und Wahrnehmungsraum, wie schon Max Herrmann zu Beginn der 1930er Jahre feststellte: „Der Raum, den das Theater meint, ist vielmehr ein Kunstraum, der erst durch eine mehr oder weniger große innerliche Verwandlung des tatsächlichen Raumes zustande kommt, ist ein Erlebnis, bei dem der Bühnenraum in einen andersgearteten Raum verwandelt wird."[19] Auch wenn der Theaterraum erst durch die Bühnenhandlung zu dem wird, was er ist, so ist er dennoch nicht neutral: „Jeder Mensch ist von dem Raum, in dem er sich jeweilig befindet, in bezug auf seinen ganzen Habitus durchaus abhängig: unser Gehen, unsere Gesten, unser Sprechen sind anders in der freien Natur als im geschlossenen Raum und im einzelnen wieder unterscheidend von den Besonderheiten dieser Natur oder dieses geschlossenen Raumes bedingt."[20] Der Theaterraum an sich beeinflusst also die Wahrnehmung und das Verhalten der Menschen – auf, hinter und vor der Bühne.

Hinsichtlich der authentisierenden Wirkung kann es durchaus einen Unterschied machen, ob eine Aufführung in einem Theater als Raum der Kunst oder außerhalb eines Theaters (zum Beispiel an einem historischen Ort) stattfindet. Das erste Projekt der Reihe *Aus den Akten auf die Bühne* (*Grund der Ausweisung: Lästiger Ausländer*, 2007) wurde im Schwurgerichtssaal des Bremer Landgerichts aus dem 19. Jahrhundert aufgeführt. Das Publikum passierte am Einlass eine Sicherheitskontrolle, saß auf harten Holzbänken im Zuschauerraum des Gerichtssaals und beobachtete das Aufführungsgeschehen rund um die Anklage- und

---

[19] Herrmann, Max: Das theatralische Raumerlebnis (1931). In: Raumtheorie. Grundlagentexte aus Philosophie und Kulturwissenschaften. Hrsg. von Jörg Dünne und Stephan Günzel. Frankfurt am Main 2006. S. 501–514. S. 502.
[20] Herrmann, Raumerlebnis (wie Anm. 19), S. 505.

Abb. 7: Der Gerichtssaal im Bremer Landgericht aus dem 19. Jahrhundert als Bühne für die Inszenierung *Grund der Ausweisung: Lästiger Ausländer*, Bremen 2007

Richterbank. Dass die hier vorgetragenen Ausweisungsbescheide der 1920er Jahre und die folgenden Gnadengesuche damals gar nicht in diesem Raum verhandelt wurden, tat der Wirkung keinen Abbruch. Die staatsautoritäre, hierarchische, teils einschüchternde Wirkung von Macht, die von diesem Raum ausgeht, übertrug sich auf das Publikum. Das „Mitleiden" aufgrund von rund zwei Stunden auf harten Holzbänken mit vorgetragenen monologischen Schriftdokumenten in historischer Behördensprache schien bei einigen Zuschauer*innen sogar die Wirkung von Text und Handlung verstärkt zu haben – so zumindest waren Reaktionen des Publikums nach der Aufführung zu verstehen. Der Raum erzeugte Nähe zum Inhalt des Stücks; er wurde als authentisch wahrgenommen, auch wenn er es nicht war. Die Aufführung an historischen Orten kann somit zum Wahrnehmungskatalysator der Inhalte werden.

Das Theater als ursprünglich bürgerliche Institution mit großem bestuhltem Saal, einer klassischen Trennung von Bühnen- und Zuschauerraum durch Ausrichtung, Erhöhung und Vorhang sowie vorgelagerten Empfangsräumen mit Garderobe und Gastronomie entfaltet eine andere, ebenso eigene Wirkung auf das Publikum. Der „leere Raum", wie ihn Peter Brook in den späten 1960er Jahren als reduzierten, freien Kreativraum des Theaters beschwor,[21] ist zwar ein wichtiger Ansatz, um den Wesenskern und die Möglichkeiten von Theater zu bestimmen, lässt zugleich aber die Prädispositionen der Besucher*innen außer Acht, die mit einer gewissen Erwartungshaltung ins Theater kommen. Das Theater wird als Ort der Kunst wahrgenommen. Ob dies ein Widerspruch zum authentischen Selbstanspruch des Zeitzeugnistheaters ist oder die Wahrnehmung von Aufführung und historischen Dokumenten beeinflusst, ist bislang nicht empirisch untersucht worden.[22] Unabhängig davon bietet die Bühne des Theaters zahlreiche Möglichkeiten der Inszenierung, die für die Perzeption und Rezeption bedeutsam sind: die Ordnung des Bühnenraums, den Einsatz von Kulissen und Requisiten sowie den Gebrauch von Licht, Musik und Projektionen. Der Theaterraum wird durch sie zum „erlebten Raum"[23]. Mehr noch: Die Möglichkeiten der Inszenierung können eine immersive Wirkung entfalten, die die räumliche Trennung zwischen Bühne und Zuschauerraum aufzuheben scheint und die Zuschauer*innen in das Geschehen eintauchen lässt.[24]

Zentrales Element für die Authentisierung der Inszenierung ist der Umgang mit den Zeitzeugnissen und ihre Visualisierung. Werden diese als solche dargestellt? Wie werden sie gezeigt – beispielsweise als Requisit oder Projektion? Von welchen Figuren werden sie verkörpert? Oder anders formuliert: Werden die Zeitzeugnisse in ihrer Form transparent gemacht oder zu einem Fragment des Bühnentextes reduziert? Dazu seien an dieser Stelle einige Beispiele genannt: Das *Axensprung Theater* arbeitet mit Projektionen von Zeitzeugnissen, deren insbesondere ästhetische Dimension dem Publikum so vor Augen geführt wird. Dazu gehören nicht nur Textquellen, sondern auch historische Fotos, Zeitungen, Buchcover und Archivdokumente. Dadurch wird eine Brechung in der Wahrnehmung der Bühnenhandlung gefördert, die die Zeitzeugnisse unabhängig von ihrem linearen Einsatz in der Dramaturgie sichtbar macht.[25] Die *bremer shakespeare company* hingegen setzt in der Reihe *Aus den Akten auf die Bühne* auf das

---

21 Brook, Peter: Der leere Raum. Berlin 1983.
22 Grundlegende Überlegungen dazu sind zu finden bei Simon, Fritz B.: Die Unterscheidung Wirklichkeit/Kunst. Einige konstruktivistische Aspekte des „dokumentarischen Theaters". In: Dokument, Fälschung, Wirklichkeit. Materialband zum zeitgenössischen Dokumentarischen Theater. Hrsg. von Boris P. Nikitin, Carena Schlewitt u. Tobias Brenk. Berlin 2014 (Theater der Zeit 110). S. 39–48. S. 44–46.
23 Weiler, Christel u. Jens Roselt: Aufführungsanalyse. Eine Einführung. Tübingen 2017. S. 132.
24 Zum Verhältnis von Raum und Immersion vgl. Bieger, Laura: Ästhetik der Immersion: Wenn Räume wollen. Immersives Erleben als Raumerleben. In: Raum und Gefühl. Der Spatial Turn und die neue Emotionsforschung. Hrsg. von Gertud Lehnert. Bielefeld 2011 (Metabasis. Transkriptionen zwischen Literaturen, Künsten und Medien 5). S. 75–95.
25 Zur Arbeitsweise vgl. den Artikel des *Axensprung Theaters* in diesem Band.

Format der szenischen Lesung: Durch das Vorlesen der Quellenfragmente wird ihre archivalische Anbindung sichtbar. Selbst wenn sie innerhalb von Szenen beispielsweise dialogisch in Handlung gebracht werden, bleibt ihr ursprünglicher Charakter als Textquelle erkennbar. In der vorgenannten Inszenierung *Grund der Ausweisung: Lästiger Ausländer* (2007) wurde der Recherche- und Forschungscharakter des Stückes visualisiert, indem zu Beginn der Aufführung Archivkartons auf der Bühne verteilt wurden.

Die *Theaterwerkstatt Heidelberg* hat in ihrer Inszenierung *Geflüchtet, unerwünscht, abgeschoben* (2016) neben der Form der szenischen Lesung und der Visualisierung durch Projektionen eine Positionierung der vorgetragenen Zeitzeugnisse auf der Bühne anhand von historischen Machtstrukturen entwickelt: Auf Bühnenhöhe und publikumsnah waren Quellen und Handlung angesiedelt, die von Figuren der Betroffenen, ihren Familien und der Presse verkörpert wurden. Es handelte sich um eine Ebene von Beobachtung, Machtlosigkeit und Emotionalität. Auf einer zweiten, erhöhten Ebene dahinter waren Quellen und Handlungen der behördlichen Entscheidungsträger angesiedelt. Sie verdeutlichte zugleich die Machtstrukturen, Räume für Entscheidungen und Willkür, hat jedoch nur eingeschränkten Kontakt zur ersten Ebene. Die dritte, noch mal erhöhte Ebene im hinteren Bereich der Bühne symbolisierte die Ebene der Landespolitik, die Gesetze und Ausführungsbestimmungen ohne Kontakt zu den Betroffenen erließ. Die plakative Visualisierung sollte dem Publikum für die inhaltliche Verortung der Quellen Orientierung und zugleich die Möglichkeit zur Identifikation mit den Figuren geben.

Die wenigen Beispiele zeigen die enormen Variationsmöglichkeiten im räumlichen Umgang mit den Zeitzeugnissen auf der Bühne. Als zusätzliche Authentisierungsanker können Kostüme und Requisiten, die Beleuchtung und die Musik wirken. Insbesondere bei Kostümen und Requisiten scheint es zweitrangig zu sein, ob sie „original" sind oder nur grob in die erzählte Zeit passen. Die Figur eines Beamten der 1920er Jahre, der im Anzug an einer alten Schreibmaschine sitzt, trägt seinen Teil zu einer Atmosphäre der Aufführung bei, die neben historischer Orientierung auch Nebeneffekte wie Fremdheit, Distanz oder Nostalgie erzeugen kann. Licht und Musik sind ebenfalls Elemente einer Inszenierung, die Stimmungen schaffen und damit explizit oder implizit die Wertungen der Theaterschaffenden transportieren. Je mehr räumliche Ebenen im Bestreben um eine stimmige Atmosphäre bedient werden, desto größer ist die Wahrscheinlichkeit, eine klare Interpretation der Geschichte zu transportieren. Zugleich bleibt den Zuschauer*innen damit weniger Freiraum zur eigenen Orientierung und Meinungsbildung.

Abb. 8: Die drei Ebenen der visualisierten Hierarchie in der Inszenierung *Geflüchtet, unerwünscht, abgeschoben* der Theaterwerkstatt Heidelberg: rechts der Bittsteller (Christoph Kaiser), erhöht links der Sachbearbeiter der Behörde (Sebastian Schwarz), mittig und oben ein Mitglied der Regierung (Jeanette Rosen), Heidelberg 2016

2.3 Der Körper

Während der Aufführung sind die Schauspieler*innen in doppelter Hinsicht auf der Bühne: sie haben und sind Körper. „Schauspieler arbeiten also an und mit sich selbst. In diesem Sinne sind die stets als Doppelwesen präsent."[26] Sie sind als Schauspieler*in auf der Bühne präsent und verkörpern zugleich eine (historische) Figur. Die Verkörperung hilft dem Publikum zum einen bei der Orientierung und dem Verständnis der Inhalte. Zum anderen prägen die Schauspieler*innen mit ihrem Aussehen, ihrem Auftreten, ihrer Gestik, Mimik, Sprechhaltung und Intonation die Wahrnehmung und Reflexion der Zuschauer*innen.

Das Berliner Projekt *Historikerlabor*, bei dem keine professionellen Schauspieler*innen, sondern Historiker*innen auf der Bühne agieren, beschreibt diesen komplexen Zusammenhang zwischen Mensch und Figur am Beispiel ihrer Inszenierung *Die Wannsee-Konferenz* (2013) so:

---

26 Weiler/Roselt, Aufführungsanalyse (wie Anm. 23), S. 25.

„Jeder Historiker bringt seine Quelle ein – die ihn, seine historische Figur betrifft – und trägt sie vor, und zwar als Historiker, nicht als Nazi, also in kritischer Distanz. Diese Quelle wird mit einer anderen ergänzt, mit einem Kommentar verknüpft. Das geschieht im Verbund mit den übrigen Historikern, im Streben nach Erkenntnis, als offener Prozess, der als solches auch für die Zuschauer sichtbar und nachvollziehbar ist. Die Gruppe der Historiker wird zu einem Theaterensemble und spiegelt gleichzeitig eine Tätergruppe, die arbeitsteilig den Massenmord konzipierte und organisierte."[27]

Diese Reflexion zeigt, wie vielschichtig die Auseinandersetzung der Schauspieler*innen mit ihren Figuren sein kann, insbesondere wenn der eigene Anspruch nach historischer Genauigkeit erfüllt werden soll. Beim *Historikerlabor* wird eine kritische Distanz zur historischen Person eingenommen, indem sie nicht als eigene Figur auf die Bühne kommt, sondern durch die Figur des Historikers oder der Historikerin re-präsentiert wird. Die scheinbar objektive Kommentierung rückt hier vor die Inszenierung der Zeitzeugnisse. Im Mittelpunkt stehen also die Bühnenakteur*innen, nicht die Figuren.

Dies ist freilich eher Ausnahme als Regel. Die Erarbeitung und Entwicklung einer Figur ist für Schauspieler*innen ein Prozess, bei dem sie ihre Körper als Zeichen einsetzen, das die Bedeutung des Textes zu repräsentieren vermag.[28] Ziel ist es dabei häufig, dass die reale Person hinter die Figur zurücktritt, also vom Publikum nicht wahrgenommen wird. Wenn es sich um bekannte Schauspieler*innen handelt, kann dieser Prozess erschwert werden. Gleiches gilt für historische Personen, die auf der Bühne verkörpert werden. Hier bringt das Publikum häufig klare, wenn auch heterogene Vorstellungen mit, wie diese historischen Personen zu verkörpern sind. Bekanntes Beispiel in diesem Zusammenhang wären Verkörperungen von Adolf Hitler: Aufgrund der Prädispositionen der Zuschauer*innen, die eine spezifische Gestik, Mimik und Intonation erwarten, die sie durch historische Aufnahmen oder andere Darstellungen kennen, schrumpft hier die Freiheit zur Entwicklung der Figur für die Schauspieler*innen auf ein Minimum. Bei unbekannten historischen Personen hingegen ist die Gestaltungsfreiheit groß. Hier gilt es für die Darsteller*innen die Figur zu erarbeiten: Kann aus den Zeitzeugnissen und kontextualisierenden Recherchen abgeleitet werden, wie die Person sprach, welchen Bildungsstand sie hatte, ob sie introvertiert oder impulsiv, leise oder laut war? Lässt sich erkennen, was sie vorher erlebt oder erlitten hat? Bestenfalls lassen sie Fragmente dessen ermitteln, was die historische Person ausmachte. Umso bedeutsamer wird die daraus entwickelte Figur als Teil der theatralen Historiographie für die Wahrnehmung des Publi-

---

27 Projektbeschreibung des Historikerlabors (wie Anm. 7).
28 Weiler/Roselt, Aufführungsanalyse (wie Anm. 23), S. 177.

kums. Inwiefern diese Figuren in einem historischen Sinne authentisch sein können, darf eine offene Frage bleiben.

3 Authentifizierung durch Vorwissen und Atmosphären

Um den szenischen Raum zwischen Bühne und Publikum und damit die Wirkung einer Aufführung fassbar zu machen, kann das Konzept der Atmosphären helfen, ein Konzept, das sich seit Jahrzehnten großer und zunehmender Beliebtheit insbesondere in der Philosophie, Psychologie, Kunstwissenschaft, Architektur, Soziologie, Humangeographie, Theologie und dem Städtebau erfreut.[29] Es geht auf den Philosophen Gernot Böhme zurück, der die Atmosphäre als „gemeinsame Wirklichkeit des Wahrnehmenden und des Wahrgenommenen" beschreibt.[30] Sie vereint also die spezifische Umgebung im Theater einerseits und die subjektiven Wahrnehmungen der Zuschauer*innen andererseits. Grundsätzlich gilt es also zu fragen: Wie wird Atmosphäre hergestellt? Und wie wird sie wahrgenommen?

Das vorangegangene Kapitel hat die Vielzahl der inszenatorischen Steuerungsmöglichkeiten für Theaterschaffende aufgezeigt, um Geschichte auf die Bühne zu bringen und die Zuschreibung von Authentizität durch das Publikum zu erwirken. Diese Elemente bedingen in ihrer Gesamtheit eine wesentliche Säule einer theatralen Atmosphäre, die wiederum die Authentifizierung des wahrgenommenen Bühnengeschehens ermöglicht.

Während das Bühnengeschehen klar gestaltbar ist, kann die Wirkung auf die subjektive Wahrnehmung und Reflexion der Zuschauer*innen gefördert und gelenkt, nicht aber vorbestimmt werden. Keinen Einfluss haben Theaterschaffende beispielsweise auf die Vorbedingungen, mit denen die Zuschauer*innen ins Theater kommen: In welcher Stimmung sind sie? Sind sie freiwillig oder er-

---

29 Es ist geradezu überraschend, dass es in der Geschichtswissenschaft kaum Beachtung findet. Erste methodische Überlegungen hat Felix Zimmermann mit Untersuchungen zum Verhältnis von Geschichte und digitalen Spielen vorgelegt, aus denen er in einem anschließenden Dissertationsprojekt das Konzept der „Vergangenheitsatmosphären" entwickelt. Zimmermann, Felix: Digitale Spiele als historische Erlebnisräume. Ein Zugang zu Vergangenheitsatmosphären im Explorative Game. Glückstadt 2019 (Game studies). In der Theaterwissenschaft ist das Atmosphären-Konzept seit vielen Jahren angekommen. Schouten, Sabine: Sinnliches Spüren. Wahrnehmung und Erzeugung von Atmosphären im Theater. Berlin 2007 (Theater der Zeit 46); Schouten, Sabine: Atmosphäre. In: Metzler-Lexikon Theatertheorie. Hrsg. von Erika Fischer-Lichte, Doris Kolesch u. Matthias Warstat. 2. Aufl. Stuttgart [u. a.] 2014. S. 13–15.
30 Böhme, Gernot: Atmosphäre. Essays zur neuen Ästhetik. 7. Aufl. Berlin 2013. S. 34.

zwungen dort (beispielsweise im Rahmen eines Klassenausflugs)? Haben sie Theatererfahrung und sind geübt in der Dechiffrierung theatraler Zeichencodes? Bringen sie Vorkenntnisse zu dem Stück mit? Kennen sie sich mit dem historischen Thema aus oder haben sie zumindest Anknüpfungspunkte aus eigenen Wissensbeständen? Hinzu kommen räumliche Rahmenbedingungen: Fühlen Sie sich wohl? Ist es zu eng, zu heiß, zu laut? Wie agieren und reagieren die anderen Zuschauer*innen um sie herum? All diese Faktoren werden auf das Bühnengeschehen projiziert und beeinflussen maßgeblich die multisensorische Wahrnehmung.

Dabei lässt sich die Atmosphäre nicht auf eine auratische Ebene beispielsweise des Zeitzeugnisses oder des historischen Ortes seiner Aufführung reduzieren. Vielmehr unterliegt sie einem Entwicklungs- und Erkenntnisprozess, dem Materialität und ihre Referentialität zugrunde liegen:

> „Zwar ist der erste Eindruck einer Aufführung oft durch seine spezifische A[tmosphäre] geprägt – diese entschwindet aber nicht, sobald das Dargebotene vom Zuschauer mit einer bestimmten Bedeutung belegt wird. Stattdessen laden die Sinnzuschreibungen die Theatermittel oft zusätzlich mit einer spezifisch affektiven Wirkung auf: So ist etwa die Wirkung eines leeren, dunklen Bühnenraumes eine andere, wenn dieser zusätzlich, durch zeichenhafte Versatzstücke, als Ort eines Verbrechens o.Ä. ausgegeben wird."[31]

Diese Atmosphären wirken natürlich nicht nur auf die Zuschauer*innen, sondern genauso auf die Theaterschaffenden. Proben oder Aufführungen am historischen Ort erzeugen eine spezifische Atmosphäre für die Beteiligten, die die Figurenentwicklung und das Spiel prägen. Auch die Wahrnehmung des Publikums mit seinen Reaktionen und Nicht-Reaktionen tragen zu dieser Wahrnehmung bei. Der szenische Raum, also das Miteinander von Zuschauer*innen und Schauspieler*innen, ist geprägt durch die wechselseitigen, subjektiven Wahrnehmungen.

Wenn es den Theaterschaffenden gelingt, eine Atmosphäre (mit) zu kreieren, die den Zuschauer*innen hinsichtlich der historischen Dimension des Stücks plausibel und überzeugend erscheint, werden diese Zuschauer*innen bereit sein, die Inszenierung zu authentifizieren. Diese Form der Authentizitätszuschreibung ist hochgradig subjektiv und ein individueller Wahrnehmungs- und Aushandlungsprozess, der im anschließenden intersubjektiven Austausch zu einer mehrheitsfähigen Beurteilung führen kann.

---

31 Schouten, Atmosphäre (wie Anm. 29), S. 15.

4 Fazit

Die Zuschreibung von Authentizität im Zeitzeugnistheater generiert sich in erster Linie aus der zugeschriebenen Authentizität der verwendeten Zeitzeugnisse als Teil des Textes, der sichtbarer Teil der Aufführung ist. Neben einer soziologisch-politischen Funktion durch die Vergegenwärtigung von Geschichte und der Untersuchung ihrer Bedeutung für die Gegenwart ist ihnen eine erinnerungskulturelle Funktion inhärent, die ihren Ausdruck in Inszenierungen für und mit Museen, Gedenkstätten und Universitäten findet. Diese Doppelfunktion zeigt Wirkung: Etablierte Formate und Projekte locken mit regelmäßigen Inszenierungen nicht nur Theaterbesucher*innen, die nach einer künstlerisch-politisch Auseinandersetzung mit dem Material suchen, sondern die solche Inszenierungen auch als Produkt der Geschichts- und Erinnerungskultur begreifen. Das Zeitzeugnis nimmt die Rolle der Zeitzeug*innen ein; es schlägt Brücken zur Vergangenheit, gibt direkte Einblicke in Lebens- und Erfahrungswelten und weckt damit Glaubwürdigkeit.

Authentizität der Inszenierung als solche wird zudem in vielen dieser Projekte durch eine wissenschaftliche Anbindung – die Zusammenarbeit von Theater und Universität, die Beratung durch Historiker*innen oder die aktive Mitwirkung von Geschichtswissenschaftler*innen auf der Bühne – hergestellt. Die Autorität der Wissenschaft spielt hier eine nicht untergeordnete Rolle. Dieser Effekt wird durch inszenatorische Mittel mit Raum und Körper verstärkt. Ob und wie genau diese der Vergangenheit entsprechen müssen, entscheidet die subjektive Bewertung. Häufig genügen Impulse oder Details (ein alter Anzug, eine Schreibmaschine, eine Projektion einer Quelle et cetera), weil durch eigenes Vorwissen Kontexte hergestellt werden. Sie erzeugen eine Atmosphäre, die von Zuschauer*innen als authentisch wahrgenommen wird. Der Begriff der Atmosphäre versucht die komplexen Wirk- und Wahrnehmungsmechanismen im szenischen Raum methodisch greifbar zu machen. Seine Stärke liegt in der Berücksichtigung von wechselseitigen Wahrnehmungen und Stimmungen, von Vorwissen und Erleben.

Zusammenfassend lässt sich sagen, dass Inszenierungen des Zeitzeugnistheaters auf allen vorgestellten Ebenen den Eindruck von Authentizität der Quellen und der Inszenierung fördern. Die eingesetzten Strategien zur Aufmerksamkeitslenkung wirken dabei häufig ordnend und fokussierend.

„Ich wusste nicht, dass es so war!" – Reaktionen wie diese zeigen, dass die Authentisierungsmechanismen wirken und entsprechende Erwartungen der Zuschauer*innen fester Bestandteil des Zeitzeugnistheaters sind. Die Herausforderung für Theaterschaffende, die mit diesen Authentizitätserwartungen umgehen müssen, ist selbstgemacht oder wird verstärkt, weil die Bezugnahme zum Archiv und zur Wissenschaft fortlaufend auch in der begleitenden Öffentlichkeitsarbeit betont wird und die Erwartungshaltung fördert. Eine ehrliche Antwort auf die Rückmeldung könnte lauten: Nein, so war es nicht. So sieht *unser* Blick auf die Geschichte aus.

Teil IV: **Inszenierungspraktiken**

„In der kleinen Geschichte liegt die große Geschichte."

Gespräch mit Peter Lüchinger von der *bremer shakespeare company*[1]

Peter Lüchinger ist seit 2007[2] für Textbearbeitung und Regie der szenischen Lesungen von *Aus den Akten auf die Bühne* zuständig. Seit 1989 ist er im Ensemble der *bremer shakespeare company*.

Wie ist das Projekt entstanden?
Anfang Januar 2007 fragte Eva Schöck-Quinteros an, ob ich Quellen aus den Akten auf der Bühne zum Sprechen bringen möchte. Das Wort „Akte" hat bei mir sofort ein sinnliches Bild hervorgerufen, obwohl ich noch nie eine Akte in der Hand gehabt hatte. Trotzdem ahnte ich, war mir bewusst, dass zwischen den Aktendeckeln etwas liegt – Spuren, Leben, Schicksale, Konflikte. Ich sagte Ja, weil ich wissen wollte, was zwischen diesen Deckeln in den Akten liegen könnte. Das ist ein ähnlicher Ansatz wie bei Theaterstücken. Diese sind auch eine Ansammlung von Konflikten, die wir versuchen zu dechiffrieren. Je mehr man sich mit einem Text beschäftigt, desto mehr kommt man auf die Spur der Figuren. Damals habe ich gespürt, es gibt eine Parallelität zwischen Theaterstoffen und Aktenstoffen. Ohne genau zu wissen, wie man Akten lebendig auf eine Bühne bringen kann, habe ich mich einfach darauf eingelassen. Geschichte und Geschichten liegen nah beieinander. Die Geschichtsforschung will auch auf die Spuren der Geschichten kommen, was die Menschen erlebt haben und was sie bewegt haben. Geschichte wird von Menschen verursacht. Im Theater ist es genau das Gleiche: Geschichten im Theater werden von Menschen verursacht und auch erzählt. Nur die Stoffe der Theaterstücke sind aus einer Fiktion heraus entstanden und während eines Theaterabends verfolgen wir diese Geschichten mit allen Konflikten, die darin verborgen sind. Es gibt eine gewisse Parallelität. Es geht um Geschichten von Menschen. Theater ist natürlich komprimierter und ist nicht einer Wahrheit verpflichtet. Diese beiden Pole haben mich interessiert und ich dachte, dass könnte eine spannende Reise werden. Akten hatte ich vorher noch nie gelesen. Der Mensch, der auf der Straße geht, der nicht Historiker*in ist, kennt keine Archive,

---

1 Das Gespräch wurde am 24.6.2020 über Zoom geführt.
2 Im November 2007 hatte die erste Inszenierung *Grund der Ausweisung: „Lästiger Ausländer". Ausweisungen aus Bremen in den 1920er Jahren* im Schwurgerichtssaal des Landgerichts Bremen Premiere.

er weiß nicht, was für „Schätze" wo liegen, welche Geheimnisse irgendwo lagern. Er braucht die Hilfestellung einer*s Journalist*in oder einer*s Historiker*in, der*die ihn in Archive führt. Für neugierige Menschen ist das eine unendliche Quelle. Je mehr man liest, desto mehr kommt zum Vorschein und desto aufregender wird es. Es ist eine spannende Herausforderung, sich auf die verschiedenen Begebenheiten einzulassen. Und so hat mich das Lesen der Quellen immer mehr begeistert, es ist ein großes Geschenk, Zugang zu diesen vielen Geschichten zu erhalten.

Wie funktioniert die praktische Zusammenarbeit zwischen Theater und Wissenschaft?
Es muss eine ganz konsequente Trennung geben zwischen der Wissenschaft und mir als ein Mensch, der sich im und mit Theater auskennt. Die Wissenschaft muss möglichst gutes Material liefern – ohne meinen Einfluss. Sonst wird schon im Archiv spekuliert, welche Texte bühnentauglich sind und welche nicht. Die Wissenschaft sollte über das Material gehen, wie sie es als richtig und wichtig empfindet und nach ihren Kriterien/Fragestellungen sichten und zusammenstellen. Erst dann bekomme ich das Material und kann das Gesamtpaket lesen. Die Wissenschaft entscheidet über den Rahmen, welche Zeitepoche soll behandelt werden, welche historischen Ereignisse könnten interessant sein, einer Öffentlichkeit zugänglich zu machen. Die Wissenschaft gibt den Boden, auf dem die Lesung aufgebaut wird. Wenn ich beim Lesen Lücken entdecke, geht es mir ähnlich wie der Wissenschaft: Ich hoffe, dass noch mehr Quellen zu finden sind und ich frage nach, ob die Suche noch weitergeführt werden kann. Die Wissenschaft – und nicht ich – sucht dann weiter. Die Materialsammlung muss aber irgendwann abgeschlossen sein. Für die Erstellung der Lesung muss es einen Zeitpunkt geben, wo klar benannt wird, dass dieses Quellenmaterial verwendet wird und nicht mehr. Die Wissenschaft kann noch weiterforschen, ich muss das Material aber überblicken können und so muss irgendwann Schluss sein. Diese Trennung zwischen Wissenschaft und der Erstellung der Lesung finde ich ganz wichtig, beide Ebenen bleiben ein Gegenüber und werden in der Arbeit nicht vermischt. Die Fassungen der Lesung werden immer wieder von der Wissenschaft gegengelesen und sie prüft, ob sich historische Fehler eingeschlichen haben. Aber die Wissenschaft mischt sich nicht in den konzeptionellen Aufbau der Lesung ein, die Konzeption liegt allein in meiner Hand.

Wie arbeitet das Theater mit Quellen? Wie wird ausgewählt, geschnitten, montiert? Was ist erlaubt und was nicht?
Ich darf kein Vorurteil haben, wenn ich eine Akte lese. Ich, als erster Leser, darf die Person, die das aufgeschrieben hat, nicht bewerten. Im Grunde genommen ist das

vergleichbar mit einem Theaterstück. Ich kann zum Beispiel nicht Hamlet lesen und sagen, der stirbt ja am Ende. Ich muss Hamlet lesen, ohne zu wissen, wie es ausgeht. Sonst lese ich das Stück mit einer eingefärbten Brille und bewerte die Figuren beim ersten Lesen. Bei so einem Lesen kann ich den Stoff nicht richtig erfassen, ich möchte nur noch eine Bestätigung meiner Bilder, meiner Meinung durch den Text erhalten. Ich muss mich also auch bei einer Akte ohne jegliche Vorurteile den Texten nähern, immer wissend, dass diese Texte nicht fiktiv sind, sondern von Menschen so gesprochen oder geschrieben worden sind. Es kann sehr unangenehm sein, vorurteilsfrei an das Material zu gehen und z. B. auch Nationalsozialist*innen in ihrem Handeln nicht zu bewerten. Es soll nachvollziehbar werden, warum sie gewisse Dinge getan haben. Dabei bin ich immer wieder perplex und schockiert, wie Menschen Erklärungen für ihr Tun konstruieren können.

Wie werden die Quellen ausgewählt?
Die Arbeit mit den Quellen hat sich verändert. Anfangs war das Material begrenzter. Vor allem der technische Fortschritt macht es möglich, leichter und schneller an Material aus anderen Archiven zu kommen und die Sammlung von Quellen zu erweitern. Es hängt auch von der Zeitepoche ab. Ein Dokument, das mit Schreibmaschine geschrieben wurde, ist besser zu lesen und abzuschreiben als ein handschriftliches Dokument. Durch das leichtere Erfassen der Quellen ist das Volumen des Materials ständig gewachsen. Aber auch die Themen und deren Zeitraum sind größer und anspruchsvoller geworden.

Das Wichtigste für meine Arbeit ist, die Quellen, die von der Wissenschaft ausgewählt wurden, mehrmals zu lesen. In dieser Phase hoffe ich zu erahnen, dass darin etwas verborgen liegt, was sich für ein Publikum erzählen lässt. Nachdem ich den Anfang, einen Einstieg in die Lesung gefunden habe, folge ich meistens der Zeitachse, das heißt ich folge der Chronologie der Ereignisse. Das finde ich sehr wichtig. Die Zeit ist ein Faktor, den wir permanent unterschätzen. Besonders interessiert mich die Parallelität. Es können drei Sachen an einem Tag passiert sein. Für uns ist das normal geworden. In der Vergangenheit war die Kommunikation nicht so schnell. Wenn etwas in Berlin passiert ist und gleichzeitig etwas in Bremen, konnten die Menschen es nur aus der Zeitung oder dem Radio erfahren haben, nicht aber sofort. Die großen historischen Brüche: Was bedeutet eine Vorkriegssituation? Der Beginn eines Krieges? Die ersten zwei oder drei Wochen eines Krieges? Wenn wir das chronologisch erzählen, spürt man den beteiligten Menschen durch die Akte, wir können den Wechsel von Haltungen, von Meinungen besser nachvollziehen, wenn wir mit der Zeit gehen.

Man kann aber auch anders montieren, zum Beispiel einen Zeitrückblick durch einen Insert (Einfügung) einbauen: Wir gehen in der Zeit zurück, um zu zeigen, warum etwas passierte, damit die Zuhörer*innen eine zusätzliche Information erhalten.

Wie werden die Quellen montiert und geschnitten? Was ist erlaubt, was nicht?
Wir wollen die Akten so wenig wie möglich verändern oder schneiden. Auch die Komplexität der Sprache soll bestehen bleiben, denn das Publikum kann so Systeme erkennen und weiß, ob es sich um einen eher persönlichen oder doch offiziellen Text handelt. Ich muss die Quellen so montieren, dass sie beim ersten Zuhören gut zu erfassen sind. Sprachlich muss es klar sein, und es muss vor allem auch immer klar sein, wer spricht. Es darf keine Rätsel geben, die Zuhör*innen sind keine Historiker*innen, der Zugang und die Vermittlung sollten beim ersten Zuhören „einfach" sein. Geschieht das nicht, werden die Zuhörer*innen blockieren, sie schalten ab und sind nicht mehr aufnahmebereit, das heißt sie können sich nicht mehr richtig orientieren, und es passiert dann das, was wir im Theater „es ist ja langweilig" nennen. Bei der Montage ist ebenfalls sehr wichtig, dass eine gewisse Spannung zwischen den Aussagen, den Quellen entsteht. Da habe ich viel bei Theaterstücken lernen können: Was macht ein gutes Stück aus, wie entsteht Spannung auf der Bühne? Was lasse ich hintereinander sprechen? Zum Beispiel: Ich kann einen Tagebuchauszug lesen, daneben setze ich einen Zeitungsartikel. Das eine ist eine Ich-Erzählung, das andere die beschreibende Haltung einer Journalistin oder eines Journalisten. So spürt das Publikum, das klingt ähnlich, aber es ist nicht gleich. Tagebucherzähler*innen schreiben emotionalisiert, Zeitungserzähler*innen beschreiben den gleichen Vorgang neutraler, unpersönlicher und arbeiten mit Fakten. Durch den Zeitungsartikel erhalten die Zuhörer*innen zusätzlich noch Informationen über die Zeit oder über andere Akteur*innen.

Die Art des Montierens, des Schneidens ist abgeleitet vom Aufbau, von der Struktur von Theaterstücken. Wir haben in den meisten Lesungen einen Aufbau, der das Publikum vom Großen zum Kleinen führt. Das bedeutet, wir geben den Zuhörer*innen zu Beginn einen möglichst breiten Überblick über den Zeitraum, sodass sie ein Bild von der Zeit und den Umständen bekommen. Dann gehen wir in eine immer kleiner werdende Welt zu einzelnen Personen, zu einzelnen Schicksalen, an die sich das Publikum hängen kann und die es durch die Lesung begleiten. Als Zuhörender identifiziere ich mich leichter mit Personen und möchte wissen und verfolgen, was mit ihnen passiert und was einer einzelnen Person zustößt. Und so kommen wir vom Großen der Geschichte zu der Geschichte des Individuums. In der kleinen Geschichte liegt die große Geschichte.

Manchmal, wie in der Lesung *Geflüchtet, unerwünscht, abgeschoben. „Lästige Ausländer" in der Weimarer Republik*, sind es auch verschiedene kurze Fallgeschichten, zum Beispiel das Gesuch von Chaim Jasan an den Bremer Senat, ihn und seine Familie nicht auszuweisen.³

Abb. 9: *Peter Lüchinger, Petra-Janina Schultz, Markus Seuss und Michael Meyer* in der Premiere der Inszenierung *Geflüchtet, unerwünscht, abgeschoben. "Lästige Ausländer" in der Weimarer Republik*, Bremen 2016

Wir fügen keine Kommentare in die Lesung ein. Wir versuchen, die Akten nicht zu verändern, aber wir müssen schneiden, das heißt wir kürzen die Quellen. Auch die Komplexität, die Eigenartigkeit der Sprachen sollen bestehen bleiben, denn oft können wir in der Sprache auch Systeme entdecken, zum Beispiel ist die Sprache in einem Tagebuch anders als die Sprache in einem Schreiben von Beamten.

Ein Geheimnis von Shakespeare ist, dass er allen Figuren immer die Möglichkeit und den Raum gibt, sich und das Handeln zu erklären. So kann das Publikum die verschiedensten Motive von Handelnden erfahren, ob Mörder oder Liebender, es wird immer in die Welt miteinbezogen. Auch bei einer szenischen Lesung muss man jeder Figur die Möglichkeit und den Raum geben, dass wir nachvollziehen können, warum sie so handelt. Auch ein Nationalsozialist, der

---

3 Kurzfassung und Trailer stehen auf YouTube: https://www.youtube.com/watch?v=QjaViRorBoI (3.8.2020) und https://www.youtube.com/watch?v=cnryn2jtadE (3.8.2020). Zwei DVD-Videos mit kompletter Aufzeichnung, Kurzfassung und Trailer in deutscher und englischer Sprache sind 2018 erschienen.

grausame Handlungen vollzogen hat, muss den Raum erhalten, dass wir nachvollziehen können, warum er sie gemacht hat, warum er zum Täter wurde.

Ohne Vorurteil an das Material gehen, kann unangenehm und sehr schockierend sein, aber ich meine, dass es trotzdem in einer Lesung vorkommen sollte. Oft erschrecke ich beim Lesen der Quellen, zu was Menschen fähig sind, und dass diese – als Täter oder als Opfer – auch noch in Worte fassen, was passiert ist.

Sobald ich die erste Lesefassung erstellt habe, erhalten die Schauspieler*innen den Text und wir lesen ihn gemeinsam einmal laut. Danach stelle ich die Frage: Was habt ihr verstanden und was nicht? An welchen Stellen wird es zu kompliziert, zu verwirrend? Die beteiligten Schauspieler*innen sind somit die ersten Zuhörer*innen. Wenn sie es beim ersten Lesen nicht erfassen, nicht folgen können, wird es wahrscheinlich auch dem Publikum so ergehen. Ich muss an der Fassung weiter arbeiten, Zusammenhänge müssen deutlicher werden, Überflüssiges gestrichen werden. Und dieser Prozess beansprucht nochmals sehr viel Zeit. Je genauer und „leichter" die Lesefassung ist, umso einfacher kann das Publikum in den Stoff einsteigen.

Mit welchen Mitteln wird Geschichte – neben der Stimme – erzählt? Warum werden diese Medien genutzt?
Wir nennen es im Untertitel eine szenische Lesung, damit klar ersichtlich ist, wir lesen etwas. Das, was wir vortragen, ist aufgeschrieben worden. Das ist ein großer Unterschied zum Theater. Theater ist fiktiv. Szenisch heißt, dass es in einem Raum stattfindet. Es ist kein Vortrag, der Raum hat einen gewissen Einfluss auf den Text. Zum Beispiel: Ein historischer Raum hat eine gewisse Ausstrahlung. Im Theater ist es ein Raum, der eine Projektion, eine Neutralität aufweist, sodass eigene Bilder im Kopf beim Zuhören entstehen. Beispiel: Wenn wir das Wort „Konzentrationslager" lesen, entsteht bei den Zuhörer*innen ein Bild. Dieses Bild muss sich im Kopf neu formen können, sonst bleiben wir immer in den gleichen Bildern hängen. Deswegen ist es gut, wenn wir eine freie Fläche, einen Raum haben, sodass wir ein Wort vielleicht anders, neu definieren können, wenn wir es hören. Wenn wir „Konzentrationslager Auschwitz" hören, haben wir meistens viele klare Bilder vor uns. Wir wollen aber nicht diese Bilder erzählen, sondern die Geschichte der Menschen, die zu diesen Bildern geführt hat. Das können wir nur erreichen, wenn wir ihnen einen neutralen Raum zur Verfügung stellen, um das Handeln und das Erlebte dieser Menschen erlebbar und fühlbar zu machen. Sonst wird es ein historischer Vortrag. Ich glaube, dass diese Form eine Kraft entwickeln kann, weil wir ein großes Vorbild haben. Das ist ein Shakespare. Seine Stücke sind oft im „leeren" Raum, das heißt die Worte kreieren Räume. Eine Figur kommt auf die Bühne und sagt: „Ich habe mich im Wald verirrt." – und die Zuhörer*innen teilen mit der Figur den Raum. Es braucht dazu keinen nachgebildeten Wald auf der

Bühne. Oder: *Romeo und Julia* spielt in Verona. Kein Mensch aus London war damals in Verona, aber die Zuschauer*innen glaubten durch die Schauspielkunst, dass das Leben in Verona so stattgefunden haben könnte. Bei der szenischen Lesung ist es ähnlich, und vielleicht auch noch spannender, weil die Zuschauer*innen wissen, dass die „Akte" tatsächlich stattgefunden hat. Ein Bild oder Projektionen von Bildern sind flächig, man kann nicht reingucken. Aber wenn ich jemand ohne Bild sprechen höre, kann ich mit ihm in ein Bild eintreten. Wir, die Schauspieler*innen, geben den Figuren, den Menschen aus den Akten Stimmen. Die Stimme ist ein sehr starkes und feinfühliges Transportmittel. Die Stimme kann neben der Information auch Emotionen transportieren. Was wir aber nicht machen: Wir gehen mit unserer Stimme nicht in Emotionen, in Gefühlsausbrüche wie beim Theaterspielen. Wir emotionalisieren die Stimmen auf eine maßvolle Weise. Wir stehen mit unserer Stimme hinter der Figur, wir verkörpern sie nicht mit all unserem gestischen Material. Wenn ich Hamlet spiele, dann bin ich Hamlet. Bei unseren Lesungen bin ich niemals diese Figur, sie steht, wie schon gesagt, vor mir. Diesen Weg versuchen wir mit unserer Umsetzung der Lesungen zu gehen, und das Publikum scheint sich auf diese Darstellungsweise einlassen zu können. Wir meinen, wenn eine Lesung spannend, einfühlsam, klar und emotional ist, dann können die Zuschauer*innen zum Vorgetragenen ihre eigenen Urteile und Haltungen entwickeln, sie „müssen" sich auf eine Weise politisch verhalten.

Ein wichtiger Bestandteil der Aufführungen sind die Begleitbände. Da die Lesungen zeitlich begrenzt (ca. zwei Stunden) sind, ist es nicht möglich, alle Themen, alle Akten einzubauen. Auch kann die Lesung keine wissenschaftlichen Ergänzungen et cetera anbieten. Die Begleitbände können viel zusätzliches Material den interessierten, den fragenden Zuschauer*innen auf den Weg geben.

Beim Start des Projektes war uns klar, dass wir mit der Lesung *Grund der Ausweisung: „Lästiger Ausländer". Ausweisungen aus Bremen in den 1920er Jahren* nicht unbedingt auf eine Theaterbühne müssen. Wir befürchteten, dass die Lesungen zu theatral würden, wir hatten ja noch keine Erfahrung mit dem Format. Wir haben nach historischen Orten gesucht. Das Landgericht Bremen ist über 100 Jahre alt und der Schwurgerichtssaal wurde in seinem ursprünglichen Zustand belassen. In ihm haben rund 100 Personen Platz. Durch glückliche Umstände konnten wir die ersten Lesungen in diesem Raum machen, was natürlich für die Zuschauer*innen ein spannender Ort ist. Man geht ins Gericht nicht zu einer Verhandlung, sondern zu einer Lesung über etwas Vergangenes. Wir konnten das Richterzimmer als Umkleideraum, für Auf- und Abgang benutzen. 2008 führten wir diese Lesung im Plenarsaal des Berliner Oberverwaltungsgerichts auf. Wir haben im Laufe der Zeit auch noch andere Orte gefunden, die immer in Korrespondenz mit den Akten standen, zum Beispiel auch das „Haus des Reichs" als Sitz der amerikanischen Militärregierung. Erst für die Lesung *Eine*

Abb. 10: Cover der Begleitbände 2007–2018

Stadt im Krieg. Bremen 1914–1918 haben wir entschieden, sie im Theater stattfinden zu lassen. Es wurde immer schwieriger, Orte zu finden, der finanzielle und technische Aufwand wurde auch immer größer. Durch die langjährige Erfahrung mit den Lesungen an verschiedenen Orten wagten wir es, auf die Bühne zu gehen, die anfänglichen Befürchtungen haben sich nicht eingestellt. Nach sechs Jahren haben wir uns 2013 das erste Mal auf die Bühne getraut.

Wir haben auch schon Gastspiele an historischen Orten gegeben, so zum Beispiel in der Mahn-und Gedenkstätte Ravensbrück. An diesem Ort zu lesen, war eine sehr intensive Erfahrung. Die Sprache entwickelt noch eine zusätzliche Kraft. Die Sprache wird gnadenlos ehrlich; hier ist es geschehen und nun sprechen die Stimmen wieder an diesem Ort. Man kann nicht mehr ausweichen, die Worte erzählen eine Wahrheit, der man nicht entkommen kann. Du wirst zum Zeugen und Du kannst nicht handeln und diese Spannung kann ganz schön erschüttern. Das Publikum kennt den Verlauf der Geschichte, die Stimmen aus der Akte nicht und das macht es für die Zuschauer*innen wie für uns Lesende zu einem intensiven Erlebnis. Aber es wäre nicht gut, wenn wir nur an solchen Orten lesen würden. Die Geschichten müssen an verschiedenen Orten erzählt werden und sie müssen auch dort stattfinden, wo ein breites Publikum vorhanden ist.

Zur Bühne: Wir entwerfen einen einfachen Raum, meistens mit Tischen, Wänden und ganz wenigen Requisiten. Der Raum soll helfen, sich von der Gegenwart zu befreien. Das gleiche machen wir mit den Kostümen. Diese müssen nicht genau zu den Zeiten passen, aber sie sollen transportieren, dass das Vorgetragene nicht in der Gegenwart stattgefunden hat. Beim Vortragen sitzen oder stehen wir, benutzen den freien Raum oder Tische oder Notenständer. Die Schauspieler*innen interagieren nicht wie im Theater. Es soll immer klar ersichtlich sein, dass wir lesen, dass die Texte nicht fiktiv sind

Ein Beispiel für eine solche Umsetzung ist die Lesung *Von Eis gebissen, im Eis vergraben. Geschichten aus der Polarforschung.* Mit welchem Mittel stellen wir dar, dass drei Menschen, drei Forscher in der Arktis auf engstem Raum bei minus zehn Grad und weniger leben? Wie ziehen wir sie an? Der Schauspieler kann nicht eine halbe Stunde in einem Fellkostüm lesen, das ist viel zu warm. Wir sind dann auf die Idee gekommen, dass Gegenteil zu versuchen. Statt sie in dicke Mäntel zu hüllen, lassen wir alle Kleider weg, die drei Forscher, die Schauspieler sind nur mit weißen Unterwäschen angezogen.

Wenn nun die Worte minus 40 Grad fallen, kann man sich vielleicht vorstellen, was es heißt, zu frieren. Die Verletzlichkeit, die Gefährdung der Beteiligten ist erlebbar gemacht. Und auch in dieser Lesung hatten die Schauspieler keine Interaktion. Sie sitzen auf engstem Raum zusammen, jeder mit seinem Text aus dem Tagebuch. Sie beschreiben in ihren Tagebüchern die Alltagshandlungen, aber die Spieler setzen sie nicht um, sie geben nur dem Wort den Raum.

Emotionen sind wichtig im Theater. Inwiefern helfen sie bei der Darstellung von Wissenschaft? Gibt es Grenzen?
Schwierige Frage. Das Theater lebt von und durch die emotionale Darstellung, aber auch durch Geschichten, die erlebte Emotionen erzählen, das heißt jede Geschichte ist mit Emotionen angefüllt, es gibt keine neutralen Geschichten und somit auch keine emotionslose Wissenschaft. Sicherlich werden einige Historiker*innen mit mir nicht einverstanden sein, aber ich meine, dass jede Handlung von Menschen einer Emotion entspringt oder zu einer Emotion führt. Eine emotionale Darstellung in Maßen kann auch der Wissenschaft helfen, die Historie zugänglicher zu machen. Grenzen gibt es sicher, die stimmliche Darstellung der Personen sollte diese nicht denunzieren.

Abb. 11: Michael Meyer, Peter Lüchinger und Markus Seuss (von links) in der Inszenierung *Vom Eis gebissen, im Eis vergraben. Geschichten aus der Polarforschung*, Bremen 2018

Wie wichtig sind gegenwärtige oder universelle Gefühle als Anknüpfungspunkte für das Publikum? Braucht es Momente, um sich mit einer Figur zu identifizieren?
Es ist die Mischung zwischen Information und einer leicht emotionalisierten Sprache. Der Inhalt der Lesung ist meistens durch die Beschreibung der Schicksale von Grund auf schon emotional, aber ich darf als Schauspieler die beschriebenen Emotionen, die beschriebenen Gefühle nicht zu sehr interpretieren, ich muss dem Wort einen Raum lassen, der den Zuhörer*innen einen Zugang verschafft und ihrer Interpretation auch noch Raum lässt. Was wir als Schauspieler*innen sicher gut können: in Texten auf Spurensuche nach Emotionen zu gehen; das ist das tägliche Brot der Probearbeit. Jeder Text trägt unendliche viele verborgene Emotionen in sich und wenn es mir gelingt, den Text frisch, offen und gegenwärtig vorzutragen, werden die Zuschauer*innen notgedrungen partizipieren.

Warum historische Quellen und kein Drama in einem historischen Setting?
Das setzt etwas voraus. Ein Drama zu schreiben ist sehr, sehr schwierig, man würde vielleicht gerne wollen, aber ein gutes Theaterstück zu schreiben, das muss man können. Sicherlich, in allen Lesungen, die wir gemacht haben, liegt Stoff für eine Dramatisierung, und ich habe mich auch immer wieder mit dem Gedanken beschäftigt. Aber ich bin immer noch überzeugt, mit einer Lesung lässt sich die

gleiche Kraft entwickeln wie mit einem Drama. Eine Idee begleitet uns: über Figuren ein Theaterstück zu machen, über die nur geringes Aktenmaterial vorhanden ist.

Abb. 12: Markus Seuss, Peter Lüchinger, Petra-Janina Schultz, Erik Roßbander und Michael Meyer (von links) in der Inszenierung *Prunk & Pleite einer Unternehmerdynastie. Der Konkurs der Nordwolle und die Bankenkrise 1931*, Bremen 2015

Zum Beispiel sind wir bei der Lesung *Prunk & Pleite einer Unternehmerdynastie. Der Konkurs der Nordwolle und die Bankenkrise 1931* auf den sehr interessanten Betriebsdirektor der Firma Lahusen gestoßen, der seine Tochter mit dem Chefadjutanten Hitlers verheiratet hat, und der nach dem Konkurs in Berlin, im Zweiten Weltkrieg auch in Prag Karriere gemacht hat. In seinem Bericht charakterisierte der amerikanische Investigator in München ihn zutreffend: Interessant sei, dass er scheinbar nur einfacher Parteigenosse gewesen war. Wir haben einige wenige Anhaltspunkte, mehr nicht. So könnten wir diese wenigen Punkten zu einer Geschichte vergrößern, wir könnten fiktive Begegnungen behaupten, wir könnten dadurch die Konflikte verschärfen oder auch steuern. Aber, wie schon gesagt, ein Drama braucht gute Schreiber*innen. Ein Drama besteht aus Dialogen und solche zu schreiben ist eine Kunst und erfordert auch viel Zeit. Sicherlich könnten wir aus unserem gesammelten Recherchematerial etliche Geschichten rausschälen, aber das wird wohl erst in einem weiteren, zweiten Leben passieren.

Welche Quellen funktionieren auf der Bühne? Und welche nicht?
Es gibt sehr umfangreiche Quellen, seitenlange Texte, und ich weiß, dass ich höchsten eine Seite benutzen kann. So muss ich herausfinden, was ist das Wichtigste an diesem Dokument, kann ich es so schneiden oder kürzen, dass es noch eine Aussagekraft hat, oder wird die Quelle durch den Eingriff so verstümmelt, dass es besser ist, ganz auf sie zu verzichten? Ein anderes Problem ist die Sprache: Wenn diese zu kompliziert ist oder mit so vielen Fachwörtern gespickt, dass man sie nicht mehr verstehen kann, dann muss man irgendwie einen Umweg gehen. Oftmals ist die Sprache der Gerichte sehr komplex, halt Juristendeutsch. In so einem Falle ist es meistens gut, nicht die Texte der Verhandlung zu nehmen, sondern Presseberichte über die Verhandlung, in denen diese nacherzählt wird.[4] Aber generell gibt es keine Ausschlusskriterien für jegliche Art von Quellen.

Welche Rolle spielt Multiperspektivität?
Haben wir mehrere Quellen zu einem Ereignis – einen Zeitungsbericht, eine staatliche Verlautbarung, eine Verordnung oder Gesetzesänderungen – dann können wir in einer Gegenüberstellung der Dokumente verschiedene Standpunkte darstellen. Für das Publikum kann es sehr aufschlussreich sein, über verschiedene Beschreibungen eine Haltung entwickeln zu können. Für die Lesung *Eine Stadt im Krieg. Bremen 1914–1918*[5] hatten wir zwei interessante Quellen: den

---

4 Für die Lesung „*Wußten Sie, daß Ihre Tochter Herrenverkehr hatte?*" Der Fall Kolomak (2010) haben wir den Prozess gegen Elisabeth Kolomak vor allem aus der Berliner Presse rekonstruiert. Die Akten zu dem Verfahren sind nicht im Staatsarchiv Bremen überliefert, auch im Landgericht Bremen wurden sie nicht gefunden.
5 Eine Kurzfassung und der Trailer von *Eine Stadt im Krieg* sind auf YouTube zu finden: https://www.youtube.com/watch?v=CdoblZhXwl4 (3.8.2020) und https://www.youtube.com/watch?v=SR9wAFaBPEA (3.8.2020).

Briefwechsel des Ehepaares Pöhland aus dem sozialdemokratischen, proletarischen Milieu, er an der Front, sie zu Hause in Bremen.

Abb. 13: Markus Seuss und Petra-Janina Schultz in der Inszenierung *Eine Stadt im Krieg. Bremen 1914–1918*, Bremen 2013

Die Briefe von Anna und Robert Pöhland sind sprachlich sehr gut; sie enthalten/ öffnen einen intensiven Austausch über den Alltag, über die Kinder, über Gräuel des Krieges, über Ängste und Hoffnungen. Die andere Quelle war das „Kriegstagebuch" einer bürgerlichen Apothekerfrau aus Walle, das wir durch unseren Aufruf in der Presse von der Enkelin erhalten haben. Wilhelmine Buchholtz schreibt ihr Tagebuch während der ganzen Kriegszeit. Auch sie beschreibt die alltäglichen Sorgen, aber auch ihre große Hoffnung auf den Kaiser, auf die deutschen Soldaten und auf Deutschland, das den Krieg natürlich gewinnen wird. Sie ist eine glühende Verehrerin des Kaisers und sie kann sich bis zum Schluss eine Niederlage, eine Kapitulation nicht vorstellen. Diese beiden Erzählstränge machten die Lesung äußerst aufregend, und sie vermittelten einen guten Einblick, in welche Zustände ein Krieg Menschen führen kann. Multiperspektiven mit solchen Quellen machen eine Lesung natürlich sehr lebendig, und es fällt leicht, in solche Perspektiven noch zusätzliche Quellen einzubauen.

Wieviel muss man dem Publikum erklären? Und in welcher Form kann man das machen?
Wir kennen das Publikum nicht, jedes Publikum ist eine einzigartige, einmalige Zusammensetzung. Ein wichtiger Punkt ist das klare und deutliche Vortragen des Textes, sodass man die Quellen gut verstehen kann; dann sollte alles im Raum nach einer gewissen Logik arrangiert werden, sodass man nicht lange rätseln muss, wer spricht, wer ist wer. Nochmal zurück zu dem Erklären: Die zusammengestellten Texte sollen Fragen aufwerfen, sollen Standpunkte eröffnen, sollen möglichst vielfältig sein, aber sie sollen nicht versuchen, dem Publikum etwas zu erklären oder gar zu behaupten, Antworten auf die aufgeworfenen Fragen zu geben. Auch wenn wir in der Gegenwart ein größeres Wissen über das Vergangene haben, so dürfen diese beiden Zeiten nicht miteinander vermischt werden. Anders ist es, wenn wir Quellen vorfinden, in denen nach Erklärungen gesucht wird oder Analysen der Zeit vorgenommen werden. Ich glaube, je präziser die Lesung ist, je mehr Stimmen wir zum Sprechen bringen, umso besser können sich die Zuhörer*innen ein Bild vom Vergangenen machen und umso leichter können sie Zugang zu Antworten finden.

In die Lesung *Keine Zuflucht. Nirgends – Die Konferenz von Évian und die Fahrt der St. Louis* habe ich zum Abschluss einen Bericht über den aktuellen Forschungsstand der deportierten und ermordeten Passagiere der St. Louis eingebaut, bevor wir Namen und Alter der Kinder vortragen.

Aber auch diese Quelle ist im Grunde eine historische. Für mich ist alles, was in der Vergangenheit stattgefunden hat, ob 100 Jahre alt oder nur eine Stunde, eine historische Quelle. Die Zeit schreitet auch während der Lesung vorwärts und so wird auch die Lesung sozusagen zu einer historischen Quelle. Es kann keinen Abschluss, kein Ende geben.

Eine Schwierigkeit beim Zusammenstellen der Text entsteht, wenn Begriffe vorkommen, die heute nicht mehr so richtig bekannt sind, zum Beispiel Spruchkammerverfahren oder Wiedergutmachungsakte. Wir können solche Verfahren nicht detailliert erklären, aber wir versuchen, mit einem Fallbeispiel die Zuhörer*innen in die Materie einzuführen. Ausführliche Informationen und Quellen finden sie in dem Begleitband.

Eine schöne Begleiterscheinung und ein wichtiges Ergebnis von *Aus den Akten...* ist, dass uns Besucher*innen oft erzählen, Art und Form der Lesungen habe sie animiert, sich selber auf Spurensuche zu begeben und Quellen über die eigene Familie zu suchen. Sie stellen auch fest, dass sie viele Bilder oder Informationen über die Vergangenheit aus privater Umgebung korrigieren, ergänzen oder mindestens hinterfragen und überprüfen wollen. Die Lesungen ermutigen sie, sich mit der eigenen Vergangenheit der Familie auseinanderzusetzen.

Abb. 14: Michael Meyer, Peter Lüchinger, Erika Spalke und Simon Elias (von links) in der Inszenierung *Keine Zuflucht. Nirgends – Die Konferenz von Évian und die Fahrt der St. Louis*, Bremen 2019

Wieviel Freiheit haben die Schauspieler*innen bei der Anlage ihrer Figuren? Müssen sie historisch versiert sein?
Es ist kein „Muss", historisch versiert zu sein. Natürlich können und sollen sie alles zum Thema lesen, was sie wollen. Sie müssen „nur" neugierig sein und offen für die Menschen und die Lesefassung. Ich muss als Schauspieler auch kein Shakespeare-Forscher sein, um Shakespeare spielen zu können. Um eine Rolle gut spielen zu können, muss ich den*die Autor*in nicht kennen, aber es schadet nicht, wenn ich die Umstände der Entstehung des Werkes kenne. Entscheidend ist immer nur die Art des Vortragens und des Spielens. Gelingt es uns mit unseren Mitteln, das Publikum zu fassen, zu packen? Natürlich wollen wir mit unserer Darstellung etwas bewirken, wir wollen etwas in Gang setzen, wir wollen die Türen öffnen für Geschichten, die sonst nicht zum Vorschein kommen oder nur in abgeschlossener Form wie in Büchern und wissenschaftlichen Arbeiten.

Hat sich das Verständnis von historischen Prozessen und Quellen bei den Schauspieler*innen seit 2007 verändert?
Ja, wenn ich für mich spreche, auf jeden Fall. Ich habe durch die Beschäftigung mit den Quellen ein sehr großes Wissen über die Geschichte und Geschichten angehäuft. Da die meisten Lesungen sich mit Bremer Geschichte beschäftigen oder ihren Ausgangspunkt in Bremen haben, kann ich durch die Arbeit mit den Quellen zu verschiedenen Themen immer mehr über die Stadt und deren Geschichte lernen und erfahren. Viele Geschichten, Akteur*innen, Protagonist*innen verknüpfen sich zu einem großen Ganzen. Ich kann die Quellen auch leichter verstehen und sie werden auch zugänglicher, weil ich mit jeder Lesung einen besseren Wissensstand erreiche. Was die lesenden Schauspieler*innen betrifft, auch sie haben im Laufe der (zehn bis zwölf) Jahre sicherlich ein anderes, vertieftes Verständnis für historische Prozesse bekommen. Für jede Lesung müssen sie sich mit anderen Charakteren, mit neuen Begebenheiten beschäftigen, sie müssen sich auf die Umstände der Zeit einlassen, so werden sie auch ein bisschen zu Zeug*innen der Zeit. Es ist für uns ein großes Glück, dass wir seit Beginn der Reihe *Aus den Akten auf die Bühne* jedes Jahr mindestens die Premiere einer neuen Lesung geschafft haben und dass alle Lesungen vom Publikum sehr gut angenommen werden, das heißt jede Lesung kommt mindestens auf acht Aufführungen und wird von mindestens 600 Zuschauer*innen gehört.

Geschichte wird immer aus der Gegenwart heraus erzählt. Das heißt, dass wir mit unserem heutigen Erkenntnisinteresse, mit unseren heutigen Fragen auf die Geschichte blicken. Wieviel Gegenwart steckt in einer Inszenierung?
Die Gegenwart ist schon bei der Auswahl des Themas, des Stoffes für die Lesung beteiligt. Wenn wir einen Forschungsanlass finden, der noch viele Fragen aufwirft, ist es notgedrungen eine gegenwärtige Fragestellung. Ich denke, je neugieriger und offener wir uns auf die Spurensuche begeben, desto aktueller werden die Lesungen. Wir brauchen ja Fragen, um auf die Suche zu gehen, und die Fragen stellen wir aus einer gegenwärtigen Position, und die Antworten können wir nur in den Quellen finden. Sicherlich sind diese Fragen von uns Beteiligten geprägt, aber ich vermute, dass jede historische Forschung von einer von der Gegenwart geprägten, „persönlichen" Fragestellung ausgeht. So kann es eigentlich auch keine objektive Sicht auf Geschichte geben, es liegt immer ein subjektiver, persönlicher Ausgangspunkt zu Grunde. Wenn jemand das Gegenteil vertritt, dem würde ich als Schauspieler entgegnen müssen, dass seine Position nicht von einer großen Intelligenz zeuge.

Unterm Strich: Sehen wir auf der Bühne eher Wissenschaft oder eher Kunst?
Wir sehen und hören Geschichte und Geschichten. Ob das mehr mit Wissenschaft oder Kunst zu tun hat, ist nicht so entscheidend. Wichtiger ist, dass wir auf der Bühne die Möglichkeit haben, Geschehnisse aus der Zeit zu holen und in eine andere Zeit setzen zu können, kurz dass Vergangenes in der Gegenwart eine Stimme erhält. Ich denke, dass die Zuordnung nicht so wichtig ist. Es geht doch viel mehr darum, mit den Mitteln des Theaters Zugang zur Geschichte zu finden. Unsere Art des Vortrages ist wahrscheinlich näher an der Wissenschaft als andere Produktionen wie filmische Dokudramen, in denen mit einem historischen Setting eine vermeintliche Authentizität erzeugt wird. Wir wollen nicht bewerten, im Gegensatz zu Filmen, die das durch die Präsentation von Bildern ständig tun. Bei einer filmischen Umsetzung habe ich immer das Problem, welche Quellen mir zur Verfügung stehen. Es liegen ja nicht überall solche filmischen Dokumente herum. Somit kann der Dokufilm selten verschiedene Standpunkte einnehmen, er ist viel stärker abhängig vom Quellenmaterial.

Wie hat sich dein Blick auf „sprechende Akten" verändert?
Es gibt zwei Aspekte, die mich sicher im Laufe dieser zwölf Jahre beeinflusst und auch verändert haben. Als mich Eva Schöck-Quinteros im Januar 2007 fragte, ob ich mir eine Beteiligung an dem Projekt *Aus den Akten auf die Bühne* vorstellen könne, war für mich Geschichtswissenschaft eine Forschung, die an der Universität stattfindet, und die Resultate dieser Forschungen bleiben sozusagen verschlossen im Kreise der Wissenschaft. Wenn's gut läuft, dann werden Geschichtsbücher im Feuilleton als spannend beschrieben, aber selten nimmt man es auf sich, die Bücher auch gründlich zu lesen, es bleibt im Grunde genommen Fachliteratur. So war auch mein Wissen über die Vergangenheit, ich verfügte über ein gutes Basiswissen, ich habe, so wie viele Menschen, gewisse Standpunkte und Haltungen zu Ereignissen entwickelt – aber mehr auch nicht. Als Schauspieler*in ist man ständig mit Geschichte konfrontiert, weil wir uns in die Entstehungsgeschichte eines Stückes einlesen oder durch das Stück mit einem historischen Ereignis auseinandersetzen müssen. Aber aktiv werden wir erst in der Recherche, wenn sie durch die künstlerische Herausforderung erbracht werden soll oder muss.

Durch das Projekt *Aus den Akten auf die Bühne* habe ich auf einmal einen ganz anderen Zugang zu den Quellen erhalten. Meist liegen sie wie ein großer spannender Teppich vor mir und ich darf mich nach und nach in diese Welt einlesen. Je mehr ich davon lesen kann, desto spannender und facettenreicher wird die Geschichte. Im Laufe der Jahre spüre ich in den Quellen auch immer mehr Zusammenhänge auf. Dadurch kann ich auch Fragen an die Quellen stellen. Mich interessiert am meisten die Motivation der Handelnden für ihre Taten. Warum oder was treibt einen einzelnen oder eine Gruppe oder wie verleitet eine Ideologie zu Handlungen, in politischer oder in persönlicher Weise, die größer sind als meine Vorstellungskraft? Ich werde Zeuge von durch diese Handlungen ausgelösten und damit verbundenen Leiden, von Qualen und Vernichtungen. Es ist viel einfacher, über Geschichte zu sprechen, wenn sie auf eine Weise abgeschlossen ist, wie zum Beispiel die Geschichte über die Vernichtungslager. Aber wenn ich in der Gegenwart diese Quellen so lesen kann, als ob sie noch Teil der Gegenwart sind, dann werde ich an Welten herangeführt, die ich mitteilen oder mindestens teilen will.

Und das ist wahrscheinlich auch die treibende Kraft vom Projekt *Aus den Akten auf die Bühne* – Geschichte und Geschichten dürfen nicht abgeschlossen werden, indem man sie beurteilt, man kann oder sollte sie immer wieder erzählen und öffentlich machen. Beim Beginn des Projektes hatte ich keine Vorstellung, wie die Reise sein wird und wo sie hinführt. Nach über zwölf Jahren kann ich sagen, die große Anstrengung von allen Beteiligten, immer wieder neue Themen aufzugreifen und zu erforschen, hat sich in der Weise gelohnt, dass wir vielen Schicksalen eine Stimme verleihen konnten und damit das Vergessen vielleicht ein bisschen unterbunden haben. Dabei geht es nicht um die Wichtigkeit der Geschichten, die wir auf die Bühne bringen. Jede*r einzelne, ob Täter oder Opfer, sollte nicht vergessen werden.

„Wir schaffen durch die Zusammenarbeit eine Mehrdimensionalität."

Gespräch mit Wolfgang G. Schmidt von der *Theaterwerkstatt Heidelberg*

Wolfgang G. Schmidt ist Gründer und Leiter der *Theaterwerkstatt Heidelberg*. Zusammen mit seinem Team und in Kooperation mit der Universität Heidelberg hat er 2016 eine der beiden Inszenierungen *Geflüchtet, unerwünscht, abgeschoben* entwickelt und als Regisseur begleitet.[1]

Wie ist es zu dem Projekt gekommen? Warum hat euch ein historisches Thema interessiert?
Historische Themen mit theatralen Formen zu be- und verhandeln ist uns nicht fremd. Wir haben in den 1990er Jahren das Museumstheater entwickelt und mit vielen Museen kooperiert. Mit der Stadt Waldshut beispielsweise inszenieren wir regelmäßig historische Themen. Es kommt unserem Ensemble und unserer Autor*innenwerkstatt zugute, dass wir zugleich auch Theaterpädagog*innen ausbilden und somit die gesamte Bandbreite des Theaters von der Stückentwicklung bis zur Aufführung ausschöpfen können. Mit *Geflüchtet, unerwünscht, abgeschoben* hatten wir uns vorgenommen, mit dem Genre „Dokumentarisches Theater" zu arbeiten, weil für uns zum einen die Thematik höchst interessant und aktuell war und zum anderen die Partnerin – die Universität Heidelberg – zusammen mit dem Innovationsfonds Kunst Baden-Württemberg eine kreative Herausforderung bot. Theater hat die wunderbare Möglichkeit, alle Themen verhandeln und behandeln zu können. Wir wollen nicht bei den alten Stoffen stehen bleiben, sondern visionär denken, und zugleich Themen angehen, die bisher ungesehen waren – Stichwort: Archive.

---

[1] Die szenische Lesung wurde unter dem vollständigen Titel *Geflüchtet, unerwünscht, abgeschoben. „Lästige Ausländer" in der Weimarer Republik* insgesamt sechs Mal zwischen Oktober 2016 und Januar 2017 in der Theaterwerkstatt Heidelberg aufgeführt. Der inhaltliche Schwerpunkt lag auf regionalen Fallbeispielen aus der Republik Baden. Eine Aufführung wurde vollständig aufgezeichnet und ist online abrufbar unter https://www.youtube.com/watch?v=fBFwjhK-qKk (17.7.2020).

https://doi.org/10.1515/9783110661866-010

Wie funktioniert die praktische Zusammenarbeit zwischen Theater und Wissenschaft? Wer hat worauf Einfluss?
Unser Ideal und zugleich gelebte Praxis ist, wenn sich Wissenschaft und Theater ergänzen und ineinandergreifen. In unserem Projekt näherten wir uns anhand eines praktischen Workshops dem Thema, in dem die Studierenden der Uni Heidelberg uns die Quellen vorgestellt haben. Gemeinsam mit dem Theaterteam, einer Autorin, dem Regisseur und den Schauspieler*innen wurden die Quellen gesichtet, Fragen und Ideen der Umsetzung erarbeitet. Es war ein besonders spannender Prozess, das Material sowie die Schwerpunkte und Interpretationen aus fachlicher Sicht vermittelt zu bekommen und unterschiedliche Erzählweisen zu begreifen. Die Expert*innen der Universität haben einen anderen Blick auf die Quellen, ihre Hintergründe und die Einbettung in größere geschichtliche Kontexte. Die Theatermacher*innen hingegen schauen häufig zunächst auf die Wirkung eines Textes und weniger auf den rein sachlichen Inhalt. Dabei spielen die ästhetische Wahrnehmung, Imagination und Möglichkeiten der Verkörperung eines Themas eine genauso große Rolle, wie die rein wissenschaftliche Aussage eines Textes. Auch das Dokumentarische Theater kommt nicht darum herum, einen Text handlungsorientiert und letztendlich dramaturgisch umzusetzen. Deshalb suchen wir im Umgang mit dem Stoff nach unterschiedlichen kreativen Zugängen – eine Spurensuche immer auch nach der authentischen Wirkung zwischen Ein- und Ausdruck. In dem Projekt war der Austausch mit den Studierenden und Dozent*innen sehr wichtig, da sie uns dabei geholfen haben, auch die Grenzen zu erkennen, die das Dokumentarische Theater aus einer wissenschaftlichen Perspektive hat. Unsere praktische Herangehensweise in der Zusammenarbeit mit Wissenschaft ist idealerweise immer bestimmt von einem „Zusammenspiel". Es kommt aber auch genauso gut vor, dass wir einen fertigen „wissenschaftlichen" bzw. quellenbasierten Text erhalten und versuchen, mit unserem Handwerk einfach das Beste daraus zu machen. Es gibt für uns aber nicht immer eine Art Proseminar Geschichte.

Wie arbeitet das Theater mit Zeitzeugnissen? Was wird ausgewählt, geschnitten oder montiert? Was ist erlaubt und was nicht?
Der Ausgangspunkt kann ein Impuls sein, an dem wir andocken. Hier folgen wir der Idee des Schauspielmethodikers Michael Tschechow,[2] der die Frage aufwarf:

---

[2] Nach der Methode des Regisseurs Michael Tschechow sind Konzentrationsübungen für Schauspieler*innen für die Entwicklung ihrer Rolle entscheidend. Diese soll durch bildhaftes Erleben weiterentwickelt werden. Die Schauspieler*innen berücksichtigen dabei während der Szene beziehungsweise des gesamten Stückes die Atmosphäre, die sich im Zusammenspiel des Ensembles zu einem harmonischen Ganzen verbindet. Tschechow, Michael: Werkgeheimnisse der

Warum beginnt die Stückidee nicht mit dem Höhepunkt? Wir müssen nicht auf Seite eins anfangen. So arbeitet auch Babette Steinkrüger, die Autorin und Dramaturgin in unserem Projekt. Sie hat einen dramaturgischen Faden, allerdings immer mit einem offenen Anfang.

In unserem Stück sind wir collagenhaft an die gesammelten Fragmente herangegangen. Wir haben einen Ansatz gewählt, der nicht nur kognitiv war, sondern einen organischen, der durch die Verkörperung der Quellen entstanden ist. In diesem Prozess haben wir immer wieder unsere Auswahl überprüft und haben überlegt, ob sich das dramaturgisch verwerten lässt. Dabei haben wir verschiedene Blickachsen berücksichtigt: das individuelle Erleben in der Vergangenheit, die sogenannten Einzelschicksale auf der einen Seite und das staatliche Handeln, die Gesetze, ihre Ausführung in behördlichem Schriftgut und ihre Bewertung in der zeitgenössischen Presse auf der anderen Seite. Zudem spielten die historischen Entwicklungslinien mit der Radikalisierung der Migrationspolitik, die im Nationalsozialismus ihren „Höhepunkt" erreichte, eine wesentliche Rolle. Alles in allem war es unser Ziel, die Multiperspektivität der Zeitzeugnisse in die Inszenierung zu integrieren – das Für und Wider, das „Groß" gegen „Klein", das „Gut" gegen „Böse", das Reden und das Schweigen, die Geschichte und die Parallelen in der Gegenwart.

Informationen zu historischen Personen, ihren Charakteren, Hoffnungen und Ängsten gehen aus den Quellen gar nicht oder nur kaum hervor. Trotzdem muss daraus eine Rolle gemacht werden, die auf der Bühne den Text verkörpert. Wie funktioniert das?
In einem ersten Schritt stellen wir eine Thematik oder ein Übermotiv fest. Dann beginnt der Prozess der Verkörperung, in dem wir uns in verschiedenen Spielprozessen, Improvisationen und Szenarien persönlich, sozial und ästhetisch mit einer möglichen Rolle auseinandersetzen. Die Rollengestaltung wird auf verschiedenen Ebenen ausgewertet mit dem Ziel, dass die Rolle in ihrer Ganzheit glaubwürdig erscheint. Später werten wir in Spielsituationen aus, ob die Rolle und der*die Rollenträger*in stilistisch die Inhalte, um die es schließlich geht, optimal vermitteln und die Handlung logisch und nachvollziehbar ist. Auch beim Dokumentarischen Theater ist es eine Stilfrage, ob die Darstellung der Rolle von dem*der Schauspieler*in eher distanziert-episch oder hineinversetzend und trotzdem sachlich vermittelt wird. In den Proben ergeben sich zumeist mehrere Variationen, die dann auch unter ästhetischen Aspekten aufgenommen, ergänzt

---

Schauspielkunst. Zürich 1979; Petit, Lenard: Die Cechov-Methode. Handbuch für Schauspieler. Mit einem Vorwort von Frank Betzelt. Leipzig 2014.

Abb. 15: Pressefoto zur Inszenierung *Geflüchtet, unerwünscht, abgeschoben* der *Theaterwerkstatt Heidelberg*, v.l.n.r.: André Uelner, Christoph Kaiser, Sebastian Schwarz, 2016

oder ersetzt werden. Ein ständiger Meinungsaustausch untereinander und mit außenstehenden Betrachter*innen ist dabei wichtig. Deshalb war der gemeinsame Workshop mit den Studierenden sehr lehrreich, da der wissenschaftliche Draufblick verglichen mit der theatral erfahrenen Situation reflektiert wurde und unseren Zugang zum Material erweiterte. Es ging nicht darum zu schauen, wie die Studierenden schauspielerische Übungen umsetzten oder wie wir eine Rolle erschaffen, die dem historischen Vorbild gleicht, sondern darum zu sehen, wie sie als Wissenschaftler*innen auf das gegenwärtige Erlebnis im Umgang mit den Rollen reagierten. Daraus ergab sich eine Fülle von Informationen, die wir im Probenprozess weiterverarbeitet haben.

Welche Quellen funktionieren auf der Bühne und welche nicht?
Für alle, die an der *Theaterwerkstatt Heidelberg* arbeiten, ist die Antwort erst einmal schlicht: alle Quellen haben das Potential zu funktionieren. Alles, was Kreativität weckt, kann bearbeitet werden. Das kann bereits ein Satz sein, ein Ausschnitt aus einem Dokument, ein Fragment, zu dem wir zuerst gegebenenfalls einen collagenhaften Zugang haben, ein Ereignis, dargestellt in einer Zeitungsnachricht, die Beschreibung einer Situation oder auch ein einfacher Sachverhalt. Die Studierenden haben die Dokumente aus den Archiven hervorragend zusammengestellt und nach Themenfeldern geordnet. Diese haben wir wiederum an-

hand einer Schneidetechnik und den Methoden des kreativen Schreibens unter anderem auch nach dramaturgischen Gesichtspunkten zusammengestellt. Die Quellen funktionieren ebenfalls sehr gut, da wir sie Personen, Situationen und Oberthemen zuordnen konnten. Wenn wir beginnen, uns mit sachbezogenen beziehungsweise wissenschaftlichen Themen auseinanderzusetzen, wollen wir uns zu Beginn der Proben nicht einschränken, sondern öffnen. Nur so entsteht ein Prozess des gemeinsamen ästhetischen Forschens. Das heißt für alle Akteur*innen des Ensembles erst einmal, leer zu werden und sich dann mit geschärften Sinnen dem Quellenmaterial zu nähern (siehe dazu auch *Der leere Raum* von Peter Brook[3]). Aus unserer Sicht funktionieren die Quellen am besten, die bereits ausgiebig reflektiert und sorgfältig zusammengestellt sind.

Mit welchen Mitteln wird Geschichte – neben der Stimme – erzählt? Warum werden diese Medien genutzt?
Theater arbeitet mit der Bühne als Raum, erzählt Geschichten durch Stimmungen beziehungsweise Atmosphären mit Licht und mit Kostümen. Für uns gibt es viele Ansätze, eine Geschichte oder Erzählung umzusetzen, und das ist gut so, denn jedes Projekt ist anders. Es wäre nicht richtig zu sagen, wir arbeiten immer mit denselben Methoden. Wir können vom Raum ausgehen, denn die Inszenierung muss in einem bestimmten Raum oder in Räumen funktionieren. Wir können auch von verschiedenen Atmosphären oder Situationen aus beginnen, eine Erzählung zu inszenieren. Oft erzählen Bilder oder Situationen anhand ihrer Stimmungen mehr als tausend Worte. Diesbezüglich bedarf es eines Feingefühls im Umgang mit den Mitteln des Theaters, sodass Sachverhalte und ihre Botschaften nicht verfremdet beziehungsweise verändert werden. Zugleich ist es aber auch zulässig, wirkungsvolle Mittel einzusetzen, die tieferliegende Metamorphosen (Transformationen) sichtbar machen, um die Wahrnehmung des Publikums zu schärfen. Ein weiter Ansatz, Geschichte zu vermitteln, ist, das Ensemble als formgebendes schöpferisches Element einzusetzen. Was gibt das Ensemble her? Was gibt jede*r von uns im Team her? Was bringt er oder sie mit und wie kann daraus ein gemeinsamer Körper, ein gemeinsames Klangbild entstehen? Mit einem gewissen Charakter von Schauspieler*in erreichen wir auch ein entsprechendes kreatives Zusammenspiel des Ensembles und folglich auch unterschiedliche „Kompositionen" von Gestaltungs- und Darstellungsformen.

Die Auswahl hängt dabei immer vom Ziel ab. Und das Ziel wurde uns in unserem Projekt ein Stück weit gegeben. Aufgrund vielschichtiger Botschaften,

---

3 Brook, Peter: Der leere Raum. Berlin 1983. Das englische Original erschien bereits 1968 unter dem Titel „The Empty Space".

die aus den Textvorlagen hervorgingen, haben wir uns auch dafür entschieden, die Ebene der Musik mit einzubinden. Des Weiteren haben wir mit der Ebene der Visualisierung gearbeitet, indem wir die Dokumente und Bilder an die Wand projiziert haben. Auf die Art und Weise sollten unterschiedliche Zugänge und Erzählräume (Erzählebenen) ineinandergreifen.

Ich kann mir auch vorstellen, die eine oder andere Erzählung in einem leeren Raum zu spielen, ohne alles. Übrigens haben wir die ersten Proben zu *Geflüchtet, unerwünscht, abgeschoben* ohne Requisiten und Kulissen begonnen. Dann kommt es jedoch sehr auf das Instrument des*der Schauspieler*in, den Körper, an. Dann zählt der*die Schauspieler*in mit seiner*ihrer Empathie und seiner*ihrer Sprache. Auch kann die reine Konzentration auf die Sprache und Betonung der Stimme ein Mittel sein, um das Publikum zu bannen. Es besteht jedoch häufiger die Gefahr, dass die stimmliche Überbetonung des*der Schauspieler*in nicht authentisch wirkt. Ich bin der Meinung, dass ein zu großer Fokus auf die Tonnation der Sprache vom Stoff und der vermittelnden Authentizität ablenkt und das Spiel des*der Schauspieler*in dadurch eher künstlich wirkt. Ich finde es interessant und spannend, vielschichtige und die Ebenen wechselnde Ausdrucksmittel zu finden, als dass der Inhalt nur auf die Sprache reduziert wird. Aber anders als ein großzügig ausgestattetes Theater, das beispielsweise eine Maschinerie von Techniker*innen, Bühnenbilder*innen und anderen hat, verfolgen wir als nicht subventioniertes Theater einen gezwungenermaßen minimalistischen Ansatz. Mit diesem haben wir uns eine Expertise erarbeitet, die manchmal auch von Vorteil sein kann.

Besonders das Dokumentarische Theater kann aus einem minimalistischen Ansatz Vorteile ziehen, indem es sachlich und wahrhaftig bleibt und den Fokus auf das Wesentliche lenkt. Dabei kann das Dokumentarische Theater ähnlich dem Zeitgeist der Neuen Sachlichkeit im Sinne Berthold Brechts[4] sachlich reflektiert aufklären und zugleich unterhalten, Denkprozesse auslösen, die helfen, zu analysieren, zu begreifen und Handlungen durchschaubarer und nachvollziehbarer wahrzunehmen. Mit den Möglichkeiten des postdramatischen Theaters kann das

---

4 Die Neue Sachlichkeit, die sich in der Literatur nach dem Ersten Weltkrieg herausbildete und die die gesellschaftlichen und technischen Veränderungen der Zeit mit ihren sozialen Folgen und Problemen in den Fokus nahm, hatte starken Einfluss auf das Theater. Das von Bertolt Brecht entwickelte Epische Theater gehört dazu. Es nimmt die Themen der Neuen Sachlichkeit auf und verhandelt sie auf der Bühne. Nicht die emotionale Auseinandersetzung ist für Brecht von Bedeutung, sondern die distanzierte Beobachtung, die er über Verfremdungseffekte und Unterbrechungen konstruiert, und der individuelle Reflexions-, Lern- und Entscheidungsprozess, den das Theater anstoßen möchte. Grimm, Reinhold (Hrsg.): Episches Theater. Köln 1972 (Neue wissenschaftliche Bibliothek 15).

Dokumentarische Theater mit weiteren Stilmitteln oder Erzählweisen bereichert werden. Schauspieler*innen können klassische Rollenträger*innen sein und sich zugleich episch vom Geschehen distanzieren, einen Perspektivwechsel im Spiel vornehmen, als Performer*in oder Akteur*in auftreten und dem Publikum Differenzerfahrungen vermitteln. Ein historisches Thema wird auf der Bühne nicht „besser" vermittelt, wenn dies nur rein sachlich geschieht. Dokumentarische Themen können mit allen Mitteln auf der Bühne real oder illusionistisch be- und verhandelt werden. Schauspieler*innen können aus den Rollen heraustreten und als reine Akteur*innen oder Performer*innen weiter handeln. Theatrale Prozesse und das Bühnengeschehen können dem Publikum offen dargelegt werden, sodass die Zuschauer*innen nicht nur in Gefühlswelten eintauchen, sondern selber durch Perspektivwechsel und Distanzierung zu handelnden Subjekten werden. Heute ist dem Dokumentarischen Theater alles dienlich, solange das Thema wahrheitsgetreu vermittelt wird. Ein rein sachliches Vorgehen, um somit der Wissenschaft (Historie) gerecht zu werden, ist im heutigen Dokumentarischen Theater nicht zwingend notwendig, da sich theatrale Formen auch weiterentwickelt haben. Das „ästhetische Forschen" ist beispielsweise eine Methode, die während der Recherche und während des Probenprozesses eingesetzt werden kann. Sollte dabei ein theatrales Stilmittel zu viel werden und von der Authentizität des Dokumentarischen Theaters ablenken, kann dieses natürlich von einer aufmerksamen Regie wieder reduziert oder zurückgenommen werden. Was geht und was nicht geht, sollte entschieden werden anhand der Wirkung auf das Publikum. Das gilt beispielsweise für den Einsatz von Musik oder von technischen Hilfsmittel wie Nebelmaschine, visuelle Projektionen und so weiter.

Wie werden die Entscheidungen getroffen?
In den meisten Fällen durch die gemeinsame Reflexion im Team. Aber es gibt auch Momente, in denen ich als Regisseur sage: So funktioniert das nicht. Ich entscheide immer dann, wenn ich der Meinung bin, dass eine Szene nicht überladen sein sollte. Mir geht es bei einer Inszenierung nicht um Effekthascherei. Manchmal reicht eine Geste oder eine Mimik aus. Wichtiger als das Auditive oder Visuelle ist die darstellende Person, die das Thema transportiert. Sobald ein*e Schauspieler*in eine Atmosphäre ausstrahlt, die es ermöglicht, einen historischen Text so zu erleben, dass das Ereignis wieder zu leben beginnt, kann ich als Regisseur sagen: Das ist es. An diesem Punkt müssen wir herausfinden, wie wir das Bühnengeschehen wiederholbar machen können.

Abb. 16: Szenenfoto aus *Geflüchtet, unerwünscht, abgeschoben* am 11. Oktober 2016 in der *Theaterwerkstatt Heidelberg*, v.l.n.r.: Sebastian Schwarz, Jeanette Rosen, André Uelner, Christoph Kaiser

Inwiefern ist das Erzählen von Geschichte und historischer Erkenntnis mit Mitteln der Kunst ein Widerspruch? Inwiefern bereichert die Kunst die Vermittlung?
Mit der Geschichtswissenschaft und dem Theater treffen scheinbar zwei Welten aufeinander. Wenn wir Dokumente aus dem Archiv Wort für Wort auf der Bühne mit künstlerischen Mitteln behandeln, entsteht in meinen Augen kein Widerspruch, im Gegenteil. Wir schaffen durch die Zusammenarbeit eine Mehrdimensionalität, in der das Publikum mit historischem Material konfrontiert wird und sich bestenfalls durch die künstlerische Art der Vermittlung mit allen Sinnen damit auseinandersetzt. Das heißt, es nimmt das Thema nicht nur auditiv oder kognitiv wahr, wie etwa bei einem wissenschaftlichen Vortrag, sondern auch visuell und darüber hinaus ästhetisch.

Wie wichtig sind gegenwärtige oder universelle Gefühle als Anknüpfungspunkte für das Publikum? Braucht es Momente, um sich mit einer Figur zu identifizieren?
Das Theater hat die Möglichkeit, den Menschen auf vielen Ebenen zu berühren. Das Publikum beginnt mitzuempfinden. Dazu braucht es keine Identifikation mit der Rolle oder mit dem Thema. Die Zuschauer*innen können sogar ganz anderer Meinung sein, befassen sich jedoch im Medium der Kunst mit dem Thema. Das erreiche ich auch durch die Schaffung einer theatralen Atmosphäre, in der das

Publikum möglicherweise auch Einsichten in die Verfasstheit sozialer Wirklichkeiten wahrnimmt, und gesellschaftliche Verhältnisse auch als historisch gewachsen und veränderbar erfahren werden.[5] Die Atmosphäre einer Inszenierung erreicht unmittelbar die komplexe Wahrnehmung der Zuschauer*innen. Das ist das Besondere am Theater.

Emotionen sind wichtig im Theater. Inwiefern helfen sie bei der Darstellung von Wissenschaft? Gibt es Grenzen?
Die Empfindung oder die ästhetische Wahrnehmung des Publikums spielen für Historiker*innen keine Rolle, sind jedoch für die Kunst essentiell. Daher schafft die Zusammenarbeit mit der Kunst einen Mehrwert in der Form, als dass sie im Prozess der theatralen Gestaltung Handlungen sichtbar macht und somit zur Selbstdistanz und zur Selbstreflexion auffordert. Dabei gibt es im Umgang mit Emotionen sicherlich Grenzen, die davor bewahren, die Zuschauer*innen nicht zu überwältigen. Emotionen haben auf der Bühne nur einen Wert, wenn sie das Publikum nachempfinden kann. Deswegen benutze ich in theatralen Prozessen lieber den Begriff der Empfindung als den der Emotion. Eine Empfindung hat immer noch eine Distanz zur Emotion. Auch Bertolt Brecht konnte mit Emotionen gar nichts anfangen. Ihm ging es im Epischen Theater darum, dass sich das Publikum ebenso distanziert wie die Schauspieler*innen von ihren Rollen. Durch die Distanz wird eine Reflexionsebene eröffnet, durch die sich die Zuschauer*innen anschließend eine Meinung bilden können. In einem weiteren Schritt wird sowohl bei den darstellenden sowohl als auch zuschauenden Subjekten eine Differenzerfahrung geschaffen, die diverse Blickwinkel zulässt. Das macht für mich ein gutes Theater aus.

Die Stücke des dokumentarischen Theaters nach 1945 sind sehr politisch. Können Distanz und Reflexion mit der klaren politischen Haltung, die damals emotionalisiert war und vielleicht auch heute noch ist, zusammengebracht werden?
Ja, das ist möglich. Wenn Theater Distanz und Reflexion ermöglicht, ist ein gewisses Ideal erreicht. Der Prozess dahinter ist heute jedoch weiterentwickelter, weil das Publikum aufgrund des postdramatischen Theaters,[6] das Bühnenpro-

---

5 Hentschel, Ulrike: Theaterspielen als ästhetische Bildung. In: Theaterpädagogik. Hrsg. von Christoph Nix, Dietmar Sachser u. Marianne Streisand. Berlin 2012 (Lektionen 5). S. 64–71. S. 64, 67.

6 Das Postdramatische Theater ist eine Form des Theaters, die in der zweiten Hälfte des 20. Jahrhunderts entstanden ist und sich moderner Technik und neuen Genres öffnet und mit ihnen arbeitet. Nicht mehr der Text steht im Zentrum der Inszenierungs- und Aufführungspraxis, sondern szenische Elemente und theatrale Gestaltungsmittel wie die Darsteller*innen, ihr Büh-

zesse sichtbar macht und Abläufe dem Publikum nicht vorenthält, miterleben kann, wie Theater funktioniert. Dem Publikum wird keine Illusion vorgeführt, sondern es ist bestenfalls Teil der Erzählung, Teil der Geschichte, Teil der politischen Haltungen, die auf der Bühne verhandelt werden. Für mich persönlich ist der Moment der Auflösung einer gegebenenfalls auch politischen Bühnenhandlung am wichtigsten. Wir tragen gegenüber dem Publikum auch eine hohe Verantwortung darüber, wie wir es nach der Aufführung gehen lassen.

Wie viel Freiheit haben die Schauspieler*innen bei der Anlage ihrer Figuren? Müssen sie historisch versiert sein? Oder sind andere Kriterien wichtiger?
Schauspieler*innen sind Suchende und Forschende zwischen Eindruck und Ausdruck, zwischen Innen- und Außenwahrnehmung und bestenfalls am Anfang einer Recherche offen und frei, sodass ein Thema, wenn auch schon bekannt, immer wieder „neu" entdeckt werden kann. Schauspieler*innen, die mit ihrem Körper hervorragend umgehen können, erzählen eine Geschichte ganz anders als die Schauspieler*innen, die sprachlich sehr versiert sind. Die Kunst der Regie ist es, das Potential des Ensembles optimal auszuschöpfen und zugleich neue schöpferische Prozesse in Gang zu setzen. Deshalb wäre es ein Fehler, in einem Probenprozess zu früh nur die eine Idee, nur die eine Möglichkeit zu fixieren. Schauspieler*innen müssen nicht historisch versiert sein, wenn sie sich mit einer gewissen Offenheit auf unterschiedliche Methoden und Arbeitsweisen einlassen, ihr Wissen speisen und Neues lernen. Die Schauspieler*innen sollten sich im Laufe der Proben so gut mit dem Thema oder dem Text auskennen, dass Imagination, Fantasie und Ausdrucksvermögen eine spielerische Eigendynamik entwickeln. Diese Kriterien sind für eine Inszenierung wichtiger als die historische Versiertheit der Schauspieler*innen. Kennen sich die Schauspieler*innen nicht mit einem historischen Thema aus, wende ich zusätzlich auch Übungen und Methoden an, die es ermöglichen, sich anhand eines praktischen und spielerischen Umgangs dem Wissen oder Thema zu nähern. Wir nennen das auch Impulsarbeit. Es handelt sich dabei um ein ästhetisches Forschen, in dem Schauspieler*innen den Bezug zum Thema durch sensomotorische Übungen, Improvisation und das Wiederholen von Situationen (Etüden) herstellen. Unser Ziel ist es, dass der Text oder das Skript in der Verkörperung der Schauspieler*innen stimmig beziehungsweise organisch wird. Das funktioniert nicht sofort. Ausreichend Zeit zum Proben ist für eine qualitativ hochwertige Inszenierung

---

nenhandeln und der Raum. Auch andere Künste und Medien wie Fotografie, Film, Tanz und Performance können einbezogen werden. Lehmann, Hans-Thies: Postdramatisches Theater. Frankfurt am Main 1999.

unausweichlich. Haben wir wenig Zeit, nehmen wir das Textblatt in die Hand und versuchen, den Gestus, die Handlung, den Sinnzusammenhang durch Wiederholung und reaktives Spiel zu finden.

Das Publikum empfindet das, was auf der Bühne passiert, als authentisch. Wie forciert ihr das als Theatermacher*innen? Spielt das eine Rolle?
Wenn das keine Rolle spielen würde, hätten wir ein sehr wirkungsloses oder oberflächliches Theater. Dass ein Publikum ein Bühnengeschehen „authentisch" wahrnimmt, bedarf im Probenprozess oft eines unermüdlichen Experimentierens und wie das aussieht, ist schwer in Worte zu fassen. Wir haben den Anspruch, immer authentisch zu sein, und können es nicht einmal im alltäglichen Leben. Wir versuchen, uns in den Proben mit dem Thema und den Figuren und Rollen tiefgreifend zu befassen, sodass am Ende nur die eine Handlung, die eine Wahrheit bleibt, bis es keine Fragen mehr, sondern nur noch das Erlebnis gibt. Wir nehmen das im Spiel oder während der Aufführung als „Flow" war. Doch das geschieht recht selten und am nächsten Tag entdecken wir wieder neue Zugänge, neue Möglichkeiten, die Figur, Rolle oder Szene weiterzuentwickeln. Oft erfahren wir in einem solchen Moment, dass Authentizität nicht forciert werden kann, sondern aus einem komplexen Zusammenspiel diverser Impulse entsteht.

Abhängig vom historischen Thema finden wir im Probenprozess einen Zugang von innen nach außen (durch Imagination) oder umgekehrt von außen nach innen (durch Form und Verkörperung). Ein derartiges Ergebnis muss anschließend und bevor es aufgeführt wird, auch aus der Perspektive des Publikums reflektiert und ausgewertet werden. Erst nach diesem Feedback entscheiden wir die Bühnentauglichkeit beziehungsweise den Schauwert eines Dokumentarischen Theaters.

Wie kann historische Authentizität erzeugt werden?
Authentizität beginnt bei dem*der Autor*in, der*die die historischen Dokumente zusammenstellt. Dazu bedarf es eines Vorstellungsvermögens, eines Fein- und Formgefühls, einer dramatischen Einsicht, eines Reflexionsvermögen und vielem mehr. Das ist harte Arbeit. Die Fertigstellung eines Texts oder Skripts wie *Geflüchtet, unerwünscht, abgeschoben* kann viele Monate dauern. Der nächste Schritt ist, wie weiter oben beschrieben, die Historie im Kontext der Regie und der Auseinandersetzung des Ensembles im Medium der Kunst in die heutige Zeit zu transportieren.

Nach der Aufführung kamen Menschen aus dem Publikum zu uns und meinten sehr berührt, dass sie gar nicht gewusst haben, dass sich Ereignisse derart überhaupt so abgespielt haben. Historiker*innen werden sagen, wir können nicht die Vergangenheit auf die Bühne bringen. Es ist nur eine Form der Erzählung, eben „Geschichtstheater" auf der Bühne – bestenfalls eines, das die Historie lebendig vergegenwärtigt und das Publikum aus dem Blickwinkel des heutigen Zeitgeistes zur Reflexion inspiriert.

Abb. 17: Die doppelte Visualisierung der Quellen durch Projektion und Aktenkarton. Szenenfoto aus *Geflüchtet, unerwünscht, abgeschoben* am 11. Oktober 2016 in der *Theaterwerkstatt Heidelberg*, Konzept und Regie: Wolfgang G. Schmidt

Warum historische Quellen und kein Drama in historischem Setting?
Das hat drei Gründe. Erstens hat es einen Mehrwert, mit historischen Quellen zu arbeiten, denn das ist gelebte Erfahrung, aus der Generationen Erkenntnisse ziehen können. Zweites hinterfragen wir die Wahrnehmung von Historie und Wahrheit und üben uns darin, diese zu reflektieren. Der dritte Grund ist, eine Form zu finden, durch die wir uns kollektiv-gemeinschaftlich auf eine Reflexion einlassen, die uns nachhaltig berührt und uns inspiriert, in Zukunft nicht dieselben Fehler zu machen, wie sie in der Vergangenheit geschahen. Das Dokumentarische Theater ist eine Form der Sozialen Plastik (siehe Joseph Beuys[7]). Des Weiteren ermöglicht uns das Dokumentarische Theater eine Art „Lehrstück", das

---

[7] Der kunsttheoretische Begriff der Sozialen Plastik bezeichnet eine Form der Kunst, die sich nicht als abgeschlossenes Werk versteht. Es geht dabei um ein künstlerisches Handeln, das auf die Gesellschaft gestaltend einwirken und sie verändern möchte. Harlan, Volker, Rainer Rappmann u. Peter Schata: Soziale Plastik. Materialien zu Joseph Beuys. Achberg 1976.

sich vom Drama mit historischem Setting in Form und Klarheit sehr unterscheidet. Bei *Geflüchtet, unerwünscht, abgeschoben* sollte die wissenschaftliche Perspektive mit dem Medium der Darstellenden Kunst kollaborieren beziehungsweise fusionieren. Das ist ein Format, welches sich vom Historiendrama sehr unterscheidet, eine Art Zeit-Zeug*innen-Theater, das die Funktion einer Erinnerungskultur erfüllt. Bei den Projekten, die in den letzten Jahren in Universitäten, Museen oder an Gedenkstätten entstanden sind, geht es darum, in der Zeit nach den Zeitzeug*innen alternative künstlerische Formate zu finden, die Historie wahrheitsbezogen und vielschichtig vermitteln können. Das Angewandte Theater ist auch eine dankbare kreative Herausforderung für eine zukünftige Zusammenarbeit von Historiker*innen und Theatermacher*innen (Theaterpädagogen*innen), die ein städtisches Theater als reine Produktionsstätte von Theaterstücken nicht erfüllen kann. In diesem System ist es teilweise gar nicht möglich, den Materialien mit einer angemessenen Recherche auf den Grund zu gehen.

Geschichte wird immer aus der Gegenwart heraus erzählt. Das heißt, dass wir mit unserem heutigen Erkenntnisinteresse, mit unseren heutigen Fragen auf die Geschichte blicken. Wie viel Gegenwart steckt in einer Inszenierung?
Das Erkenntnisinteresse entsteht in der Kunst ebenso wie in der Wissenschaft aus der Gegenwart heraus. Beide Blickwinkel liegen in diesem Punkt sehr nah beieinander. Bei der Erarbeitung unseres Stückes in den Jahren 2015/2016 lag der Gegenwartsbezug offensichtlich auf der Hand, der am Beispiel der historischen Vergangenheit (Anfang des 20. Jahrhunderts) verhandelt wurde. Das Format des Dokumentarischen Theaters ermöglichte uns, das Thema wie von zwei Seiten einer Brücke zu erarbeiten und sich ihm langsam in der Mitte zu nähern. Dabei musste uns im Probenprozess immer klar sein, dass wir uns vom gegenwärtigen Augenblick aus der Historie von der einen Seite und der Vision (Zukunft) von der anderen Seite nähern und dabei den gegenwärtigen Augenblick eben nicht aus dem Fokus verlieren. Dabei spielt für die *Theaterwerkstatt Heidelberg* das zukünftige Rezeptionsverhalten des Publikums in puncto Schauwert eine beträchtliche Rolle.

Unterm Strich: Sehen wir auf der Bühne eher Wissenschaft oder eher Kunst?
Beides. Unter dieser Prämisse ist die *Theaterwerkstatt Heidelberg* mit der Universität zusammengekommen. Die Wissenschaft vermittelt uns das Thema, weckt die Neugierde und schafft die Basis, auf der wir den künstlerischen Prozess starten können. Als Ergebnis haben wir ein Theaterprodukt. Das Publikum wiederum nimmt durch gelebte Information bestenfalls Geschichte(n) und Erkenntnisse aus der Wissenschaft mit. Innerhalb der Inszenierung selbst kann es verschiedene Schwerpunkte geben. Mal ist es die Kunst, die mit ihren ästhetischen

Mitteln durchdringt, zum Beispiel auch durch den Einsatz einer Nebelmaschine, mal ist es die Wissenschaft, besonders dann, wenn Texte und Informationen fast ungefiltert das Publikum berühren.

Oliver Hermann, Erik Schäffler, Markus Voigt
Das Hamburger *Axensprung Theater*

Berichte aus der Praxis

Angeregt durch den Besuch einer Titanic-Ausstellung in der Hamburger Speicherstadt entwickelte der Schauspieler Oliver Hermann im Sommer 1998 die Idee, sich in einer Theaterproduktion mit individuellen Schicksalen der fast sechs Millionen deutschen Auswander*innen zu beschäftigen, die bis zum Beginn des Ersten Weltkriegs in die Vereinigten Staaten von Amerika emigriert waren. Die Suche nach geeigneten Theaterstücken erwies sich schnell als fruchtlos. Die anschließende Recherche nach authentischen Quellen, nach „O-Tönen des 19. Jahrhunderts", schien vielversprechender.

In der Privatbibliothek der befreundeten Historikerin und Künstlerin Petra Vollmer, die einige Jahre zuvor eine Ausstellung über den *Auswandererhafen Hamburg* konzipiert hatte, fanden sich Faksimiles von Briefen, Tagebüchern und Reiseschilderungen.[1] Auch im Deutschen Volksliedarchiv in Freiburg, auf das Oliver Hermann zufällig bei Recherchen im Internet stieß, konnten wunderbare Lieder dieser Zeit ausfindig gemacht werden.

Die Quellentexte, oft holprig formuliert und in den seltensten Fällen für die Veröffentlichung gedacht, entwickelten in collagierter Form einen ganz eigenen Zauber. So wurde zum Beispiel auf Basis des Briefromans *Jürnjakob Swehn, der Amerikafahrer* von Johannes Gillhoff[2] eine Figur erschaffen, die durch das Hinzufügen von Ausschnitten aus Tagebüchern und Reisebeschreibungen anderer Auswanderer*innen noch vielschichtiger wurde. Menschen aus unteren Sozialschichten waren durch die räumliche Distanz von der Heimat plötzlich gezwun-

---

1 Helbich, Wolfgang (Hrsg.): „Amerika ist ein freies Land ...". Auswanderer schreiben nach Deutschland. Darmstadt [u. a.] 1985; Deutsches Schifffahrtsmuseum Bremerhaven (Hrsg.): Auswanderung Bremen–USA. Bremerhaven 1976 (Führer des Deutschen Schifffahrtsmuseums 4); Deutsches Schifffahrtsmuseum Bremerhaven (Hrsg.): Auf Auswandererseglern. Berichte von Zwischendecks- und Kajüt-Passagieren. Bremerhaven 1976 (Führer des Deutschen Schifffahrtsmuseums 5); Museum für Hamburgische Geschichte (Hrsg): Hamburg als Auswandererstadt. Hamburg 1984; Pressestelle der Freien und Hansestadt Hamburg (Hrsg.): Auswandererhafen Hamburg. Hamburg 2000; Sielemann, Jürgen [u.a.] (Hrsg.): Überseeische Auswanderung und Familienforschung. Hamburg 2002 (Veröffentlichungen aus dem Staatsarchiv der Freien und Hansestadt Hamburg 18); Stölting, Sigfried (Hrsg.): Auswanderer auf alter Zeitungsgrafik. Worpswede 1987; Perec, George u. Robert Bober: Geschichten von Ellis Island oder Wie man Amerikaner macht. Berlin 1997.
2 Gillhoff, Johannes: Jürnjakob Swehn, der Amerikafahrer. München 1998.

gen, ihre Hoffnungen, Träume und Ängste für sich selbst oder für die Übersendung an die Daheimgebliebenen schriftlich festzuhalten. Dieses Material wurde zur Basis für eine „Geschichte von unten".

Das Exposé zu diesem Soloprogramm stieß bei den Ausstellungsmachern der Titanic-Ausstellung auf begeisterten Zuspruch. Im Juli wurde es im Foyer der Speicherausstellung, das der Eingangshalle der zentralen Sammelstelle für Immigrant*innen auf Ellis Island vor Manhattan nachempfunden war, unter dem Titel *Der Auswanderer* auf die Bühne gebracht. Allerdings wurde der Begriff „Bühne" von Beginn an sehr weit gefasst. Gezielt wurden anschließend Spielorte gesucht, die sich inhaltlich oder atmosphärisch für das Stück eigneten. Die Orte selbst wurden dann mit wenigen Mitteln in Theaterräume verwandelt: Museen, Schiffe (darunter noble Kreuzfahrer, dieselnde Barkassen und knarzende Hansekoggen), Scheunen, selbst Wohnzimmer in hanseatischen Altbauten und ein Vereinshaus von Deutsch-Amerikanern in Chicago. Das Konzept des Stücks für einen Schauspieler, zwei Requisiten und vier Kopfbedeckungen schien zu funktionieren. Das Publikum ließ sich gern entführen.

2011 wurde der singende Schauspieler Oliver Hermann durch den schauspielernden Musiker Markus Voigt verstärkt. Das Projekt war stetig gewachsen und hatte inzwischen Dimensionen angenommen, die zu Beginn nicht absehbar waren: Open Air und dann auch noch vor der respekteinflößenden Flanke des Kreuzfahrtschiffs „Queen Mary" war allein nicht mehr möglich. Das Stück wuchs weiter um neue Lieder, lebendige Interaktion auf der Bühne, norddeutsch-knappe Frotzeleien und über allem eine neue akustische Ebene: der Klang von Meer, knarrende Wanten[3] und schreiende Möwen.

Nach den Auswanderer*innen kamen die Besatzer: 2013 jährte sich das Ende der Besetzung Hamburgs durch Napoleons Soldaten, die „Franzosenzeit", zum 200. Mal.[4] Kaum jemand weiß heute noch, dass die Hansestadt acht lange Jahre okkupiert war und sich keine deutsche Stadt länger mit einquartierten Truppen arrangieren musste, die sich oft aus zwangsrekrutierten Männern verschiedener Länder zusammensetzten. Einige Bürger*innen haben das später schriftlich festgehalten. Im Museum für Hamburgische Geschichte finden sich Erlasse, amtliche Schreiben, private Nachlässe und Spottlieder aus jener Zeit – spannende

---

3 Als Wanten bezeichnet man Seile zur Verspannung von Masten auf Segelschiffen.
4 Perthes, Wilhelm u. Agnes Perthes: Aus der Franzosenzeit in Hamburg. Erlebnisse. Hamburg 1910; Prell, Marianne: Erinnerungen aus der Franzosenzeit in Hamburg von 1806 bis 1914. Hamburg 1906; Rüsch, Ernst H. A.: Hamburg in der Franzosenzeit. Hamburg o. J.; Huck, Jürgen: Das Ende der Franzosenzeit in Hamburg. Quellen und Studien zur Belagerung und Befreiung von Hamburg 1813–1814. Hamburg 1984 (Beiträge zur Geschichte Hamburgs 24); Kleßmann, Eckart (Hrsg.): Deutschland unter Napoleon in Augenzeugenberichten. München 1982.

Zeitzeugendokumente in oft berührender, manchmal schockierender, aber auch humorvoller Authentizität, die sich gut für die dramaturgische Aufarbeitung eigneten. Aufgrund des recht geringen Budgets verwendeten wir hier erstmals das Format der szenischen Lesung mit Musik, was gut funktionierte.

2014 stießen Michael Bideller als weiterer Schauspieler und Erik Schäffler als Regisseur hinzu. Das *Axensprung Theater* wurde gegründet. Ein Stapel Feldpostkarten vom Urgroßvater eines der Teammitglieder war die Initialzündung für das umfangreiche Theaterprojekt *Weltenbrand*. Erneut war der Anlass ein Jubiläum: Die europäischen Großmächte hatten 100 Jahre zuvor mit infernalischer Wucht den Ersten Weltkrieg entfacht.

Zuerst schien es reizvoll, aus den Texten der Postkarten und eventuellen weiteren Funden aus Familiennachlässen der Beteiligten ein Stück zu schreiben. Doch diese Idee wurde wegen mangelnder Aussagefähigkeit der Quellen schnell wieder verworfen. Nach einer kurzen Recherche in verschiedenen Sammelbänden mit Feldpostbriefen deutscher Soldaten[5] schlug Bideller einen autobiographischen Roman als Grundlage der Produktion vor: *Heeresbericht* von Edlef Köppen, 1930 erschienen.[6] Der Text erwies sich als absoluter Glücksgriff. Das im Vergleich zu Erich Maria Remarques *Im Westen nichts Neues* unbekannte Werk wurde 1933 von den Nationalsozialisten unter dem Verdikt der „Volksverhetzung" auf den Index gesetzt und verbrannt.[7]

Köppen erzählt die Geschichte des Studenten Adolf Reisiger, der – wie so viele junge Männer seiner Zeit – euphorisch in den Krieg zog und sich erst begeistert und mit Pflichtgefühl, dann mit zusammengebissenen Zähnen und am Ende in schierer Verzweiflung dessen irrsinniger Maschinerie aussetzte. Dieses Alter Ego des Autors Köppen geriet in den zermürbenden Kriegsalltag im Schützengraben, in sinnloses Trommelfeuer, Kavalleriemassaker und Gasangriffe. Er wurde verletzt, kehrte freiwillig zurück und erlebte, eingeholt von der Realität des Grauens und der Zerstörung, den Zerfall jeder Moral. Schließlich wurde er als Kriegsdienstverweigerer in eine Heilanstalt eingeliefert.

In der szenischen Collage *Weltenbrand* wurden autobiographische Prosa und Ausschnitte aus Militärkommuniqués, Arztberichte, zeitgenössische Werbung sowie Teile von Reden Wilhelms II. montiert. Im Hintergrund wurden – übergroß und schonungslos – die Bilder des Krieges, Postkarten, Fotos und Otto Dix' apokalyptische Schlachtfeldszenarien projiziert. Insbesondere die Fotobestände

---

5 Ulrich, Bernd u. Benjamin Ziermann (Hrsg.): Frontalltag im Ersten Weltkrieg. Wahn und Wirklichkeit. Frankfurt am Main 1994; Marc, Franz: Briefe aus dem Felde. Berlin 1940.
6 Köppen, Edlef: Heeresbericht. Roman. Berlin 2005.
7 Der Hamburger Maler und Hörbuchautor Andreas Karmers produzierte eine Hörspielfassung des Romans, die 2012 in der Edition Apollon veröffentlicht wurde.

Abb. 18: Michael Bideller, Markus Voigt und Oliver Hermann in der Inszenierung *Weltenbrand*, Hamburg 2014

des Bundesarchivs in Koblenz erwiesen sich als eindrucksvolle Verstärker der Erzählung auf der visuellen Ebene.

Markus Voigt, Komponist, Musiker und Schauspieler, stellte Musik und Sounds zusammen. Live-Posaune und zarte Melodien als vorproduzierte Klangcollagen in den trügerischen Momenten der Ruhe werden kontrastiert mit Reminiszenzen an Soundscapes der Schlachtfelder. Als zusätzliche Ebene verfremdete und bearbeitete er die zuvor im Studio eingespielte, im Schützengraben entstandene Lyrik August Stramms[8] zu mehrfach gedoppelten und beschleunigten Soundclustern.

Zur Frage der Authentizität sei darauf hingewiesen, dass alle drei Künstler – der Autor Köppen, der Lyriker Stramm und der Maler Dix –, auf deren Werke sich diese Inszenierung im Kern stützte, die Hölle des Ersten Weltkriegs unmittelbar erlebt haben. August Stramm starb am 1. September 1915 an der Ostfront; Köppen und Dix überlebten.

---

[8] Adler, Jeremy (Hrsg.): August Stramm. Alles ist Gedicht. Briefe, Gedichte, Bilder, Dokumente. Zürich 1990; Adler, Jeremy (Hrsg.): August Stramm. Die Dichtungen. Sämtliche Gedichte, Dramen, Prosa. München 1990.

Die 80-minütige Inszenierung entfaltete eine große Wucht, die vom Publikum und der Presse fasziniert aufgenommen wurde. In Kritiken und Gästebucheinträgen heißt es: „Der Zivilisationsbruch jener mörderischen Jahre, er wird körperlich spürbar." – „Die Aufführung ist kein leicht verdaulicher Brocken, sondern ein Statement über die Sinnlosigkeit des Krieges." – „... ein verstörendes Bild des Kriegsgrauens mit Retardwirkung." – „Eine Inszenierung, so dicht, dass sie unweigerlich fesselt, sie rüttelt auf." – „Tief ergreifend und erschreckend; und der Gedanke, dass jeder Krieg ein Verbrechen ist ... und trotzdem wird schon wieder mit den Säbeln gerasselt."

Die Inszenierung von Erik Schäffler wurde quer durch die Bundesrepublik von Kulturinstitutionen, Theatern, Universitäten, aber auch von kommunalen Bildungsträgern bis hin zu Bundesbehörden und deutschen Botschaften im europäischen Ausland als Beitrag zur kritischen Auseinandersetzung mit dem Ersten Weltkrieg im Jubiläumsjahr gelobt. Dank einer Übersetzungsförderung durch das Auswärtige Amt konnte die Produktion ab 2015 auch mit englischen und französischen Übertiteln vor nicht-deutschsprachigem Publikum aufgeführt werden.

Mit *Weltenbrand* war zugleich das *Axensprung*-Konzept gefunden: Historische Themen aus Originalquellen, biographischem Material und zeitgenössischer Musik werden mit kleiner Ausstattung und wenigen Requisiten lebensnah arrangiert und an ungewöhnlichen Orten in Theater verwandelt. Die Vorstellungen werden für die Zuschauer*innen zu Reisen in die Vergangenheit.

***

Auf den Gastspieltouren kam irgendwann die Frage auf, wie deutsche Soldaten heute nach Auslandseinsätzen in Kriegsgebieten mit dem wiederkehrenden Thema Krieg und seelischer Belastung umgehen. In diesem Zusammenhang hatte sich einige Jahre zuvor der Begriff Posttraumatisches Belastungssyndrom (PTBS) aus der Traumaforschung etabliert.[9]

---

[9] Scholz, Marita: Heimatfront. Mein Leben mit einem Kriegsheimkehrer. Freiburg im Breisgau 2012; Matijevic, Daniela: Mit der Hölle hätte ich leben können. Als deutsche Soldatin im Auslandseinsatz. München 2010; Herman, Judith L.: Die Narben der Gewalt. Traumatische Erfahrungen verstehen und überwinden. Paderborn 2003 (Konzepte der Psychotraumatologie 3); Werner, Ute S. (Hrsg.): „Ich krieg mich nicht mehr unter Kontrolle". Kriegsheimkehrer der Bundeswehr. Köln 2010; Wohlgethan, Achim: Endstation Kabul. Als deutscher Soldat in Afghanistan – ein Insiderbericht. Berlin 2008; Clair, Johannes: Vier Tage im November. Mein Kampfeinsatz in Afghanistan. Berlin 2012; Groos, Heike: „Das ist auch euer Krieg". Deutsche Soldaten berichten von ihren Einsätzen. Frankfurt am Main 2010; Biesold, Karl-Heinz: Seelisches Trauma und soldatisches Selbstverständnis. Klinische Erfahrungen aus psychiatrischer Sicht. In: Identität, Selbstverständnis, Berufsbild. Implikationen der neuen Einsatzrealität für die Bundeswehr. Hrsg. von Angelika Dörfler-Dierken u. Gerhard Kümmel. Wiesbaden 2010 (Schriftenreihe des Sozial-

Alarmiert durch die zunehmende Zahl psychisch schwer erkrankter Soldat*innen, die nach ihrer Rückkehr von Auslands- und Kampfeinsätzen von ihren Erlebnissen in Talkshows und autobiographischen Büchern berichteten, entstand 2015 die Idee zum Projekt *Kampfeinsatz. Stell dir vor, es ist Krieg und du gehst hin.* Es basiert einerseits auf mehrstündigen Interviews mit betroffenen Soldat*innen und Traumatherapeut*innen der Bundeswehr, die wir selbst durchgeführt haben, andererseits auf Berichten deutscher und US-amerikanischer Soldaten, die in Kriegsgebieten des 21. Jahrhunderts auf der ganzen Welt eingesetzt waren.

Die Kontakte zu unseren Interviewpartner*innen haben wir zunächst über die Presseabteilung der Bundeswehr und Anfragen bei Verlagen hergestellt. Später, nachdem wir unsere Seriosität und Sensibilität im Umgang mit dem Thema unter Beweis gestellt hatten, kamen auch private Vermittlungen zustande. Zwei betroffene Soldaten, die in der Nähe von Hamburg leben, waren bereit, sich in einem offenen Interview unseren Fragen zu stellen. Auf beide sind wir aufmerksam geworden, da sie bereits in einem autobiographischen Buch (Robert Sedlatzek-Müller)[10] beziehungsweise in einem Sammelband (Uwe Heiland)[11] über ihre Traumata und deren Folgen gesprochen hatten.

Kampfeinsatz fragt nach der Verantwortung demokratischer Gesellschaften angesichts von Krieg und Terror in der Welt und untersucht die Folgen von Auslandseinsätzen für deutsche Soldat*innen. Wie gehen die Heimkehrer mit den Erfahrungen von Tod und extremer Gewalt um? Kann der Traumatisierte überhaupt wieder in das Wertesystem der Heimat zurückfinden? Wie reagiert die Gesellschaft?

Das *Axensprung Theater* hat bei dieser Produktion erstmalig die Methode des „kollektiven Schreibens unter führender Hand" ausprobiert: Jedes Teammitglied, das eine kreative Idee hat, bringt diese zu Papier. Headwriter und Regisseur Erik Schäffler sammelt dann Ideen von Figurenskizzen bis Szenenentwürfen und probiert, ob und wie sich diese in seine eigenen einfügen lassen. Nach intensiver Diskussion der Texte und dem parallel laufenden praktischen Ausprobieren entsteht allmählich eine Spielfassung, an der letztlich alle Teammitglieder*innen beteiligt sind und an der noch bis kurz vor der Premiere gefeilt wird.

Zentraler Erzählstrang von *Kampfeinsatz* ist das Schicksal des fiktiven Oberstleutnants André Torgau, der nach mehreren Auslandeinsätzen im Kosovo

---

wissenschaftlichen Instituts der Bundeswehr 10). S. 101–120; Biesold, Karl-Heinz u. Klaus Barre: Militär. In: Posttraumatische Belastungsstörungen. Hrsg. von Andreas Maercker. Berlin 2013. S. 457–476.
10 Sedlatzek-Müller, Robert: Soldatenglück. Mein Leben nach dem Überleben. Hamburg 2012.
11 Über Alexandra und Uwe Heiland wird erzählt in Ott, Ursula: Was Liebe aushält. Sieben wahre Geschichten. Frankfurt am Main 2014. S. 36–51.

und in Afghanistan sowie einem nur knapp überlebten Bombenanschlag auf seinen Einsatzbus nicht mehr in sein früheres Zivilleben zurückfindet. Die Beziehung zu seiner Ehefrau und den beiden Kindern ist stark belastet durch die psychisch verstörenden und flashartig wiederkehrenden Folgen erlittener Todesängste und dem Gefühl, in existenziellen Notsituationen ein hilfloser Helfer gewesen zu sein.

Sprach- und Artikulationsunfähigkeit in nicht voraussehbaren Wechseln mit eruptiven und häufig situativ völlig unangemessenen emotionalen Ausbrüchen führen letztlich zum Scheitern der Ehe und zur Trennung des Paares. Die Zuschauer*innen werden Zeug*innen mehrerer kurzer Therapiesequenzen, einer Talkshow sowie eines an Ignorie grenzenden Umgangs eines fiktiven Bundeswehrarztes mit einem betroffenen Soldaten.

Abb. 19: Michael Bideller, Oliver Hermann, Mignon Remé und Markus Voigt in der Inszenierung *Kampfeinsatz*, Hamburg 2016

Einen tiefen Einblick in die Geschichte der Traumatherapie bei Bundeswehrangehörigen bekamen wir durch mehrere intensive Gespräche mit dem Psychiater Karl-Heinz Biesold. Er war selbst mehrfach im Ausland eingesetzt und hat Anfang der 2000er Jahre erlebt, wie rat- und hilflos die Bundeswehr dem Problem schwertraumatisierter Soldat*innen aus dem Afghanistan-Einsatz gegenüberstand. Die Entwicklung probater Therapiekonzepte und die Zunahme gesellschaftlicher Akzeptanz der Krankheiten wurde Teil dieser Inszenierung.

In den Fluss des Haupterzählstrangs wurden mehrere eigenständige „szenische Miniaturen" eingeflochten, die die Komplexität der Thematik durch kurze Rückblenden in vergangene Zeiten zusätzlich veranschaulichten. Neben der durch Markus Voigt geprägten charakteristischen Sound- und Musikebene dieser *Axensprung*-Produktion kamen hier erstmalig auch großformatige Projektionen von Acrylbildern des Hamburger Künstlers Andreas Karmers zum Einsatz. Er hat in den letzten Jahren mit seinen Zyklen *Orange* und *Heeresbericht* Werke zum Thema Krieg von hoher suggestiver Kraft geschaffen. Außerdem durften wir einige der faszinierenden und berührenden Fotos von Andreas Reiner einsetzen. Des Weiteren wurde auf der Bildebene erstmalig auch mit dem Videoformat gearbeitet. Kameramann Eike Zuleeg erstellte mehrere kleine Filme, die – mal aus schon vorhandenem Material neu zusammengeschnitten, mal eigens für die Produktion angefertigt und mit Sound unterlegt – der Inszenierung eine kraftvolle zusätzliche visuelle Dynamik hinzufügten.

Auch dieses Projekt schien das Publikum zu berühren. „Es geht dahin, wo es weh tut", sagte ein betroffener Soldat in Zivil nach einer Vorstellung. Obwohl wahrhaftig keine Werbeveranstaltung für den Soldatenberuf, wurde die Produktion nach einem Gastspiel bei der Inneren Führung der Bundeswehr von zahlreichen Standorten als Angebot zur politischen Bildung und (selbst)kritischen Auseinandersetzung mit den möglichen Folgen von Auslandseinsätzen gebucht.

***

Im Herbst 1918 endete der Erste Weltkrieg, das deutsche Kaiserreich brach zusammen, die Novemberrevolution nahm ihren Lauf. Für das *Axensprung Theater* stellte dieses Jubiläum 100 Jahre später eine thematische Steilvorlage dar.

Bereits 2015 hatte das Museum für Hamburgische Geschichte angefragt, ob eine Inszenierung in Ergänzung zur geplanten Sonderausstellung vorstellbar sei. Anfang 2017 wurde erstmalig in engem Schulterschluss mit den Historikern Christian Lübcke (freiberuflich), Olaf Matthes und Ortwin Pelc (Museum für Hamburgische Geschichte) ein Rechercheprojekt zu einer Inszenierung gestartet, das die Dimensionen der Vorgängerproduktionen in der Vorbereitungsphase weit übertraf: *Revolution!? Ein Schauspiel zu den politischen Umbrüchen in Deutschland 1918/19.*

Unterschiedliche Quellen, unter anderem aus dem Museum für Hamburgische Geschichte, dem Staatsarchiv Hamburg und dem Bundesarchiv Berlin, wurden gesichtet und ausgewertet, darunter auch Fotos, Briefe und Tagebuchaufzeichnungen. Für uns Theatermacher*innen ist diese Form der Zusammenarbeit und des Austauschs mit Geschichtswissenschaftler*innen enorm anregend und erhellend, auch weil deutlich wird, wie schwer und dornenreich oft das Auffinden relevanter Quellen für das eigene Ziel ist. Da wir dieses für uns erst im Lauf des Prozesses genauer definieren konnten und können („unsere Geschichte" musste erst noch entwickelt werden!), sind neue eigene Funde bei der Suche, aber auch zugespielte Fragmente von anderen nicht selten Glücksfälle. Die Partizipation an Symposien und Tagungen waren ebenso Teil der Vorbereitungen wie das Durcharbeiten aktueller Publikationen zur Geschichte der Novemberrevolution.

Diesmal würden wir, das zeichnete sich früh ab, bei gleichbleibend kleiner Besetzung insgesamt 23 erdachte und historische Figuren auf die Bühne bringen müssen. Dafür bedurfte es einer großen Zahl an Kostümen. Dank Frauke Volkmann, Damenschneiderin des Thalia Theaters, öffnet sich der Fundus des Theaters, um uns zu unterstützen. Auch Regisseur Erik Schäffler musste mit auf die Bühne, um die Vielzahl von Figuren zum Leben zu erwecken.

Am Ende stand eine Geschichte, die sich bis hin zur Verwendung von Originalzitaten ganz eng an historischen Quellen orientierte und dank imaginierter Protagonisten eine ganz eigene, subjektive Sicht auf die Geschehnisse anbieten konnte.

Sinnliches Erleben durch Musik, Sounds und Projektionen

Im Gegensatz zur akademischen Geschichtsschreibung ist Geschichtstheater der Versuch, Ereignisse, Zeitläufte, Personen, Konflikte, Denk- und Empfindungsweisen nach*erlebbar* zu machen. Das Schauspiel wird zu einer Art lebendigem Vermittler von Fakten, Quellen, Figuren und Gegebenheiten. Um mit einer möglichst breiten Spanne an Emotionalität und Veranschaulichung arbeiten zu können, setzen wir als *Axensprung Theater* neben den klassischen theatralen noch zusätzliche Mittel ein: Musik, Sounds und Projektionen.

Wir nehmen unsere gesamte Technik mit: Tonanlage, Mikrofone, Leinwand mit Kurzdistanzbeamer und eine Lichtanlage mit Steuerpult. Daher brauchen wir stets nur eine freie Fläche mit bestimmten Mindestmaßen, um einen (verdunkelbaren) Raum in ein Theater verwandeln zu können. Das hat sich in der Praxis als sehr vorteilhaft erwiesen und bewährt, denn wir spielen oft an Orten, die einen historisch-inhaltlichen Bezug zu unseren Stücken haben, aber keine Theatertechnik im eigentlichen Sinn besitzen. Durch unsere eigene Ausstattung sind wir also weitgehend unabhängig von äußeren Bedingungen. Ein (hinzunehmender) Nachteil ist allerdings ein nicht unerheblicher logistischer Aufwand: Auf- und Abbau der Technik und, salopp formuliert, ganz schön viel Geschleppe. Gesteuert werden sämtliche Medien von den Schauspieler*innen auf der Bühne während des Spiels per Fernbedienung, Fußschalter oder Knopfdruck, die mehr oder weniger versteckt sind. Es ist erstaunlich, dass die Zuschauer*innen nach eigenem

Bekunden davon nahezu nichts mitbekommen. Durch diese zusätzlichen Möglichkeiten können wir einzelne Szenen intensivieren, kontrastieren, unterstützen, brechen, ironisieren, verdichten, ergänzen oder einfärben.

Musik und Sounds

Wir setzen viele verschiedene musikalische und klangliche Elemente ein:
- eigens komponierte, vorproduzierte Musik und Sounds
- live gespielte Posaune und Gesang
- vorproduzierte Geräusche, Atmosphären, O-Töne
- bearbeitete und verfremdete, bereits existierende Themen wie zum Beispiel *Die Internationale* oder den Marsch *Preußens Gloria*

Da einer unserer Darsteller, Markus Voigt, auch Komponist und Musiker ist, sind wir in der Lage, auch auditive Räume zu generieren und zu gestalten.

Unserer Erfahrung nach muss man sich gut überlegen, wie man mit dieser durchaus unterschwellig manipulativen Ebene umgeht, und zwar unter folgenden Fragestellungen:
- Welche Atmosphäre wollen wir herstellen und wozu?
- Wie können wir zusätzliche Assoziationsräume durch Klang schaffen und welche sollen es sein?
- Wann arbeiten wir mit musikalischen Mitteln der Zeit, in denen das Stück spielt, und wann mit modernen, zeitgenössischen?
- Wie vermeiden wir allzu starke Konventionen (die man etwa aus Vorabendserien kennt, in denen dem Zuschauer mehr oder minder unverblümt vorgeschrieben wird, was er jetzt zu fühlen hat) und bleiben vieldeutig?
- Welchen „Grund-Sound" soll das Theaterstück bekommen?

Weltenbrand als Versuch, in Ansätzen nachfühlbar zu machen, was es bedeutet, persönlich einen Krieg zu erleben, ist sicherlich unser inhaltlich und atmosphärisch härtestes Stück, auch durch die gewählten klanglichen Mittel: harte Brüche, collagierte Klangkaskaden, Verfremdungen, freitonale Live-Improvisationen auf der Posaune, unerwartete Merkwürdigkeiten und Expressivität. Aber: In dem kompletten Stück ist kein einziger Schuss zu hören.

Für die Produktion *Kampfeinsatz*, ein Stück, das sich in heutiger Zeit und aus heutiger Sicht mit den Folgen des Kriegs auseinandersetzt, haben wir mit einem Schlagzeuger im Studio eine „Bibliothek" verschiedener Sounds, Stimmungen und Beats eingespielt, die – klanglich verfremdet, bearbeitet und ergänzt – große Teile des Soundtracks tragen.

Unser erzählerischstes Stück ist wohl *Revolution!?*. Die Herangehensweise orientiert sich hier eher an filmmusikalischen Elementen wie wiederkehrende Themen, Unterlegmusik, mal verstärkend, mal verstörend als Strukturelement und Atmosphäre, mehr Komposition als Improvisation und mehr wirklichkeitsnahe Geräusche als in den anderen Produktionen.

Unterlegmusik schafft, wie schon bemerkt, unterschiedliche Klangräume. Verdichtet kann sie enormes Tempo evozieren. Ein kurzer Monolog in *Weltenbrand*, in dem in maschinengewehrartigem Tempo die Funktionsweise von den sechs Artilleriegeschützen einer Batterie erläutert wird, ist beispielsweise unterlegt mit einem sehr schnellen Live-Free-Jazz-Solo.

In *Revolution!?* gibt es drei Monologe aus Tagebüchern eher bürgerlicher Hamburger, die über ihre Angst vor „russischen Zuständen" schreiben. Unterlegt sind sie mit in der Ferne verhallenden Schüssen, Paukenschlägen, anfahrenden Lastwagen und dem ab und zu hereinwehenden *Preußens Gloria*. Sehr sparsam eingesetzt entsteht so eine großräumige, bedrohlich-neblige Stimmung.

Einen kontrastierenden Underscore haben wir in einer Szene in *Kampfeinsatz*: Der traumatisierte Rückkehrer Torgau schließt sich für Stunden in einer Umkleidekabine ein, weil er die Shopping Mall nicht ertragen kann. Es könnten überall Scharfschützen lauern; in jeder Coca-Cola-Dose könnte eine Bombe stecken. Dazu spielen wir betörend-betäubenden Fahrstuhl-Bossa-Nova, der sich mit ab und zu auftauchendem afghanischem Gesang mischt.

Wir arbeiten auch mit bereits existierenden Kompositionen: Das Opening von *Weltenbrand* ist eine Tour de force durch Musikstücke, die 1914 neu oder populär waren: Passagen aus Anton Weberns *5 Stücken für Orchester* (1911–1913), Igor Strawinskys *La Sacre du Printemps* (1913), Arnold Schönbergs *Klavierstücken* (1911) und der heute eher unbekannten Operette *Die Dollarprinzessin* von Leo Fall (1913) wurden übereinandergelegt, verfremdet und durch harte Brüche kontrastiert, um dem Publikum einen emotionalen Eindruck vom Vorabend des Ersten Weltkriegs zu vermitteln. Der deutsche Militärmarsch *Hoch Heidecksburg* (1912) von Rudolf Herzer wird in einer verzerrt-verfremdeten Art als Leitmotiv mehrmals zur Ankündigung von Ausschnitten aus den Reden Kaiser Wilhelms II. eingesetzt.

In *Revolution!?* taucht ein expressives Klaviermotiv immer dann auf, wenn zwei der Protagonist*innen – die Arbeiterin Martha und der Matrose Kurt – sich an Ereignisse der Revolution erinnern und darüber reflektieren. So entsteht ein „innerlicher" Raum des Dialogs. Einen handlungstreibenden Song im Stil eines zeitgenössisch populären Bänkelgesangs haben wir für *Revolution!?* selbst geschrieben. Er erzählt von der wirbelnden Wucht, mit der die Novemberrevolution innerhalb von nur fünf Tagen 22 Fürstenhäuser zum Einsturz brachte:

Novembermoritat
Am 4. November in Kiel steigt ein Wind aus der Schiffsbäuche dunkler Gruft,
ein Funke von denen, die kriegsmüde sind:
Revolution liegt in der Luft!

Prinz Heinrich, dem fegt es die Mütze vom Kopf und es flattert ihm wirr der Schopf,
da hat ihn die eiskalte Panik gepackt, jetzt läuft er davon – plötzlich oben ganz nackt ...
Revolution pfeift durch die Luft!

Es greift sich der Novembersturm die alte, fette Made im Speck
Fünf Tage nur, nicht einen mehr und er fegte die Fürsten hinweg!

Am 5. schon Lübeck und dann nach Cuxhaven, und ebenso Travemünde,
der Adel ist schlaflos, er hat seine Gründe, was gestern noch gut war, ist heute schon Sünde.
Revolution faucht durch die Luft!

Und so wirbelt der Wind wie im hungrigen Rausch
Über Küsten und durch Hafenstädte es wird sich verbrüdert, vereinigt, verbündet

Soldaten- und Arbeiterräte gegründet
Revolution schwirrt durch die Luft!

Am 6. November entzündet der Brand Wilhelmshaven, dann Wismar und Bremen.
Auch Hamburg trägt stolz nun das tiefrote Band:
Dem Pfeffersack wird mittenmal blümerant und er schlottert: „Doch nicht hier, an der Waterkant!" – Oh, doch!
Revolution stürmt durch die Luft!

Es greift sich der Novembersturm die alte, fette Made im Speck
Fünf Tage nur, nicht einen mehr und das alte System, das war weg!

Am 8. da fegt unser Sturm mit Karacho in München Haus Wittelsbach fort, ha!
„Bayern wird Freistaat!" und ist mit an Bord, ja!
Revolution pfeift durch die Luft!

Nun von Süden nach Stuttgart und Dresden, sie kegelt den Adel vom Thron
Die Herrscher und Könige laufen davon, genau zweiundzwanzig erwischte es schon,
Tja, das ist die Mission einer Revolution ... und die schmettert durch die Luft!

9. November – das Volk von Berlin
strömt in Massen auf Straßen und Gassen
der Kaiser, der kann es vor Schreck gar nicht fassen
und will auch partout von der Macht niemals lassen ...

Der Einsatz von Klängen und Geräuschen kann sehr wirkungsvoll sein, schafft er doch *ad hoc* eine Stimmung, in die sich das Schauspiel einbetten kann. Es entstehen zusätzliche Assoziationsräume. In richtiger Dosierung kann ein akustischer Hintergrund aus wirklichkeitsnahen Geräuschen eine enorme Bereicherung sein, um Räume oder Orte auch hörbar zu machen. In *Revolution!?* gibt es eine Szene, die während einer Massenkundgebung auf dem Hamburger Heiligengeistfeld 1918 spielt: Gemurmel von Tausenden, irgendwo im Hintergrund spielt eine Blaskappelle; Applaus und Aufrufe durch klirrende Mikrofone geben der Szene eine authentische und atmosphärische Breite.

Auch in der Passage, die den Reichsrätekongress im Dezember 1918 zum Thema hat, schaffen wir durch Menschenmengen, Applaudieren und einem Chor, der „Brüder, zur Sonne, zur Freiheit" singt, einen realen Raum, in dem die Auseinandersetzungen der einzelnen Parteien des Kongresses gespielt wird.

Entgegengesetzt verfahren wir mit wirklichkeitsnahen Geräuschen zum Beispiel in *Weltenbrand*. Hier wird folgende Szenerie durch einen scheinbar absurden Hintergrund konterkariert und gleichzeitig verdichtet: Der Soldat Adolf Reisiger sitzt an der Front mit einem Kameraden in einem Granattrichter fest, über ihm ein massives Trommelfeuer der französischen Artillerie. Es gießt wie aus Eimern, das Wasser steigt schon bis zum Kinn. Der Lärm und die Lebensgefahr werden unerträglich. Als Underscore hierzu hört das Publikum Kinderlachen, Geräusche einer Zugfahrt, Betrunkene im Bierzelt, Kaminfeuer oder polternde Felsbrocken – jeweils getrennt durch das massive Geräusch einer zufallenden Stahltür. Man könnte sagen, dieses Arrangement macht die inneren assoziativen Gedanken- und Erinnerungsströme der Protagonisten hörbar.

Geschichtstheater zieht uns in eine andere Zeit, in eine manchmal fremde Welt. Umso wichtiger sind Projektionen. Fotos, Plakate, Bilder, Filme oder auch abstrakte Hintergründe können diese Welten veranschaulichen und den Zuschauer*innen helfen, schnell ein Gefühl für zeitgenössische Umstände zu entwickeln. In einer durch Film, Fernsehen und Internet so medial-visuell geprägten Zeit wie der unseren ist das Arbeiten mit Hintergrundprojektionen eine wertvolle Möglichkeit, das Publikum in ein Szenario geradezu hineinzuwirbeln. Eine im Zentrum der Bühne stehende Leinwand ermöglicht es uns, über wechselnde Projektionen ohne größere Umbauten Bühnenbilder zu gestalten.

Originalfotos bieten unter anderem die Möglichkeit, unmittelbar authentische Schauplätze herzustellen: die kahlgebombten, von Granattrichtern übersäten Schlachtfelder Flanderns, weite, karge Landschaften in Afghanistan oder schlicht eine Hamburger Straße um 1919. Durch Portraits, ob von historischen Persönlichkeiten oder Menschen im Alltag, bekommt Geschichtstheater Gesichter – und der Zuschauer damit eine direkte Verbindung zu vergangenen Zeiten.

Auch Plakate, Proklamationen, Manuskripte oder Ähnliches zeigen Kultur, Sprache und Haltungen jener Epoche. *Weltenbrand* beginnt mit der Projektion des Kaiser-Wilhelm-Zitats „Ich kenne keine Parteien mehr, ich kenne nur noch Deutsche" und eröffnet das Kapitel der Kriegsbegeisterung und -besoffenheit. Durch Hintergrundbilder von Kochrezepten, die den Deutschen die mittlerweile verhasste Steckrübe schmackhaft machen sollten, gewinnt eine Szene über den Hungerwinter 1916/1917 etwas geradezu Bitter-Absurdes. Eine chaotische, aus

Abb. 20: Mignon Remé in der Inszenierung *Kampfeinsatz*, Hamburg 2016

dem Ruder laufende Sitzung des Hamburger Soldaten- und Arbeiterrats vor dem Hintergrund des Originalplakats *Revolution ist Arbeit* wäre ein gutes Beispiel für eine ironische Brechung, ohne die Figuren zu entblößen. Projektionen von bildender Kunst geben dem Bühnengeschehen eine zusätzliche, tiefere Bedeutungsebene.

Filme eignen sich kaum als Hintergrund, da sie mehr Aufmerksamkeit als Bilder auf sich ziehen. Ihr sparsamer Einsatz im Theater kann aber als kontrastierendes Mittel sehr gewinnbringend sein. So beginnt etwa das Stück *Kampfeinsatz* mit einem Film, den wir im Internet fanden.[12] Ein amerikanischer Soldat hatte während seines Einsatzes mit einer Nachtsichtkamera die Bombardierung eines afghanischen Orts gefilmt. Darunter legten wir einen hämmernden Schlagzeug-Beat. Dazu verstreute historische Zitate über Sinn und Wahnsinn des Kriegs unter anderem von Carl von Clausewitz, Johann Wolfgang Goethe, George Washington und Richard von Weizsäcker.

In einer anderen Spielszene verarbeiten und verschneiden wir Quellen aus zwei Interviews. In einem erzählt ein Vater, wie sich sein Sohn islamistisch radikalisiert, dann mit der Familie bricht und schließlich bei Kampfhandlungen in

---

12 YTME of Military: USA Army fight Soldiers in Combat at Night 2003 (Real Battle), https://youtube/bWKsNyWSYDM (17.7.2020).

Abb. 21: Andreas Karmers, orange 4

Syrien ums Leben kommt. Im anderen berichtet eine Mutter von ihrer Tochter, die sich zur Scharfschützin bei der Bundeswehr hat ausbilden lassen und sich dann kurdischen Kämpfer*innen anschließt. Als Introduktion zu dieser Szene haben wir mit Kindern aus unserem Familien- und Bekanntenkreis einen kurzen, mit improvisierter Live-Posaune unterlegten Film gedreht, in dem sie mit Stöcken im Park Krieg spielen.

Umgang mit historischen Quellen im Theater

In den drei Theaterstücken *Weltenbrand*, *Kampfeinsatz* und *Revolution!?* benutzen wir verschiedene Arten von historischen Quellen, die wir auf unterschiedliche Weise einbinden und inszenieren. Die Einbindung von Quellen hat viele Vorteile, birgt aber auch Gefahren. Die Möglichkeiten der Benutzung von Quellen, Zitaten und Originalaussagen sollen daher anhand dieser drei Inszenierungen aufgezeigt werden. Abschließend werden sowohl die Vorteile der Benutzung von Quellen geschildert wie auch die Schwierigkeiten, die darin stecken.

Weltenbrand (2014)

Der Text: Der Roman *Heeresbericht* von Edlef Köppen, der die Grundlage des Stücks bildet, stammt aus dem Jahr 1930, wurde also über zwölf Jahre nach den geschilderten Geschehnissen im Ersten Weltkrieg verfasst. Der Autor hat durchweg autobiographische Elemente verarbeitet; er ist also Zeitzeuge. Außerdem hat er in seinem Roman durch Einstreuung von Originalquellen wie Anordnungen, Befehlen und Berichten aus der Obersten Heeresleitung oder Arztberichten die Struktur für unser Theaterstück quasi vorgegeben.

Der *Axensprung*-Kollege Michael Bideller dramatisierte Köppens Roman, indem er ausgewählte, prägnante Teile herauslöste und zu einer Dramaturgie verband, die von der Begeisterung des jungen Kriegsfreiwilligen Adolph Reisiger über seine Enttäuschungen, die Schrecknisse der Kriegserfahrungen, den Zynismus der Vorgesetzten bis hin zu seiner totaler Verweigerung und Einweisung ins „Irrenhaus" reicht.

Die Berichte des Protagonisten des Romans sowie seine Tagebuchaufzeichnungen in Ich-Form wurden auf zwei Schauspieler aufgeteilt, die abwechselnd wie eine Figur sprechen und agieren, um damit die zunächst individuellen Erfahrungen von Köppen und seiner Figur Reisiger als Allgemeinerfahrung einer ganzen Generation zu kennzeichnen.

Die Idee der Einstreuung von Originalzitaten im Roman wurde auch für den Theatertext übernommen und ergänzt, zum Beispiel um Zitate Wilhelms II., das Manifest deutscher Hochschullehrer zu Kriegsbeginn 1914 oder zeitgenössische Werbung, um Köppens Text zu konterkarieren. Damit erhält das Geschehen eine historische Einbettung und eine größere Wirklichkeitsbrisanz. Werbung oder propagandistische Manifeste jener Zeit im Originalton widersprechen der Realitätswahrnehmung unseres Protagonisten und sind eben doch auch Wirklichkeit.

Somit stammen sämtliche Texte und Abbildungen aus der betreffenden Zeit beziehungsweise von Autoren oder Malern, die diese Zeit erlebt und künstlerisch verarbeitet haben. Sie können daher als Originalquellen gelten.

Die Inszenierung: Während die drei Schauspieler die Prosatexte mit verteilten und wechselnden Rollen spielen – und zwar in Form von Erzähltheater, das heißt per direkter Ansprache und Anspielen des Publikums – werden die nicht-fiktionalen Quellentexte und Zitate über ein Mikrofon gesprochen. Dieser Effekt ermöglicht leiseres und intimeres Sprechen; das Gesagte bekommt aber zugleich einen offiziellen Charakter, weil es Radioansprachen oder Verkündungen ähnelt.

Wir haben damit eine zweite Ebene geschaffen, die sich klar von der Spielebene abhebt und – einmal eingeführt – für den Rest des Stücks Struktur und Zuordnung ermöglicht. Die vertonten Gedichte August Stramms bilden über die auf Band aufgenommenen Stimmen der Schauspieler, gemischt mit deren Live-

Stimmen und dazu choreografiertem Spiel der drei Akteure auf der Bühne, eine dritte, eine Metaebene.

Alle drei genannten Ebenen, bewusst in der Inszenierung gegliedert, sorgen nicht nur für Abwechslung und harte Übergänge, sondern strukturieren in erster Linie eine Dramaturgie, die in sich steigernder Wellenform von der Harmlosigkeit des Kriegsbeginns in die Hölle der Schützengräben führt.

Diese Theatersprache ist universell. Die Erlebnisse des Frontsoldaten Reisiger stehen stellvertretend für jeden Soldaten und jede Soldatin in jedem Krieg. Wir wurden vor Gastspielen in den während des Krieges von Deutschen besetzten Gebieten wie Flandern und Nordfrankreich gewarnt, da in unserem Stück über „La Grande Guerre" nur deutsche Soldaten agierten bzw. zu Wort kämen. Das wolle man dort bestimmt nicht sehen. Aber die Erfahrung lehrte uns das Gegenteil und bescherte uns beglückende Aufführungen. Der beschriebene Transfer vom deutschen Soldaten Reisiger auf jedwede*n Soldat*in auf jeder Seite ist hundertprozentig gelungen.

„Kampfeinsatz" (2016)

Der Text: Über die Frage: „Wie geht es deutschen Soldat*innen 100 Jahre später?" kamen wir fast zwangsläufig auf die Idee, ein Stück über traumatisierte deutsche Kriegsheimkehrer*innen der Gegenwart zu schaffen. Wir entschieden uns also – auch angesichts eines gesellschaftlich relevanten, gleichzeitig jedoch wenig öffentlich verhandelten Themas – ein Theaterstück über einen Afghanistan-Rückkehrer mit seinen Problemen zu entwickeln und den Prozess der Anerkennung dieser Krankheit innerhalb der Bundeswehr und der Gesellschaft zu schildern.

Da es keine textlichen oder theatralen Vorlagen für dieses Thema gab, fingen wir an, Betroffene und Fachleute zu interviewen. Allein die Erlaubnis der Bundeswehr zu erhalten, dass ihre Angehörigen entgegen der Geheimhaltungspflicht außerhalb der Bundeswehr über ihre Erlebnisse berichten durften, war mit großem Aufwand verbunden und erforderte eine vorausgehende Vertrauensbildung. Nachdem diese erteilt war, saßen wir über Stunden mit Betroffenen zusammen und schufen uns so quasi selbst unsere Originalquellen.

Aus vielen Stunden Interviewmaterial bildeten wir die verdichtete Erzählung unseres fiktiven Protagonisten André Torgau. Seine Texte auf der Bühne sind weitgehend Originalzitate. Ebenso speist sich die Figur seiner Frau Judith, die als Familienmitglied stark betroffen ist, aus solchen Originalaussagen und veröffentlichten Autobiografien.[13] Was unsere Figuren im Stück erleben, ist also eine künstlerische Verschmelzung wahrhaftiger Erlebnisse mehrerer, noch lebender realer Menschen. Alle Aussagen im Stück wurden überprüft, recherchiert und autorisiert. Dies ist ein wesentliches Merkmal unserer Arbeit.

Die männlichen Mitglieder von *Axensprung Theater* haben in den 1980er Jahren den Wehrdienst verweigert. Die Bundeswehr als Einsatzarmee im heutigen Sinn war über Jahrzehnte hinweg völlig undenkbar, auch im öffentlichen Bewusstsein. Mit dem Einsatz der Bundeswehr im Kosovo während des Bürgerkriegs in Jugoslawien unter der rot-grünen Regierung ab 1999 lösten sich diese Vorbehalte auf; wir vier nahmen eine persönliche innere Spaltung im Verhältnis zur Bundeswehr und zu deutschem Militärengagement wahr, die nach den Anschlägen vom 11. September, dem darauf folgenden internationalen „Kampf gegen den Terror", dem Auftreten des sogenannten Islamischen Staats und der daraus resultierenden Frage von NATO-Einsätzen im Irak, in Afghanistan und in Syrien mit deutscher Unterstützung noch spürbarer wurde.

So entstand neben der PTBS und ihren Auswirkungen das zweite gegenwartsbezogene Hauptthema des Theaterstücks: Soll sich die Bundeswehr in Auslandseinsätzen engagieren? Falls ja, mit welchen Folgen ist zu rechnen? Falls nein, was resultiert daraus? Im Stück wird dieser Konflikt mit dem Zitat Joschka Fischers auf den Punkt gebracht: „Wir haben gesagt: Nie wieder Krieg. Aber wir haben auch gesagt: Nie wieder Auschwitz."[14] In vielen Diskussionen schufen wir so allmählich eine Spielfassung. Die Komplexität der Themen spiegelt sich im Stück vor allem in einer Talkshow-Szene wider: Viele der dort genannten Positionen sind Originalsätze und Haltungen aus unseren eigenen Streitgesprächen und Fragen.

Als dritte Quellenart verwendeten wir recherchierte Zeugenberichte von Eltern, deren Kinder freiwillig in einen Krieg gingen oder dort blieben.[15] Nur wenige Teile des Textes sind erdacht. Ein Beispiel sind die bereits erwähnten drei, von

---

13 Groos, Heike: Ein schöner Tag zum Sterben. Als Bundeswehrärztin in Afghanistan. Frankfurt am Main 2009; Groos, Krieg (wie Anm. 9); Sedlatzek-Müller, Soldatenglück (wie Anm. 10); Matijevic, Hölle (wie Anm. 9).
14 Auszüge aus der Fischer-Rede. https://www.spiegel.de/politik/deutschland/wortlaut-auszuege-aus-der-fischer-rede-a-22143.html (22.7.2020).
15 Diehl, Jörg [u.a.]: Die Töchter des Dschihad. In: Der Spiegel vom 7.12.2015. S. 42–45; Gezer, Özlem: Emrah und seine Brüder. In: Der Spiegel vom 2.5.2015. S.60–67; Ertel, Manfred u. Ralf Hoppe: Die Späher von Aarhus. In: Der Spiegel vom 21.2.2015. S. 98–100; Kaddor, Lamya: Der Dschihad und der Islam. In: Der Spiegel vom 31.1.2015. S. 104–108. In letzterem wurden Auszüge vorab veröffentlicht aus Kaddor, Lamya: Zum Töten bereit. Warum deutsche Jugendliche in den Dschihad ziehen. München [u.a.] 2015; Storm, Morten [u.a.]: Agent Storm. Mein Doppelleben bei Al-Qaida und der CIA. München 2015.

Markus Voigt poetisch verdichteten szenischen Miniaturen im Stück, die bewusst verteilt in der Gesamtdramaturgie über die gegenwärtigen Kriege hinausreichen und damit Soldat*innen im Krieg oder deren Leiden im besten Sinne des Wortes verallgemeinern, sei es im Dreißigjährigen Krieg, dem „Kolonialkrieg" Deutschlands im Ersten Weltkrieg oder dem der Sowjets in Afghanistan in den 1980er Jahren. Der Text von *Kampfeinsatz* ist also eine ausgewogene Mischung aus authentischen Quellen und dem Nachempfinden der Autoren aus recherchiertem Material und Eigenerfahrung. Jedes Mitglied von *Axensprung Theater* trug zu den Texten bei. Dem Hauptautor Erik Schäffler oblag es, daraus einen dramatischen Text zu formen.

Die Inszenierung: Die Erfahrungen aus den Produktionen trugen zur steten Weiterentwicklung der Inszenierung bei. Über jetzt zwei zum Bühnenbild gehörende Mikrofone wurden nicht mehr nur Zitate und Quellen auf eine dramaturgische Metaebene gehoben, sondern auch ein intimeres Spiel der Rollen ermöglicht. Die stimmverstärkende Mikrofonebene nutzt der agierende Schauspieler für „Stimmen im Kopf" oder Einwürfe und Gespräche von Figuren, die in der aktuell gespielten Bühnenszene gar nicht anwesend sind. So spielt Szene fünf von *Kampfeinsatz* gleichzeitig auf vier Ebenen:

Die Hauptebene bildet das Gespräch unseres Protagonisten Torgau mit seinem Psychologen Schilling. In diese Szene drängen auf einer zweiten Ebene die gespielten Erinnerungen Torgaus mit Stabsarzt Selck, der als überhöhte Figur im Hintergrund steht. Gespräche des Ex-Soldaten mit seiner Frau Judith werden eingeschoben. Dazu kommen Gedankensplitter Torgaus oder Judiths am Mikrofon und Live-Einspielungen per Posaune. Diese komplexe Text- und Inszenierungsstruktur erlaubt einerseits das schnelle Erzählen vieler Aspekte und Handlungsabläufe und spiegelt andererseits den inneren Konflikt Torgaus wider. Die Form ist also der Inhalt. Zudem bildet diese Textstruktur eine sprachlich-szenische Collage, die auch als Choreografie mit geringem Aufwand verstanden werden kann. Sie verleiht dem Spiel in diesem Überrealismus Poesie.

Die Ebene des puren Realismus ist längst aufgehoben. Da alle Sinne des Publikums angesprochen sind, arbeitet es gewissermaßen mit: Es versteht diese ganz eigene Bühnensprache und akzeptiert die Konvention, mit der wir in Folge unaufwendig arbeiten und die wir darüber hinaus sogar wieder bewusst brechen können. Dieses Aufbrechen der einmal gesetzten Konvention, die die Zuschauer*innen nachvollzogen haben, gebiert eine ganz eigene Poesie: „Ach, stimmt, das ist ja bloß Theater, also Fiktion. Ich hab es trotzdem geglaubt. Also gibt es mehrere Wirklichkeiten."

„Revolution!?" (2018)

Der Text: An das erste Projekt und die 100 Jahre nach dem Ersten Weltkrieg abgehaltenen Gedenkfeiern schloss sich unsere dritte Produktion an: eine Bündelung der deutschen Revolutionsgeschehnisse 1918/1919 in 90 Minuten. Ein wesentliches Problem dieser Produktion war die Stoffmenge. Ursprünglich war ein analytisch-sinnlicher Abriss der Geschehnisse in Wilhelmshaven, Kiel, Hamburg und Berlin von Oktober 1918 bis Juni 1919 geplant – das Stück fand dann jedoch bereits Mitte Januar 1919 sein Ende mit der Konstituierung der verfassungsgebenden Nationalversammlung in Weimar. Die wesentliche Frage war also nicht „Was zeigen wir?", sondern eher „Was lassen wir aus?". Über das „Wie?" kamen wir zu einer dramaturgischen Entscheidung: Geschichte wird sowohl bei Siegern als auch Verlierern von den Mächtigen geschrieben. Davon gibt es genügend Quellenmaterial: 90 % der Worte unserer historischen Figuren (Friedrich Ebert, Erich Ludendorff, Wilhelm II., Gustav Noske, Philipp Scheidemann und andere) sind Originalzitate. Was aber ist mit den Arbeitern und Soldaten, die die Revolution ausgelöst und getragen haben, selbst aber nie oder kaum zu Wort kamen? Um Geschichte erlebbar zu machen, entschieden wir uns recht früh für die Einführung dreier Kunstfiguren und erneut für die Verschmelzung zahlloser Originalaussagen aus der damaligen Zeit oder Berichten über diese Zeit in diesen Figuren.

Kurt ist ein einfacher Matrose, der in Wilhelmshaven und Kiel dient und meutert. Mit ihm schwappt die Revolution nach Hamburg, wo er sich in die Arbeiterfrau Martha verliebt und sich gemeinsam mit ihr politisch radikalisiert. Martha ist mit dem noch im Feld stehenden Soldaten Rudi verheiratet. Sie stellt sich – zunehmend zerrissen – die Frage, wie weit eine Revolution gehen darf. Kurt lässt seine Liebe zurück und geht nach Berlin, wo er im Verlauf der konterrevolutionären Gewalttaten durch Freikorps, Reichswehr und die regierende Mehrheitssozialdemokratische Partei Deutschlands (MSPD) im Spartakusaufstand erschossen wird. Sein Mörder ist ausgerechnet Rudi, der sich seinerseits im Zuge der „Auflösung und Infragestellung aller Dinge" nach rechts radikalisiert hat. Die Erzählung entwickelt sich also über drei ausgewählte Protagonisten und ihre Erlebnisse in drei Monaten in drei Städten.

Diesen Kunstfiguren stehen die genannten historischen Figuren gegenüber, die durch das Agieren des Volks entmachtet oder in die Enge getrieben wurden und anschließend darum kämpften, die politische Handlungssouveränität zurückzugewinnen.

Was das historische Umfeld, Zeugenaussagen und Interpretationen betrifft, haben wir bereits eineinhalb Jahre vor den eigentlichen Theaterproben an ge-

Abb. 22: Mignon Remé und Oliver Hermann in der Inszenierung *Revolution!?*, Hamburg 2018

schichtswissenschaftlichen Symposien[16] teilgenommen, Historiker*innen zu Rate gezogen[17] und Archive[18] durchstöbert. Material gibt es zuhauf; speziell zu Hamburg fanden wir allerdings auffallend wenig. Unterstützung erhielten wir von den Mitarbeiter*innen des Museums für Hamburgische Geschichte, das zum Thema *Revolution in Hamburg* von April 2018 bis Februar 2019 eine Sonderausstellung zeigte und im Zug der Vorbereitungen der Ausstellung das *Axensprung Theater* zur Produktion des Theaterstücks angeregt hatte.

Die Inszenierung: Zwei Mikrofone, fünf Schauspieler, Projektion, Musik und Soundcollagen, Livemusik, Licht – alles wird von den Schauspieler*innen wäh-

---

[16] Meyer-Lenz, Johanna: Tagungsbericht. Die Revolution 1918/19 in Hamburg. Ereignisse, Vergleiche und Bewertungen. https://www.hsozkult.de/conferencereport/id/tagungsberichte-7554 (22.7.2020); Fendler, Julia: Tagungsbericht. Der Kieler Matrosenaufstand in der Revolution 1918. Epizentrum eines politischen Umbruchs? Wissenschaftlicher Workshop im Vorfeld des 100. Jahrestages der Kieler Novemberereignisse 1918. https://www.hsozkult.de/conferencereport/id/tagungsberichte-6632?recno=8&fq= (22.7.2020).

[17] An dieser Stelle sei neben vielen anderen Christian Luebcke (Hamburg), Olaf Matthes, Ortwin Pelc (Hamburg), Martin Rackwitz (Kiel) und Myriam Richter (Hamburg) für ihre Hinweise und Beratung herzlich gedankt.

[18] Die Recherchen führten uns nach Koblenz und Berlin ins Bundesarchiv, in die Forschungsstelle für Zeitgeschichte in Hamburg und ins Staatsarchiv Hamburg. Auch den Mitarbeiter*innen danken wir sehr.

rend der Aufführung bedient. Zum ersten Mal benutzen wir auch eine Vielzahl historisierender Kostüme, die während des Spielens in schnellem, offenem Rollenwechsel getauscht werden. Zwei zerlegbare Kleiderständer dienen zur Ablage, die wiederum Teil des Bühnenbilds sind. Hier bestimmt also der Inhalt die Form.

Abb. 23: Michael Bideller und Erik Schäffler in der Inszenierung *Revolution!?*, Hamburg 2018

Die Szenen unserer historischen Persönlichkeiten wechseln sich ab mit Szenen unserer fiktiven Figuren, in denen sich aber die historischen Vorgänge spiegeln. Zum Beispiel werden Zitate und Aussagen von Rosa Luxemburg und Karl Liebknecht, die nicht selbst auftreten, im Spiel zitiert oder aus der Zeitung vorgelesen. Speziell Luxemburg und Liebknecht werden seit 100 Jahren ideologisch vereinnahmt oder verfälscht, weswegen wir uns hüten, eigene Interpretationen zu liefern. Stattdessen sollte der pure Quellentext für sich stehen und eine Deutung des Gesagten den Zuschauer*innen überlassen werden.

Auch in *Revolution?!* bedienen wir wieder die bewährte „Überrealismus"-Szenerie, das heißt, wir kreieren zwei bis drei Spielebenen simultan innerhalb einer Szene. Das Zitieren von Quellen und historischen Aussagen über Mikrofon wurde diesmal nur einmal, dafür zentral und direkt aufeinanderfolgend genutzt: nämlich beim szenischen Vortrag dreier Augenzeugen der Hamburger Revolution. Diese Quellentexte werden diesmal „gespielt", genau wie sich alle anderen historischen Figuren in den Szenen selbst „zitieren". Ansonsten dienen die Mikrofone nur noch dem intimen Spiel der handelnden Protagonisten. So kommentieren etwa Martha und Kurt auf einer weiteren Überebene in zärtlichem Gespräch die Geschehnisse, selbst als Kurt – spiellogisch betrachtet – bereits tot ist. An anderer Stelle teilt Gustav Noske seine Gedanken, Ängste und Hoffnungen mit, während der Kieler Arbeiter- und Soldatenrat um ihn herumtobt. Das Sprechen durch die Mikrofone dient hier den Gedankenstimmen, den Zwiegesprächen oder auch den öffentlichen Verlautbarungen durch Wilhelm II. in Spa oder Ebert im Rätekongress. Diesmal wird dieses Mittel grundsätzlich nicht außerhalb jeden Zusammenhangs, sondern innerhalb laufender Szenen eingesetzt.

Mittlerweile sind die Schauspieler von *Axensprung Theater* so vertraut mit dieser Form, dass sich während der Proben fast von selbst ergeben hat, wann und an welcher Stelle des szenischen Geschehens welche Figur an das Mikrofon tritt. Bei der berühmten Rede Philipp Scheidemanns zur Ausrufung der Deutschen Republik am 9. November 1918 vom Balkon des Berliner Reichstags haben wir die Inszenierungsmittel auf die Spitze getrieben und gleichzeitig ironisiert: Während der Schauspieler des Scheidemann szenisch agiert, wird plötzlich das Audio der Originalrede des echten Scheidemann eingespielt. Der Scheidemann-Darsteller wird von dieser Einspielung quasi überrascht und spricht dann simultan zur Originalrede mit. Das Pikante dabei ist, dass diese „Originalrede", wie sie zum Beispiel auf YouTube zu hören ist,[19] keine Originalrede ist. Zwar spricht Philipp Scheidemann, aber diese Aufnahme ist nicht vom 9. November im Reichstag, sondern von ihm selbst erst 1923 nachgesprochen. Was Scheidemann wirklich am 9. November 1918 gesagt hat, ist nicht überliefert.[20]

Vorteil und Gefahr der Benutzung von Originalquellen

Die Zuschauer*innen von *Revolution!?* fragen uns immer wieder: „Was?! Das hat der wirklich gesagt? Das wusste ich nicht, das ist ja überraschend!" Wir können zwar behaupten „Ja, der größte Teil dessen, was Ebert oder Ludendorff im Stück äußern, stammt wirklich von ihnen" und dass wir uns um maximale Authentizität und Recherchegenauigkeit bemühen. Aber: In welchem Zusammenhang hat er das gesagt? Denn der veränderte Zusammenhang kann dieselbe Aussage diametral verändern und verfälschen. Ist die Quelle selbst überhaupt zuverlässig? Wurde die Aussage, die in der Quelle zitiert wird, vielleicht schon selbst einge-

---

19 TJW: Ausrufung der Republik (Phillip Scheidemann). https://www.youtube.com/watch?v=tVQJHC7nYvo (22.7.2020).
20 Machtan, Lothar: Und nun geht nach Hause. In: Die Zeit vom 5.4.2018. S. 21.

färbt? Wurde die Quelle in der Überlieferung verändert oder vereinfacht? Hier kommen wir auf das heikle Gebiet geschichtswissenschaftlicher Textkritik. Dabei hilft es zwar, dass wir mit zahlreichen Historiker*innen in Kontakt stehen und auf ihre Anregungen und Kritik hin auch nach der Premiere noch die Texte ändern, aber es bleibt das Problem der Verkürzung historischer Tatsachen in der Textdramatisierung und der Inszenierung und damit die Gefahr der bewussten oder unbewussten Verfälschung.

Leicht lassen sich mit denselben Zitaten zwei sich völlig widersprechende Interpretationen liefern. Das ist das Gefährliche am Zitieren und Kolportieren: Zitate bestechen durch ihre scheinbare Authentizität und ihre wissenschaftliche Absicherung. Aber man kann auch das Gegenteil des zitierten Inhalts ausdrücken. Betrachten wir als Beispiel unsere Figur Friedrich Ebert: Gerade die Geschehnisse der Revolutionsmonate 1918/1919 und Friedrich Eberts dubiose Rolle darin sind sowohl aus dem Geschichtsunterricht als auch aus dem kollektiven Gedächtnis in Westdeutschland verbannt. Im Osten der Republik hingegen herrschte von 1949 – 1989 ein ganz anderes Bild vor: das von Ebert als Verhinderer, Blockierer und Liquidator der Revolution. [21]

Hier kommen wir zu einem wesentlichen Aspekt, was uns an diesem Stück – neben den Gründen, was die Revolution ausgelöst hat – mit am meisten interessierte: Warum endet diese Revolution, wie sie endet? War sie überhaupt eine Revolution? Dies ist auch der Grund unseres Titels „Revolution!?" mit „!" und „?". Ebert spielte darin eine wesentliche, aber umstrittene Rolle, die bis heute diskutiert wird. Wir haben das nach Aufführungen durch nachfolgende Kritik von der einen wie der anderen Seite erfahren.

Die aktuellen historischen – gesamtdeutschen – Interpretationen[22] gleichen immens den Interpretationen westdeutscher Historiker aus den 1970er Jahren wie Sebastian Haffner[23] und seltsamerweise auch denen der DDR-Geschichtsschreibung. So viel Neues ist gar nicht dazugekommen. Alles bleibt eine Frage der Gewichtung. Jede künstlerische Verdichtung kann nur Interpretation sein. Wir vom *Axensprung Theater* haben auf der Grundlage eines umfassenden Quellenstudiums und der Bewertung zahlreicher Sekundärliteratur eine eigene Inter-

---

21 Käppner, Joachim: 1918 – Aufstand für die Freiheit. Die Revolution der Besonnenen. München 2017. S. 15 – 20.
22 Gietinger, Klaus: Der Konterrevolutionär. Waldemar Pabst – eine deutsche Karriere. Hamburg 2008;
Gietinger, Klaus: Eine Leiche im Landwehrkanal. Die Ermordung Rosa Luxemburgs. Hamburg 2019. Dazu gegensätzlich, ausschließlich positiv erscheint Eberts Rolle in Winkler, Heinrich August: Weimar 1918 – 1933. Die Geschichte der ersten deutschen Demokratie. München 1993.
23 Haffner, Sebastian: Die deutsche Revolution 1918/19. Wie war es wirklich? München 1979.

pretation gefunden. Wir sind da übrigens keineswegs immer einer Meinung, was von Anfang an gut und befruchtend für unsere Arbeit war. Mit *Revolution!?* stellen wir also – so objektiv und komplex wie möglich – unsere Interpretation, unsere Meinung dar. Das Publikum soll angestoßen werden, weiter zu forschen, zu hinterfragen.

Während unserer Arbeit an dem vorliegenden Bericht haben wir nach ausgiebiger Recherche bereits ein weiteres Theaterstück geschrieben und produziert, *GIER Weimar – Die erhitzte Republik*, das wir am 31. Oktober 2019 wiederum im Museum für Hamburgische Geschichte zur Uraufführung brachten, und das wir gegenwärtig auf Gastspielen im In- und Ausland spielen. *GIER* ist als Fortsetzung der Vorgängerproduktion *Revolution!?* zu sehen, schildert die Jahre 1919–1924 in Hamburg und Deutschland und setzt die Erlebnisse einiger Protagonist*innen aus dem vorherigen Stück fort. Es werden aber auch neue Hauptfiguren geschaffen. Dieses neue Theaterstück ist durchaus in sich geschlossen, sodass es auch ohne den Besuch der Vorgängerproduktion verständlich bleibt. Es bietet sich an, eine weitere Produktion anzuschließen, die die Weimarer Jahre 1925–1933 zum Thema hat, und in denen die weiteren Erlebnisse unserer Protagonist*innen geschildert werden. Unser Plan ist die Vollendung einer Weimar-Trilogie, eine Art „Fortsetzungstheater", eine Form, die äußerst selten auf deutschen Bühnen zu sehen ist.

Der Kürze halber und stellvertretend sei hier nur eine einzige Quelle genannt, die einen Höhepunkt in *GIER* darstellt, nämlich die Rede des Reichskanzlers Joseph Wirth am 24. Juni 1922 vor dem Reichstag zur Ermordung des jüdischen Reichsaußenministers Walter Rathenau. Diese Rede haben wir – gekürzt – wörtlich wiedergegeben und benutzen sie in direkter Rede an das Publikum als einen 100 Jahre alten Appell an alle Politiker und an die Gesellschaft, eine klare Position gegenüber den zerstörenden Machenschaften der extremen Rechten zu beziehen. Diese Rede empfinden wir und das Publikum als so aktuell wie nie.[24]

Abschließende Gedanken

Unser Theaterprojekt, das vor sechs Jahren als Experiment mit unklarem Ausgang startete, hat mittlerweile kräftig Fahrt aufgenommen. Wir fühlen uns ermutigt, auch in der nächsten Zeit historische und brennende tagespolitische Themen auf die Bühne zu bringen. Geschichtstheater kann für die Zuschauer*innen besonders

---

[24] Joseph Wirth, Reichstagsrede anläßlich der Ermordung Walther Rathenaus, 24. Juni 1922. https://www.1000dokumente.de/index.html?c=dokument_de&dokument=0134_wit&object=facsimile&st=&l=de (22.7.2020).

intensiv sein. Es ermöglicht ein hohes Maß an Identifikation mit historischen Figuren und Ereignissen und schafft eine sinnliche Erfahrung, die beim Lesen eines Buches oder dem Anschauen einer Dokumentation so nicht möglich ist.

Häufig hören wir von Zuschauer*innen im Anschluss an die Vorstellung, dass es verblüffend und überraschend für sie gewesen sei, so berührt, mitgenommen und unterhalten worden zu sein. Man habe sich vorher kein rechtes Bild von dem machen können, was einen erwartet. In der Bewerbung von Gastspielen erweist es sich im Vorfeld leider manchmal als schwierig, potentiell Interessierten diese Möglichkeit des unmittelbaren Erlebens historischer Ereignisse zu vermitteln. Doch ein großes Bedürfnis ist da. Geschichte wird durch diese Form von Theater auf eine neue, bisher so nicht gekannte Art erlebt. Wir haben sehr gute Erfahrungen mit Publikumsgesprächen im Anschluss an die Vorstellungen gemacht, vor allem bei zahlreichen Schulaufführungen. Ein Austausch gibt den Zuschauer*innen die Möglichkeit, Ihre Gefühle und Gedanken über das zuvor Gesehene und Gehörte mit den Schauspieler*innen zu teilen und ergänzende Fragen zu stellen. Das ist auch für uns als Ensemble anregend und bereichernd. Historisches Theater ist aus unserer Sicht eine hervorragende Möglichkeit, über gesellschaftlich relevante Themen sowohl der Vergangenheit wie der Gegenwart ins Gespräch zu kommen.

Die Autor*innen

Oliver Hermann ist gebürtiger Hamburger. Er hat in Hamburg sowie in St. Petersburg seine Schauspielausbildung gemacht. Nach Stationen als Gast am Bremer Theater und am Deutschen Schauspielhaus war er 1991–1994 am Stadttheater Hildesheim engagiert, ab 1995 an den Hamburger Kammerspielen sowie im Musical Buddy Holly. 1996 übernahm Hermann die Hauptrolle des „Uwe Carstens" in der Fernsehserie Alphateam, in der er bis 1999 in 104 Folgen mitwirkte. Neben zahlreichen Episodenrollen in TV-Produktionen wurde Hermann 2000 Ensemblemitglied beim Hamburger Jedermann. 2013 gründet er mit Kollegen das freie *Axensprung Theater*, das seitdem kontinuierlich Inszenierungen zu historischen Themen auf die Bühne bringt. Zuletzt war er im arte-Dokudrama *1918 Aufstand der Matrosen* in der Rolle des Heinrich von Bückwitz zu sehen.

Gangolf Hübinger ist Viadrina Senior Fellow am Center B/Orders in Motion sowie Professor im Ruhestand für Vergleichende Kulturgeschichte der Neuzeit an der Europa-Universität Viadrina in Frankfurt (Oder). Er arbeitet unter anderem zur Ideen- und Intellektuellengeschichte, Wissenskulturen und Wissenschaften sowie zu religiösen Kulturen und politischen Bewegungen im 19. und 20. Jahrhundert. Hübinger ist Mitherausgeber der Gesamtausgaben zu Max Weber und zu Ernst Troeltsch sowie der Zeitschrift „Internationales Archiv für Sozialgeschichte der deutschen Literatur".

Guido Isekenmeier ist wissenschaftlicher Mitarbeiter am Institut für Literaturwissenschaften der Universität Stuttgart. Er lehrt Englische und Amerikanische Literatur- und Kulturwissenschaft und forscht vor allem zum Verhältnis von Literatur und (visuellen) Medien. Zu seinen letzten Veröffentlichungen gehören Interpiktorialität (Hrsg., 2013), Literary Visualities (Hrsg. mit Ronja Bodola, 2017) und Recollecting John Fowles (Hrsg. mit Gerd Bayer, 2018). Demnächst erscheint Intertextualität und Intermedialität: Theoretische Grundlagen – Exemplarische Analysen (mit Andreas Böhn und Dominik Schrey).

Ulrike Jureit ist Historikerin und für die Hamburger Stiftung zur Förderung von Wissenschaft und Kultur tätig. Zu ihren Forschungsschwerpunkten gehören unter anderem Sozial- und Kulturgeschichte des 19./20. Jahrhunderts, Historische Gewaltforschung, Generationentheorie, Erinnerungs- und Gedächtnisforschung, Raum in der Moderne, Biographie- und Lebenslaufforschung und Visual History. Zuletzt erschien von ihr „Magie des Authentischen. Das Nachleben von Krieg und Gewalt im Reenactment", Göttingen 2020 und „Umkämpfte Räume. Raumbilder, Ordnungswille und Gewaltmobilisierung", Göttingen 2016.

Thorsten Logge ist Juniorprofessor für Public History an der Universität Hamburg. Er studierte Geschichte, Politikwissenschaft und Psychologie in Hamburg und an der Justus-Liebig-Universität Gießen. Während seines Promotionsstudiums in Gießen war er DFG-Stipendiat am Graduiertenkolleg „Transnationale Medienereignisse von der Frühen Neuzeit bis zur Gegenwart" und zugleich Mitglied des Graduate Centre for the Study of Culture (GCSC). Seine Dissertation „Zur medialen Konstruktion des Nationalen. Die Schillerfeiern 1859 in Europa und Nordamerika" wurde 2014 veröffentlicht. Von 2010 bis 2017 arbeitete er als wissenschaftlicher Mitarbeiter, zuletzt als Koordinator des Arbeitsfeldes Public History am Fachbereich Geschichte der Universität Hamburg. In seiner Forschung beschäftigt er sich mit der Produktion, Repräsentation, Distribution und Rezeption sowie der Performativität und Medialität von Geschichte im öffentlichen Raum.

Peter Lüchinger wurde an der Schauspiel-Akademie Zürich ausgebildet, sein erstes Engagement hatte er am Schauspielhaus Zürich. Von 1983–1988 wirkte er am Staatstheater Kassel, danach freiberuflich in Berlin. Seit 1989 ist Peter Lüchinger im Ensemble der *bremer shakespeare company (bsc)*, deren Vorstand er angehört. Seit 2007 übernimmt er die Textbearbeitung der Dokumente für die Bühnenfassung und die Regie für die szenischen Lesungen der Reihe *Aus den Akten auf die Bühne*.

Freddie Rokem ist Wiegeland Visiting Professor of Theater & Performance Studies (TAPS) der University of Chicago. Er ist emeritierter Professor am Department of Theatre der Universität Tel Aviv, wo er von 2002–2006 als Dekan der Faculty of Arts tätig war. Von 2006–2016 hatte Rokem den Emanuel Herzikowitz Chair for 19th and 20th Century Art inne. Zu seinen letzten Veröffentlichungen gehören „Philosophers and Thespians: Thinking Performance" (2010; deutsche Übersetzung: TheaterDenken. Begegnungen und Konstellationen zwischen Philosophen und Theatermachern, Berlin 2017), Jews and the Making of Modern German Theatre (2010, co-edited with Jeanette Malkin); Strindberg's Secret Codes (2004) and Performing History: Theatrical Representations of the Past in Contemporary Theatre (2000; deutsche Übersetzung: Geschichte aufführen. Darstellungen der Vergangenheit im Gegenwartstheater, Berlin 2012). Rokem war Herausgeber von Theatre Research International (2006–2009) sowie Mitbegründer und Mitherausgeber der Buchreihe 'Performance Philosophy' bei Palgrave/Macmillan (2012–2017). Er hatte Gastprofessuren an vielen internationalen Universitäten und ist auch als Dramaturg tätig.

Achim Saupe ist Koordinator des Leibniz-Forschungsverbunds Historische Authentizität und wissenschaftlicher Mitarbeiter am Zentrum für Zeithistorische Forschung in Potsdam. Zu seinen Forschungsschwerpunkten gehören Geschichtstheorie und Historiographiegeschichte, Geschichtskultur in der Moderne, Europäische Geschichte im 20. Jahrhundert und die Geschichte des Selbst.

Erik Schäffler ist Schauspieler, Theaterregisseur, Autor und (Synchron-)Sprecher. 1994 war er an der Gründung von „Theater Triebwerk" beteiligt und wirkte unter anderem mit an dessen Produktion „Moby Dick" (Text, Regie, Schauspiel). Auf Tourneen in Südostasien, USA und Großbritannien sammelte er internationale Erfahrungen. 1994–2018 spielte Schäffler den „Teufel" im „Hamburger Jedermann" von Michael Batz. Er wirkte 2006–2012 in „Caveman" am Tivoli mit und war 2009–2013 Schauspieler am Schauspielhaus Hamburg. 2020 war er verantwortlich für die Regie und Textbearbeitung von Daniel Kehlmanns „TYLL" am Hamburger Ernst Deutsch Theater Hamburg sowie für die „Weimar-Trilogie" des Axensprung Theaters. Erik Schäffler wurde 2000 mit dem Bayerischen Theaterpreis ausgezeichnet und erhielt 2018 den Sonderpreis des Theaterpreises Hamburg Rolf Mares.

Eva Schöck-Quinteros ist Historikerin und seit 1991 an der Universität Bremen tätig. 2007 initiierte sie die Projektreihe *Aus den Akten auf die Bühne* und ist seither zuständig für die wissenschaftliche Leitung, Lehre und Koordination des mehrfach preisgekrönten Projekts, für das sie 2019 mit dem Bundesverdienstkreuz am Bande ausgezeichnet wurde.

Wolfgang G. Schmidt ist Leiter und Gründer der Theaterwerkstatt Heidelberg, Theaterpädagoge und Regisseur sowie Ausbildungsleiter der Theaterpädagogischen Akademie Heidelberg mit den Schwerpunkten Schauspielmethodik, Angewandtes Theater, Stückentwicklung, Theaterpädagogik und Ästhetisches Forschen. Er ist verantwortlich für Projektkonzeptionen und Regie einer Vielzahl von Inszenierungen auch im öffentlichen Raum. Studium mit Schwerpunkt Theaterpädagogik bei Prof. Eva Figge FH Hannover sowie der Diplom-Sozialpädagogik und von körperorientierten Ansätzen (Rhythmik, Psychomotorik u. a.). Schmidt war unter anderem Assistent bei Hurd Hatfield (Schüler von M. Tschechow), Gerard Bagley (Schüler von Rudolf v. Laban), Prof. Arkadij Nemerowskij (Dozent an der Schauspielakademie Moskau – Die Plastizität des Schauspielers). Zu seinen Arbeiten gehören Inszenierungen, Choreografien und Workshops u. a. in San Francisco, London, Moskau, Wien, München, Stuttgart. Von 1986 bis 1991 war Schmidt Mitglied der Tanz-, Theater- und Performance-Avantgarde in San Francisco.

Nils Steffen ist Historiker, Koordinator des Arbeitsfeldes Public History an der Universität Hamburg und Geschäftsführender Gesellschafter von *anders & wissen. das projektlabor*. Nach seinem Studium der Geschichte und Germanistik an den Universitäten Bremen und Vechta war er als akademischer Mitarbeiter an der Ruprecht-Karls-Universität Heidelberg (2015–2017) tätig, bevor er sich 2018 selbstständig machte. Zu seinen Forschungsschwerpunkten gehören performative Praktiken der Geschichte. Zuletzt gab er zusammen mit Christian Bunnenberg den Band „Geschichte auf YouTube" (Berlin 2019) heraus.

Markus Voigt lebt und arbeitet als Komponist, Arrangeur, Texter, Musiker und Schauspieler in Hamburg. Nach einigen Semestern Psychologie und Geschichte studierte er Jazz an der Hamburger Hochschule für Musik und Theater. Voigt arbeitete unter anderem für das Deutsche Schauspielhaus und das Thalia Theater in Hamburg, die Neuköllner Oper, auf Kampnagel, als Jurymitglied des Bundeswettbewerbs für Gesang und in vielen freien Musik- und Theaterproduktionen. Er ist Musikalischer Leiter am Schmidts Tivoli und beim Schmidt Theater auf der Reeperbahn sowie Gründungsmitglied des Hamburger Axensprung-Theaters.

Abbildungsverzeichnis

Abb. 1: Paul Klee, Angelus Novus, 1920, Oil transfer and watercolor on paper, 318 x 242 mm, Gift of Fania and Gershom Scholem, Jersualem, John Herring, Marlene and Paul Herring, Jo-Carole and Ronald Lauder, New York. Collection The Israel Museum, Jerusalem, B87.0094, Foto © The Israel Museum, Jerusalem by Elie Posner.

Abb. 2: Opening Scene of Mutter Courage und ihre Kinder, 1949, Deutsches Theater Berlin, Foto: Ruth Berlau, © by Ruth Berlau/Hoffmann. Akademie der Künste [AdK], Berlin, Brecht-Archiv [BBA], Theaterdokumentation 655/445.

Abb. 3: Teo Otto, *Emblem für Chansons* (für Mutter Courage), 1962, Haifa, Theaterwissenschaftliche Sammlung, Universität zu Köln.

Abb. 4: Theaterwerkstatt Heidelberg, *Geflüchtet, unerwünscht, abgeschoben. „Lästige Ausländer" in der Weimarer Republik* (Szenenbild), 2016, Heidelberg, https://youtu.be/fBFwjhK-qKk (1:13:02) (14.08.2020).

Abb. 5: Theaterwerkstatt Heidelberg, *Geflüchtet, unerwünscht, abgeschoben. „Lästige Ausländer" in der Weimarer Republik* (Szenenbild), 2016, Heidelberg, https://youtu.be/fBFwjhK-qKk (1:04:09) (14.08.2020).

Abb. 6: Nils Steffen, Authentisierung und Authentifizierung im Zeitzeugnistheater.

Abb. 7: Szene aus *Grund der Ausweisung: Lästiger Ausländer* aus der Reihe *Aus den Akten auf die Bühne*, 2007, Bremen, Foto: bremer shakespeare company.

Abb. 8: Szene aus *Geflüchtet, unerwünscht, abgeschoben. „Lästige Ausländer" in der Weimarer Republik*, 2016, Heidelberg, Foto: Theaterwerkstatt Heidelberg.

Abb. 9: Szene aus *Geflüchtet, unerwünscht, abgeschoben. „Lästige Ausländer" in der Weimarer Republik*, Mai 2016, Heidelberg, https://youtu.be/QjaViRorBoI (00:37:08).

Abb. 10: Cover der Begleitbände zu *Aus den Akten auf die Bühne* 2007–2018

Abb. 11: Szene aus *Vom Eis gebissen, im Eis vergraben. Geschichte aus der Polarforschung*, Mai 2018, Bremen, Foto: Marianne Menke.

Abb. 12: Szene aus *Prunk & Pleite einer Unternehmerdynastie. Der Konkurs der Nordwolle und die Bankenkrise 1931*, 2015, Bremen, Foto: Marianne Menke.

Abb. 13: Szene aus *Eine Stadt im Krieg. Bremen 1914–1918*, 2013, Bremen, Foto: Marianne Menke.

Abb. 14: Szene aus *Keine Zuflucht. Nirgends – Die Konferenz von Évian und die Fahrt der St. Louis*, 2019, Foto: Dirk Lohmann.

Abb. 15: Pressefoto zur Inszenierung *Geflüchtet, unerwünscht, abgeschoben. „Lästige Ausländer" in der Weimarer Republik*, 2016, Foto: Theaterwerkstatt Heidelberg.

Abb. 16: Szene aus *Geflüchtet, unerwünscht, abgeschoben. „Lästige Ausländer" in der Weimarer Republik*, 2016, Foto: Theaterwerkstatt Heidelberg.

Abb. 17: Szene aus *Geflüchtet, unerwünscht, abgeschoben. „Lästige Ausländer" in der Weimarer Republik*, 2016, Foto: Theaterwerkstatt Heidelberg.

Abb. 18: Szene aus *Weltenbrand*, 2014, Hamburg, Foto: Ulli Mächtle.

Abb. 19: Szene aus *Kampfeinsatz*, 2016, Hamburg, Foto: Eike Zuleeg.

Abb. 20: Szene aus *Kampfeinsatz*, 2016, Hamburg, Foto: Oliver Fantitsch.

Abb. 21: Andreas Karmers, 2012, *orange 4*.

Abb. 22: Szene aus *Revolution!?*, 2018, Hamburg, Foto: Alexandra Calvert.
Abb. 23: Michael Bideller und Erik Schäffler in der Inszenierung *Revolution!?*, Hamburg 2018.

Literaturverzeichnis

Abschließender Sachbericht. Editions- und Forschungsprojekt: World War II – Everyday Life Under German Occupation. Der Zweite Weltkrieg – Alltag unter deutscher Besatzung. Marburg [u. a.] 2016. https://www.leibnizgemeinschaft.de/fileadmin/user_upload/Bilder_und_Downloads/Forschung/Wettbewerb/Vorhaben/Abschlussberichte/Sachbericht_SAW-2012-HI-7.pdf (30.7.2020).

Adler, Jeremy (Hrsg.): August Stramm. Alles ist Gedicht. Briefe, Gedichte, Bilder, Dokumente. Zürich 1990.

Adler, Jeremy (Hrsg.): August Stramm. Die Dichtungen. Sämtliche Gedichte, Dramen, Prosa. München 1990.

An Interview with Paweł Machcewicz. Politics of History – Politicians against Historians. In: VHD Journal 7 (2018). S. 19–22.

Andree, Martin: Archäologie der Medienwirkung. Faszinationstypen von der Antike bis heute (Simulation, Spannung, Fiktionalität, Authentizität, Unmittelbarkeit, Geheimnis, Ursprung). München 2005.

Antisemitismus und Demokratie, in: Berliner Tageblatt vom 2.11.1919.

Arendes, Cord [u. a.]: Geschichtswissenschaft im 21. Jahrhundert. Interventionen zu aktuellen Debatten. Berlin 2020.

Arendes, Cord: Public History und die Inszenierung von Quellen mit Mitteln des Theaters. In: Geflüchtet, unerwünscht, abgeschoben. Osteuropäische Juden in der Republik Baden (1918–1923). Hrsg. von Nils Steffen u. Cord Arendes. Heidelberg 2017. S. 13–24.

Arendes, Cord: Wissenstransfer als „Third Mission". Herausforderungen und Chancen für die Geschichtswissenschaft. In: Arendes, Cord [u. a.]: Geschichtswissenschaft im 21. Jahrhundert. Interventionen zu aktuellen Debatten. Berlin 2020. S. 47–55.

Arndt, Andreas: Unmittelbarkeit. Berlin 2013.

Arnold, Klaus: Der wissenschaftliche Umgang mit Quellen. In: Geschichte. Ein Grundkurs. Hrsg. von Hans-Jürgen Goertz. 3. Aufl. Reinbek 2007 [1998]. S. 42–58.

Austin, John L.: How to do things with words. Oxford 1962 (The William James Lectures).

Bachmann, Michael: Dokumentartheater/Dokumentardrama. In: Handbuch Drama. Theorie, Analyse, Geschichte. Hrsg. von Peter W. Marx. Stuttgart 2012. S. 305–310.

Bachmann-Medick, Doris: Cultural Turns. Neuorientierungen in den Kulturwissenschaften. Reinbek 2006.

Bachmann-Medick, Doris: Übersetzung zwischen den Zeiten – ein travelling concept? In: Saeculum 67 (2017). S. 21–43.

Barthes, Roland: L'effet de réel [1968]. In: Le bruissement de la langue. Essais critiques IV. Hrsg. von Roland Barthes. Paris 2000. S. 167–174.

Barthes, Roland: Sept photo-modèles de *Mère Courage*. In: Théâtre Populaire 35 (1959). S. 997–1013.

Barthes, Roland: Seven Photo Models of *Mother Courage*. In: The Drama Review 12 (1967). S. 44–55

Barton, Brian: Das Dokumentartheater. Stuttgart 1987.

Bassenhorst, Markus: Das Dokument im Dokumentarischen Theater. http://www.theaterspiel.de/doktheat.pdf (22.12.2018).

Beiser, Frederick Charles: Hegel and Ranke. A Re-examination. In: A Companion to Hegel. Hrsg. von Stephen Houlgate u. Michael Baur. Malden [u.a.] 2011 (Blackwell companions to philosophy 48). S. 332–342.
Beiser, Frederick Charles: The German historicist tradition. Oxford 2011. S. 266–288.
Bendix Regina: In Search of Authenticity. The Formation of Folklore Studies. Madison 1997.
Benjamin, Walter: Das Passagen-Werk. In: Gesammelte Schriften. Hrsg. von Rolf Tiedemann u. Hermann Schweppenhäuser. Bd. 4. Frankfurt am Main 1980. S. 576f.
Benjamin, Walter: On the Concept of History. In: Selected Writings. Bd. 4: 1938–1940. Hrsg. von Michael Jennings [u.a.]. Cambridge 2003. S. 389–400.
Benjamin, Walter: The Arcades Project. Cambridge [u.a.] 2002.
Benjamin, Walter: Über den Begriff der Geschichte. In: Walter Benjamin. Gesammelte Schriften. Bd. 2: Das Kunstwerk im Zeitalter seiner technischen Reproduzierbarkeit und andere Schriften. Frankfurt am Main 2011. S. 957–966.
Berg, Jan: Techniken der medialen Authentifizierung Jahrhunderte vor der Erfindung des „Dokumentarischen". In: Die Einübung des dokumentarischen Blicks. Hrsg. von Ursula von Keitz u. Kay Hofmann. Marburg 2001 (Schriften der Friedrich-Wilhelm-Murnau Gesellschaft 7). S. 51–70.
Bergeron, David M.: Pageants, Masques, and History. In: The Cambridge Companion to Shakespeare's History Plays. Hrsg. von Michael Hattaway. Cambridge 2002 (Cambridge Companions to Literature). S. 41–56.
Bernheim, Ernst: Lehrbuch der historischen Methode und der Geschichtsphilosophie. 4. Aufl. Leipzig 1903 [1889].
Bieger, Laura: Ästhetik der Immersion: Wenn Räume wollen. Immersives Erleben als Raumerleben. In: Raum und Gefühl. Der Spatial Turn und die neue Emotionsforschung. Hrsg. von Gertud Lehnert. Bielefeld 2011 (Metabasis. Transkriptionen zwischen Literaturen, Künsten und Medien 5). S. 75–95.
Biesold, Karl-Heinz u. Klaus Barre: Militär. In: Posttraumatische Belastungsstörungen. Hrsg. von Andreas Maercker. Berlin 2013. S. 457–476.
Biesold, Karl-Heinz: Seelisches Trauma und soldatisches Selbstverständnis. Klinische Erfahrungen aus psychiatrischer Sicht. In: Identität, Selbstverständnis, Berufsbild. Implikationen der neuen Einsatzrealität für die Bundeswehr. Hrsg. von Angelika Dörfler-Dierken u. Gerhard Kümmel. Wiesbaden 2010 (Schriftenreihe des Sozialwissenschaftlichen Instituts der Bundeswehr 10). S. 101–120.
Böhme, Gernot: Atmosphäre. Essays zur neuen Ästhetik. 7. Aufl. Berlin 2013.
Bösch, Frank: Zeitenwende 1979. Als die Welt von heute begann. München 2019.
Bottoms, Stephen: Putting the Document into Documentary. An Unwelcome Corrective? In: The Drama Review 50 (2006). S. 56–68.
Brandt, Susanne: Das letzte Echo des Krieges. Der Versailler Vertrag. Stuttgart 2018.
Brecht, Bertolt: Die Straßenszene (1938). In: Bertolt Brecht. Gesammelte Werke. Bd. 16: Schriften zum Theater 2. Frankfurt am Main 1967. S. 546–558.
Brecht, Bertolt: The Street Scene. In: Brecht on Theatre. Hrsg. von Marc Silberman, Steve Giles and Tom Kuhn. London 2015 (Bloomsbury revelations). S. 176.
Brecht, Bertolt: Zu „Mutter Courage und ihre Kinder". In: Bertolt Brecht. Gesammelte Werke. Bd. 17: Schriften zum Theater 3. Frankfurt am Main 1967. S. 1134.
Brinkmann, Tobias: Migration und Transnationalität. Paderborn 2012 (Perspektiven deutsch-jüdischer Geschichte).

Brook, Peter: Der leere Raum. 13. Aufl. Berlin 1983.
Brunner, Otto [u.a.] (Hrsg.): Geschichtliche Grundbegriffe. Historisches Lexikon zur politisch-sozialen Sprache in Deutschland. Bd. 1. Stuttgart 1972.
Buck, Thomas Martin: Zu Rankes Diktum von 1824. Eine vornehmlich textkritische Studie. In: Historisches Jahrbuch 119 (1999). S. 159–185.
Bunnenberg, Christian u. Nils Steffen (Hrsg.): Geschichte auf YouTube. Neue Herausforderungen für Geschichtsvermittlung und historische Bildung. Berlin [u.a.] 2019. (Medien der Geschichte 2).
Chladenius, Johann Martin: Allgemeine Geschichtswissenschaft. Wien [u.a.] 1985 [1752].
Chronicle Play. In: The Bedford Glossary of Critical and Literary Terms. Hrsg. von Ross C. Murfin u. Supryia M. Ray. 3. Aufl. Bedford 2008. S. 60.
Clair, Johannes: Vier Tage im November. Mein Kampfeinsatz in Afghanistan. Berlin 2012.
Conze, Eckard: Die große Illusion. Versailles 1919 und die Neuordnung der Welt. München 2018.
Dauks, Sigrid [u.a.]: Aus den Akten auf die Bühne – eine Kooperation zwischen Universität und Theater. In: Der Deutschunterricht 5 (2019). S. 63–72.
Dauks, Sigrid: „Aus den Akten auf die Bühne." Inszenierungen in der archivischen Bildungsarbeit. Berlin 2010 (Historische Bildungs- und Öffentlichkeitsarbeit 2).
Debray, Régis: Einführung in die Mediologie. Bern 2003 (Facetten der Medienkultur 3).
Definition Dokumentartheater, Nachtkritik.de. https://nachtkritik.de/index.php?option=com_seoglossary&view=glossary&catid=78&id=567&Itemid=67# (14.8.2020).
Demantowsky, Marko: What is Public History. In: Public History and School. International Perspectives. Hrsg. von Marko Demantowsky. Berlin 2018. S. 1–38.
Der Flüchtlingsstrom. Ein Notschrei des Wohnungsverbandes Groß-Berlin. In: Berliner Tageblatt vom 2.11.1919.
Derrida, Jacques: A Certain Impossible Possibility of Saying the Event. In: Critical Inquiry 33 (2007). S. 441–461.
Deutsches Schifffahrtsmuseum (Hrsg.): Auf Auswandererseglern. Berichte von Zwischendecks- und Kajüt-Passagieren. Bremerhaven 1976 (Führer des Deutschen Schifffahrtsmuseums 5).
Deutsches Schifffahrtsmuseum Bremerhaven (Hrsg.): Auswanderung Bremen–USA. Bremerhaven 1976 (Führer des Deutschen Schifffahrtsmuseums 4).
Die Zuwanderung aus dem Osten. Die Russen in Berlin. In: Berliner Tageblatt vom 23.12.1919.
Diehl, Jörg [u.a.]: Die Töchter des Dschihad. In: Der Spiegel vom 7.12.2015. S. 42–45.
Dobson, Miriam u. Benjamin Ziemann (Hrsg.): Reading Primary Sources. The Interpretation of Texts from nineteenth- and twentieth-century History. London [u.a.] 2009 (Routledge guides to using historical sources).
Droysen, Johann Gustav: Historik. Historisch-kritische Ausgabe. Bd.1: Rekonstruktion der ersten vollständigen Fassung der Vorlesungen (1857). Grundriß der Historik in der ersten handschriftlichen (1857/1858) und in der letzten gedruckten Fassung (1882). Stuttgart 1977.
Dubiel, Helmut: Niemand ist frei von der Geschichte. Die nationalsozialistische Herrschaft in den Debatten des Deutschen Bundestages. München [u.a.] 1999.
Eder, Franz X., Oliver Kühschelm u. Christina Linsboth (Hrsg.): Bilder in historischen Diskursen. Wiesbaden 2014 (Interdisziplinäre Diskursforschung).
„Eine Volks-Ostspende". 100.000 Deutsche bereits heimatlos. In: Berliner Tageblatt vom 21.12.1919.

Einstein, Albert: Die Zuwanderung aus dem Osten. In: Berliner Tageblatt vom 30.12.1919. S. 2.
Engelke, Heike: Geschichte wiederholen. Strategien des Reenactment in der Gegenwartskunst. Omer Fast, Andrea Geyer und Rod Dickinson. Bielefeld 2017 (Image 118).
Engels, Friedrich: Die Lage der arbeitenden Klasse in England. Nach eigener Anschauung und authentischen Quellen. Leipzig 1845.
Ertel, Manfred u. Ralf Hoppe: Die Späher von Aarhus. In: Der Spiegel vom 21.2.2015. S. 98–100.
Fendler, Julia: Tagungsbericht. Der Kieler Matrosenaufstand in der Revolution 1918. Epizentrum eines politischen Umbruchs? Wissenschaftlicher Workshop im Vorfeld des 100. Jahrestages der Kieler Novemberereignisse 1918. https://www.hsozkult.de/conferencereport/id/tagungsberichte-6632?recno=8&fq= (22.7.2020).
Fischer, Joschka, Wortlaut. Auszüge aus der Fischer-Rede. https://www.spiegel.de/politik/deutschland/wortlaut-auszuege-aus-der-fischer-rede-a-22143.html (22.7.2020).
Fischer-Lichte, Erika: Performativität. Eine Einführung. Bielefeld 2012 (Edition Kulturwissenschaft 10).
Fischer-Lichte, Erika: Performativität/performativ. In: Metzler Lexikon Theatertheorie. Hrsg. von Erika Fischer-Lichte, Doris Kolesch u. Matthias Warstat. 2. Aufl. Stuttgart [u.a.] 2014. S. 251–258.
Forsyth, Alyson u. Chris Megson (Hrsg.): Get Real. Documentary Theatre Past and Present. Basingstoke [u.a.] 2009 (Performance interventions).
Freund, Wilhelm: Die gegenwärtig beabsichtigte Umgestaltung der bürgerlichen Verhältnisse der Juden in Preussen. Nach authentischen Quellen beleuchtet. Breslau 1842.
Fulda, Daniel: Historiographie. In: Lexikon Geschichtswissenschaft. Hundert Grundbegriffe. Hrsg. von Stefan Jordan. Stuttgart 2002. S. 152–155.
Funk, Wolfgang u. Lucia Krämer (Hrsg.): Fiktionen von Wirklichkeit. Authentizität zwischen Materialität und Konstruktion. Bielefeld 2011 (Kultur- und Medientheorie).
„Geflüchtet-Unerwünscht-Abgeschoben. ‚Lästige Ausländer' in der Weimarer Republik" der *bremer shakespeare company*, Aufzeichnung der Lesung im Theater am Leibnizplatz in Bremen vom 26. Mai 2016, DVD, Bremen 2018.
Gerwarth, Robert: Die Besiegten. Das blutige Erbe des Ersten Weltkriegs. München 2017.
Gezer, Özlem: Emrah und seine Brüder. In: Der Spiegel vom 2.5.2015. S. 60–67.
Gietinger, Klaus: Der Konterrevolutionär. Waldemar Pabst – eine deutsche Karriere. Hamburg 2008.
Gietinger, Klaus: Eine Leiche im Landwehrkanal. Die Ermordung Rosa Luxemburgs. Hamburg 2019.
Gillhoff, Johannes: Jürnjakob Swehn, der Amerikafahrer. München 1998.
Ginzburg, Carlo: Just one Witness. In: Probing the Limits of Representation. Nazism and the „Final Solution". Hrsg. von Saul Friedländer. Cambridge 1992. S. 82–96.
Goertz, Hans-Jürgen: „Wirklichkeit". In: Lexikon Geschichtswissenschaft. Hundert Grundbegriffe. Hrsg. von Stefan Jordan. Stuttgart 2002. S. 328–332.
Goertz, Hans-Jürgen: Abschied von „historischer Wirklichkeit". Das Realismusproblem in der Geschichtswissenschaft. In: Konstruktion von Wirklichkeit. Beiträge aus geschichtstheoretischer, philosophischer und theologischer Perspektive. Hrsg. von Jens Schröter u. Antje Eddelbüttel. Berlin 2003. S. 1–18.

Grafton, Anthony: Die tragischen Ursprünge der deutschen Fußnote. Berlin 1995.
Grimm, Reinhold (Hrsg.): Episches Theater. Köln 1972 (Neue wissenschaftliche Bibliothek 15).
Groos, Heike: „Das ist auch euer Krieg". Deutsche Soldaten berichten von ihren Einsätzen. Frankfurt am Main 2010.
Groos, Heike: Ein schöner Tag zum Sterben. Als Bundeswehrärztin in Afghanistan. Frankfurt am Main 2009.
Gröpl, Myriam [u. a.] (Hrsg.): Geflüchtet. unerwünscht. abgeschoben. „Lästige Ausländer" in Hamburg 1919–1933. Bremen 2016.
Gröpl, Myriam [u. a.]: Vorwort. In: Geflüchtet, unerwünscht, abgeschoben. „Lästige Ausländer" in Hamburg 1919–1933. Hrsg. von Myriam Gröpl, Anna Mamzer u. Eva Schöck-Quinteros. Bremen 2016 (Aus den Akten auf die Bühne 11). S. 7–10.
Grundmann, Siegfried: Einsteins Akte. Wissenschaft und Politik – Einsteins Berliner Zeit. 2. Aufl. Berlin 2004.
Günther, Frank (Hrsg.): Die Fremden. Für mehr Mitgefühl. München 2016.
Guy-Blanquet, Dominique: Elizabethan Historiography and Shakespeare's Sources. In: The Cambridge Companion to Shakespeare's History Plays. Hrsg. von Michael Hattaway. Cambridge 2002 (Cambridge Companions to Literature). S. 57–70.
Hackel, Christiane: Die Bedeutung August Boeckhs für den Geschichtstheoretiker Johann Gustav Droysen. Die Enzyklopädie-Vorlesungen im Vergleich. Würzburg 2006.
Haffner, Sebastian: Die deutsche Revolution 1918/19. Wie war es wirklich? München 1979.
Hardtwig, Wolfgang u. Alexander Schug: Einleitung. In: History Sells! Angewandte Geschichte als Wissenschaft und Markt. Hrsg. von Wolfgang Hardtwig u. Alexander Schug. Stuttgart 2009. S. 9–17.
Hardtwig, Wolfgang: Historismus als ästhetische Geschichtsschreibung. Leopold von Ranke. In: Geschichte und Gesellschaft 23 (1997). S. 99–114.
Hardtwig, Wolfgang: Verlust der Geschichte oder wie unterhaltsam ist die Vergangenheit? Berlin 2010 (Reihe Pamphletliteratur 1).
Harlan, Volker, Rainer Rappmann u. Peter Schata: Soziale Plastik. Materialien zu Joseph Beuys. Achberg 1976.
Harth, Dietrich: Geschichtsschreibung. In: Handbuch der Geschichtsdidaktik. Hrsg. von Klaus Bergmann [u. a.]. 5. Aufl. Seelze-Velber 1997. S. 170–174.
Hattaway, Michael: The Shakespearean History Play. In: The Cambridge Companion to Shakespeare's History Plays. Hrsg. von Michael Hattaway. Cambridge 2002 (Cambridge Companions to Literature). S. 3–24.
Helbich, Wolfgang (Hrsg.): „Amerika ist ein freies Land ...". Auswanderer schreiben nach Deutschland. Darmstadt [u. a.] 1985.
Hentschel, Ulrike: Theaterspielen als ästhetische Bildung. In: Theaterpädagogik. Hrsg. von Christoph Nix, Dietmar Sachser u. Marianne Streisand. Berlin 2012 (Lektionen 5). S. 64–71.
Herbert, Ernst: Geschichtliche Darstellung des grossen Hamburger Brandes vom 5. bis 8. Mai 1842. Nach den Berichten von Augenzeugen und authentischen Quellen. Altona 1842.
Herman, Judith L.: Die Narben der Gewalt. Traumatische Erfahrungen verstehen und überwinden. Paderborn 2003 (Konzepte der Psychotraumatologie 3).
Herrmann, Max: Das theatralische Raumerlebnis (1931). In: Raumtheorie. Grundlagentexte aus Philosophie und Kulturwissenschaften. Hrsg. von Jörg Dünne und Stephan Günzel. Frankfurt am Main 2006. S. 501–514.

Hilzinger, Klaus H.: Die Dramaturgie des dokumentarischen Theaters. Tübingen 1976 (Untersuchungen zur deutschen Literaturgeschichte 15).
Hinck, Walter: Einleitung. Zur Poetik des Geschichtsdramas. In: Geschichte als Schauspiel. Deutsche Geschichtsdramen, Interpretationen. Hrsg. von Walter Hinck. Frankfurt am Main 1981. S. 7–21.
Hochbruck, Wolfgang: Geschichtstheater. Formen der „Living History". Eine Typologie. Bielefeld 2013 (Historische Lebenswelten in populären Wissenskulturen 10).
Hoffmann, Detlef: Authentische Erinnerungsorte oder: Von der Sehnsucht nach Echtheit und Erlebnis. In: Bauten und Orte als Träger von Erinnerung. Die Erinnerungsdebatte und die Denkmalpflege. Hrsg. von Hans-Rudolf Meier u. Marion Wohlleben. Zürich 2000 (Veröffentlichungen des Instituts für Denkmalpflege an der Eidgenössischen Technischen Hochschule Zürich 21). S. 31–45.
Höfler, Constantin von: Abhandlung über eine neue Quelle für die Geschichte Kaiser Friedrich's I., Barbarossa. In: Gelehrte Anzeigen. Bulletin der königlichen Akademie der Wissenschaften 20 (1845). S. 25.
Hofstadter, Richard: The Paranoid Style in American Politics and other Essays. New York 1967.
Huck, Jürgen: Das Ende der Franzosenzeit in Hamburg. Quellen und Studien zur Belagerung und Befreiung von Hamburg 1813–1814. Hamburg 1984 (Beiträge zur Geschichte Hamburgs 24).
Irmer, Thomas: A Search for New Realities. Documentary Theatre in Germany. In: The Drama Review 50 (2006). S. 16–28.
Jeismann, Karl-Ernst: Didaktik der Geschichte. Die Wissenschaft von Zustand, Funktion und Veränderung geschichtlicher Vorstellungen im Selbstverständnis der Gegenwart. In: Geschichtswissenschaft. Didaktik, Forschung, Theorie. Hrsg. von Erich Kosthorst. Göttingen 1977. S. 9–33.
Jeismann, Karl-Ernst: Geschichtsbewußtsein – Theorie. In: Handbuch der Geschichtsdidaktik. Hrsg. von Klaus Bergmann [u.a.]. 5. Aufl. Seelze-Velber 1997. S. 42–44.
Joseph Wirth, Reichstagsrede anläßlich der Ermordung Walther Rathenaus, 24. Juni 1922. https://www.1000dokumente.de/index.html?c=dokument_de&dokument=0134_wit&object=facsimile&st=&l=de (22.7.2020).
Jowett, John (Hrsg.): Sir Thomas More. London 2013.
Kaddor, Lamya: Der Dschihad und der Islam. In: Der Spiegel vom 31.1.2015. S. 104–108.
Kaddor, Lamya: Zum Töten bereit. Warum deutsche Jugendliche in den Dschihad ziehen. München [u.a.] 2015.
Kalela, Jorma: Making History. The Historian and Uses of the Past. Basingstoke [u.a.] 2012.
Kämper, Heidrun: Authentisch – Gebrauchsaspekte eines Leitworts. In: Konzepte des Authentischen. Hrsg. von Heidrun Kämper u. Christopher Voigt. Göttingen 2018. S. 13–28.
Käppner, Joachim: 1918 – Aufstand für die Freiheit. Die Revolution der Besonnenen. München 2017. S. 15–20.
Kipphardt, Heinar: Kern und Sinn aus Dokumenten. In: Theater Heute 11 (1964). S. 63.
Kipphardt, Heinar: Wahrheit wichtiger als Wirkung. In: Deutsche Dramaturgie der Sechziger Jahre. Ausgewählte Texte. Bd. 4. Hrsg. von Helmut Kreuzer, Benno Wiese u. Peter Seibert. Tübingen 1974. S. 45f.
Kirn, Paul: Einführung in die Geschichtswissenschaft, Berlin 2015 [1947].

Kittstein, Ulrich: Episches Theater. In: Handbuch Drama. Theorie, Analyse, Geschichte. Hrsg. von Peter W. Marx. Stuttgart 2012. S. 296–304.
Kleßmann, Eckart (Hrsg.): Deutschland unter Napoleon in Augenzeugenberichten. München 1982.
Knaller, Susanne: Ein Wort aus der Fremde. Geschichte und Theorie des Begriffs Authentizität. Heidelberg 2007 (Beiträge zur neueren Literaturgeschichte 246).
Köppen, Edlef: Heeresbericht. Roman. Berlin 2005.
Koselleck, Reinhart: Standortbindung und Zeitlichkeit. Ein Beitrag zur historiographischen Erschließung der geschichtlichen Welt. In: Objektivität und Parteilichkeit in der Geschichtswissenschaft. Hrsg. von Reinhart Koselleck, Wolfgang J. Mommsen u. Jörn Rüsen. München 1977 (Theorie der Geschichte. Beiträge zur Historik 1). S. 17–46.
Kuhn, Tom, Steve Giles u. Marc Silberman: Brecht on Performance. Messingkauf and Modelbooks. London [u.a.] 2014.
Kühne, Jonas, Tobias von Borcke u. Aya Zarfati: 1871 – Fragen an die deutsche Geschichte. In: Museumskrise und Ausstellungserfolg. Die Entwicklung der Geschichtsausstellung in den Siebzigern. Hrsg. von Schulze, Mario, Anke te Heesen u. Vincent Dold. Berlin 2015. S. 18–33.
Langewiesche, Dieter: Zeitwende. Geschichtsdenken heute. Göttingen 2008.
Lehmann, Hans-Thies: Postdramatisches Theater. Frankfurt am Main 1999.
Lejeune, Philippe: Le pacte autobiographique. Paris 1975.
Lengwiler, Martin: Praxisbuch Geschichte. Einführung in die historischen Methoden. Zürich 2011.
Lethen, Helmut: Versionen des Authentischen. Sechs Gemeinplätze. In: Literatur und Kulturwissenschaften. Positionen, Theorien, Modelle. Hrsg. von Hartmut Böhme u. Klaus R. Scherpe. Reinbek 1996. S. 205–223.
Logge, Thorsten: Geschichtssorten als Gegenstand einer forschungsorientierten Public History. In: Public History Weekly 6 (2018). https://public-history-weekly.degruyter.com/6-2018-24/history-types-and-public-history/ (27.7.2020).
Lücke, Martin u. Irmgard Zündorf: Einführung in die Public History. Göttingen 2018.
Machcewicz, Paweł: Der umkämpfte Krieg. Das Museum des Zweiten Weltkriegs in Danzig. Entstehung und Streit. Wiesbaden 2018 (Polnische Profile 5).
Machtan, Lothar: Und nun geht nach Hause. In: Die Zeit vom 5.4.2018. S. 21.
MacMillan, Margaret: Die Friedensmacher. Wie der Versailler Vertrag die Welt veränderte. Berlin 2015.
Mamzer, Anna u. Eva Schöck-Quinteros (Hrsg.): Geflüchtet, unerwünscht, abgeschoben. „Lästige Ausländer" in der Weimarer Republik. Bremen 2016 (Aus den Akten auf die Bühne 9).
Marc, Franz: Briefe aus dem Felde. Berlin 1940.
Marschall, Brigitte: Politisches Theater nach 1950. Wien [u.a.] 2010.
Martschukat, Jürgen u. Steffen Patzold (Hrsg.): Geschichtswissenschaft und „performative turn". Ritual, Inszenierung und Performanz vom Mittelalter bis zur Neuzeit. Köln [u.a.] 2003 (Norm und Struktur. Studien zum sozialen Wandel in Mittelalter und früher Neuzeit 19).
Marx, Karl: Der achtzehnte Brumaire des Louis Bonaparte. 2. Aufl. Hamburg 1869.

Marx, Karl: The Eighteenth Brumaire of Louis Bonaparte. http://www.marxists.org/archive/marx/works/1852/18th-brumaire/ch01.htm (1.8.2018).
Matijevic, Daniela: Mit der Hölle hätte ich leben können. Als deutsche Soldatin im Auslandseinsatz. München 2010.
Maurer, Trude: Ostjuden in Deutschland 1918–1933. Hamburg 1986 (Hamburger Beiträge zur Geschichte der deutschen Juden 12).
Meyer-Lenz, Johanna: Tagungsbericht. Die Revolution 1918/19 in Hamburg. Ereignisse, Vergleiche und Bewertungen.
https://www.hsozkult.de/conferencereport/id/tagungsberichte-7554 (22.7.2020).
Moser, Laura: Der Versuch zu bleiben – Einbürgerungsanträge in der Republik Baden. In: Geflüchtet, unerwünscht, abgeschoben. Osteuropäische Juden in der Republik Baden (1918–1923). Hrsg. von Nils Steffen u. Cord Arendes. Heidelberg 2017. S. 155–176.
Muhlack, Ulrich: Leopold von Ranke und die Begründung der quellenkritischen Geschichtsforschung. In: Historische Debatten und Kontroversen im 19. und 20. Jahrhundert. Jubiläumstagung der Ranke-Gesellschaft in Essen 2001. Hrsg. von Jürgen Elvert u. Susanne Krauß. Stuttgart 2003 (Historische Mitteilungen. Beihefte 46). S. 23–33.
Museum für Hamburgische Geschichte (Hrsg): Hamburg als Auswandererstadt. Hamburg 1984.
Neue Rheinische Zeitung vom 15.2.1849.
Neue Rheinische Zeitung vom 17.1.1849.
Neue Rheinische Zeitung vom 20.9.1848.
Neue Rheinische Zeitung vom 23.9.1848.
Neue Rheinische Zeitung vom 25.10.1848.
Neue Rheinische Zeitung vom 30.12.1848. Beilage.
Neue Rheinische Zeitung vom 6.8.1848.
Neue Rheinische Zeitung vom 8.7.1848.
Neue Rheinische Zeitung vom 7.2.1849.
Neufert, Sven: Theater als Tempel. Völkische Ursprungssuche in Drama, Theater und Festkultur 1890–1930. Würzburg 2018 (Film – Medium – Diskurs 88).
Niebuhr, Barthold Georg: Römische Geschichte. Theil 2. Berlin 1812.
Nießer, Jacqueline u. Juliane Tomann (Hrsg.): Angewandte Geschichte. Neue Perspektiven auf Geschichte in der Öffentlichkeit. Paderborn [u.a.] 2014.
Nikitin, Boris P.: Der unzuverlässige Zeuge. Zwölf Behauptungen über das Dokumentarische. In: Dokument, Fälschung, Wirklichkeit. Materialband zum zeitgenössischen Dokumentarischen Theater. Hrsg. von Boris Nikitin, Carena Schlewitt u. Tobias Brenk. Berlin 2014 (Theater der Zeit 110). Berlin 2014. S. 12–19.
Nikitin, Boris, Carena Schlewitt u. Tobias Brenk (Hrsg.): Dokument, Fälschung, Wirklichkeit. Materialband zum zeitgenössischen Dokumentarischen Theater. Berlin 2014 (Theater der Zeit 110).
Nolte, Paul: Darstellungsweisen deutscher Geschichte. Erzählstrukturen und „master narratives" bei Nipperdey und Wehler. In: Die Nation schreiben. Geschichtswissenschaft im internationalen Vergleich. Hrsg. von Christoph Conrad u. Sebastian Conrad. Göttingen 2002. S. 236–268.
Oexle, Otto Gerhard: Im Archiv der Fiktionen. In: Auf der Suche nach der verlorenen Wahrheit. Zum Grundlagenstreit in der Geschichtswissenschaft. Hrsg. von Rainer Maria Kiesow u. Dieter Simon. Frankfurt am Main [u.a.] 2000. S. 87–103.

Oexle, Otto Gerhard: Krise des Historismus – Krise der Wirklichkeit. Eine Problemgeschichte der Moderne. In: Krise des Historismus – Krise der Wirklichkeit. Wissenschaft, Kunst und Literatur 1880–1932. Hrsg. von Otto Gerhard Oexle. Göttingen 2007 (Veröffentlichungen des Max-Planck-Instituts für Geschichte 228). S. 11–116.

Oltmer, Jochen: Migration und Politik in der Weimarer Republik. Göttingen 2005.

Opgenoorth Ernst u. Günther Schulz: Einführung in das Studium der Neueren Geschichte. 7. Aufl. Paderborn [u. a.] 2010.

Ott, Ursula: Was Liebe aushält. Sieben wahre Geschichten. Frankfurt am Main 2014.

Otto, Ulf u. Jens Roselt (Hrsg.): Theater als Zeitmaschine. Zur performativen Praxis des Reenactments. Theater- und kulturwissenschaftliche Perspektiven. Bielefeld 2012 (Theater 45).

Panter, Peter (= Kurt Tucholsky): Die Grenze. In: Kurt Tucholsky. Gesammelte Werke in zehn Bänden. Bd. 2. Reinbek 1975. S. 370 f.

Perec, George u. Robert Bober: Geschichten von Ellis Island oder Wie man Amerikaner macht. Berlin 1997.

Perthes, Wilhelm u. Agnes Perthes: Aus der Franzosenzeit in Hamburg. Erlebnisse. Hamburg 1910.

Petit, Lenard: Die Cechov-Methode. Handbuch für Schauspieler. Mit einem Vorwort von Frank Betzelt. Leipzig 2014.

Pfister, Manfred: Das Drama. Theorie und Analyse. 11. Aufl. München 2001 (Information und Synthese 3).

Piscator, Erwin: Das Politische Theater. Berlin 1968.

Plato, Alexander von: Zeitzeugen und die historische Zunft. Erinnerung, kommunikative Tradierung und kollektives Gedächtnis in der qualitativen Geschichtswissenschaft – ein Problemaufriss. In: BIOS 13 (2000). S. 5–29.

Porombka, Stephan: Really Ground Zero. Die Wiederkehr des Dokumentarischen. In: Literatur der Jahrtausendwende. Themen, Schreibverfahren und Buchmarkt um 2000. Hrsg. von Evi Zemanek u. Susanne Krones. Bielefeld 2008 (Lettre). S. 267–280.

Portelli, Alessandro: What makes oral history different [1979]. In: The oral history reader. Hrsg. von Robert Perks u. Alistair Thomson. 2. Aufl. London [u. a.] 2006. S. 32–42.

Prell, Marianne: Erinnerungen aus der Franzosenzeit in Hamburg von 1806 bis 1914. Hamburg 1906.

Pressestelle der Freien und Hansestadt Hamburg (Hrsg.): Auswandererhafen Hamburg. Hamburg 2000.

Promutico, Fabian: Eine Alternative zur Abschiebung? Die Einrichtung der ersten Konzentrationslager. In: Geflüchtet, unerwünscht, abgeschoben. Osteuropäische Juden in der Republik Baden 1918–1923. Hrsg. von Nils Steffen u. Cord Arendes. Heidelberg 2017. S. 215–236.

Ranke, Leopold von: Deutsche Geschichte im Reformationszeitalter. Bd. 1. Berlin 1839.

Ranke, Leopold von: Die römischen Päpste. Bd. 1–3. Berlin 1834–1836.

Ranke, Leopold von: Neuere Geschichte seit dem Anfang des 17. Jahrhunderts [1867/1868]. In: Aus Werk und Nachlass. Bd. 4: Vorlesungseinleitungen. Hrsg. von Volker Dotterweich u. Walther Peter Fuchs. München [u. a.] 1975. S. 411–417.

Ranke, Leopold von: Sämmtliche Werke. Bd. 14: Englische Geschichte vornehmlich im 17. Jahrhundert. Leipzig 1870.

Ranke, Leopold von: Sämtliche Werke. Bd. 33/34: Geschichte der romanischen und germanischen Völker von 1494–1514. Leipzig 1885.
Ranke, Leopold von: Zur Kritik neuerer Geschichtsschreiber. Eine Beylage zu desselben romanischen und germanischen Geschichten. Leipzig [u. a.] 1824.
Raphael, Lutz: Ordnungsmuster und Deutungskämpfe. Wissenspraktiken im Europa des 20. Jahrhunderts. Göttingen 2018 (Kritische Studien zur Geschichtswissenschaft 227).
Rau, Milo u. Rolf Bossart: Wiederholung und Ekstase. Ästhetisch-politische Grundbegriffe des International Institute of Political Murder. Zürich 2017 (SubTexte 13).
Reichel, Peter: Vergangenheitsbewältigung in Deutschland. Die Auseinandersetzung mit der NS-Diktatur von 1945 bis heute. München 2001.
Reinelt, Janelle: The Promise of Documentary. In: Get Real. Documentary Theatre Past and Present. Hrsg. von Alison Forsyth u. Chris Megson. Basingstoke [u. a.] 2009. S. 6–23.
Renn, Jürgen (Hrsg.), Albert Einstein. Ingenieur des Universums. Hundert Autoren für Einstein. Weinheim 2005.
Requate, Jörg: Öffentlichkeit und Medien als Gegenstand historischer Analyse. In: Geschichte und Gesellschaft 25 (1999). S. 5–32.
Roger Pic: Brecht et le Berliner ensemble à Paris. Paris 1995.
Rokem, Freddie: „Performing History". Theater und Geschichte. Die Französische Revolution im Theater nach dem Zweiten Weltkrieg. In: Theater seit den 60er Jahren. Grenzgänge der Neo-Avantgarde. Hrsg. von Erika Fischer-Lichte [u. a.] Tübingen 1998. S. 316–374.
Rokem, Freddie: Geschichte aufführen. Darstellungen der Vergangenheit im Gegenwartstheater. Berlin 2012.
Rokem, Freddie: Materializations of the Supernatural. *Deus ex machina* and *plumpes Denken* in Brecht and Benjamin. In: Paragrana 23 (2014). S. 71–87.
Rokem, Freddie: Performing History. Theatrical Representations of the Past in Contemporary Theatre. Iowa 2000 (Studies in theatre history and culture).
Rokem, Freddie: Philosophers and Thespians. Thinking Performance. Stanford 2010 (Cultural memory in the present).
Rokem, Freddie: TheaterDenken. Begegnungen und Konstellationen zwischen Philosophen und Theatermachern. Berlin 2017.
Rokem, Freddie: Theatralische Immanenz. Der *deus ex machina* nach dem Tod des Gottes. In: Performance Philosophy 3 (2017). S. 548–562.
Rosador, Kurt Tetzeli von: Das englische Geschichtsdrama seit Shaw. Heidelberg 1976 (Anglistische Forschungen 112).
Roselt, Jens u. Ulf Otto (Hrsg.): Theater als Zeitmaschine. Zur performativen Praxis des Reenactments. Theater- und kulturwissenschaftliche Perspektiven. Bielefeld 2012 (Theater 45).
Rühs, Friedrich: Entwurf einer Propädeutik des historischen Studiums. Berlin 1811.
Rüsch, Ernst H. A.: Hamburg in der Franzosenzeit. Hamburg o. J.
Rüsen, Jörn: Geschichtskultur und Angewandte Geschichte. Professor Jörn Rüsen im Gespräch mit Juliane Tomann. In: Angewandte Geschichte. Neue Perspektiven auf Geschichte in der Öffentlichkeit. Hrsg. von Jacqueline Nießer u. Juliane Tomann. Paderborn [u. a.] 2014. S. 58–62.
Rüsen, Jörn: Historik. Theorie der Geschichtswissenschaft. Köln 2013.
Sabrow, Martin: Die Aura des Authentischen in historischer Perspektive. In: Historische Authentizität. Hrsg. von Martin Sabrow u. Achim Saupe. Göttingen 2016. S. 29–43.

Sachs, Christina: Tagungsbericht. Geschichte im Rampenlicht. Inszenierungen historischer Quellen im Theater. www.hsozkult.de/conferencereport/id/tagungsberichte-7521 (12.8.2020).
Saß, Anne-Christin: Berliner Luftmenschen. Osteuropäisch-jüdische Migranten in der Weimarer Republik. Göttingen 2012 (Charlottengrad und Scheunenviertel 2).
Saupe, Achim: Authentizität. Version 3.0. http://docupedia.de/zg/Saupe_authentizitaet_v3_de_2015 (1.11.2018).
Saupe, Achim: Der Historiker als Detektiv. Der Detektiv als Historiker. Historik, Kriminalistik und der Nationalsozialismus als Kriminalroman. Bielefeld 2009 (Histoire 7).
Saupe, Achim: Zur Kritik des Zeugen in der Konstitutionsphase der modernen Geschichtswissenschaft. In: Die Geburt des Zeitzeugen nach 1945. Göttingen 2012 (Geschichte der Gegenwart 4). S. 71–92.
Schick, Stefan: Vermittelte Unmittelbarkeit. Jacobis „Salto mortale" als Konzept zur Aufhebung des Gegensatzes von Glaube und Spekulation in der intellektuellen Anschauung der Vernunft. Würzburg 2006 (Epistemata, Reihe Philosophie 423).
Schilling, Gustav: Geschichte des Hauses Hohenzollern in genealogisch fortlaufenden Biographien aller seiner Regenten von den ältesten bis auf die neuesten Zeiten. Nach Urkunden und andern authentischen Quellen. Leipzig 1843.
Schneider, Julia: „Ein neuer Beweis ‚deutscher Barbarei'". Albert Einstein über die Ausweisung osteuropäischer Juden. In: Geflüchtet, unerwünscht, abgeschoben. Osteuropäische Juden in der Republik Baden 1918–1923. Hrsg. von Nils Steffen u. Cord Arendes. Heidelberg 2017. S. 147–154.
Schneider, Rebecca: Performing Remains. Art and War in Times of Theatrical Reenactment. London [u.a.] 2011.
Schneilin, Gérard: Episches Theater. In: Theaterlexikon. Bd. 1: Begriffe und Epochen, Bühnen und Ensembles. Hrsg. von Manfred Brauneck u. Gérard Schneilin. 5. Aufl. Reinbek 2007. S. 349f.
Schneilin, Gérard: Geschichtsdrama. In: Theaterlexikon. Bd. 1: Begriffe und Epochen, Bühnen und Ensembles. Hrsg. von Manfred Brauneck u. Gérard Schneilin. 5. Aufl. Reinbek 2007. S. 420–422.
Schöck-Quinteros, Eva u. Nils Steffen: „Aus den Akten auf die Bühne" – Studierende erforschen „Eine Stadt im Krieg". Ein geschichtswissenschaftliches Crossover-Projekt zwischen Forschung, Lehre und Theater. In: Forschendes Lernen als Profilmerkmal einer Universität. Beispiele aus der Universität Bremen. Hrsg. von Ludwig Huber, Margot Kröger u. Heidi Schelhowe. Bielefeld 2013 (Motivierendes Lehren und Lernen in Hochschulen. Praxisanregungen 16). S. 195–209.
Schöck-Quinteros, Eva u. Sigrid Dauks: „Am Anfang habe ich schon nach Luft geschnappt!" – Das Projekt Aus den Akten auf die Bühne an der Universität Bremen. In: Projektlehre im Geschichtsstudium. Verortungen, Praxisberichte und Perspektiven. Hrsg. von Ulrike Senger, Yvonne Robel, Thorsten Logge. Bielefeld 2015 (Doktorandenbildung neu gestalten 5). S. 130–143.
Scholz, Marita: Heimatfront. Mein Leben mit einem Kriegsheimkehrer. Freiburg im Breisgau 2012.
Schouten, Sabine: Atmosphäre. In: Metzler-Lexikon Theatertheorie. Hrsg. von Erika Fischer-Lichte, Doris Kolesch u. Matthias Warstat. 2. Aufl. Stuttgart [u.a.] 2014. S. 13–15.

Schouten, Sabine: Sinnliches Spüren. Wahrnehmung und Erzeugung von Atmosphären im Theater. Berlin 2007 (Theater der Zeit 46).

Schulin, Ernst: Arbeit an der Geschichte. Etappen der Historisierung auf dem Weg in die Moderne. Frankfurt am Main 1997 (Edition Pandora 35).

Schulin, Ernst: Geschichtswissenschaft in unserem Jahrhundert. Probleme und Umrisse einer Geschichte der Historie. München 1988 (Schriften des Historischen Kollegs 16).

Schulz, Hans, Gerhard Strauss u. Otto Basler (Hrsg.): Deutsches Fremdwörterbuch. Bd. 2. S. 535–542.

Schulze, Winfried: Ego-Dokumente. Annäherung an den Menschen in der Geschichte? Vorüberlegungen für die Tagung „Ego-Dokumente". In: Ego-Dokumente. Annäherung an den Menschen in der Geschichte. Hrsg. von Winfried Schulze. Berlin 1996. S. 11–30.

Schulze, Winfried: Einführung in die Neuere Geschichte. 5. Aufl. Stuttgart 2010.

Sedlatzek-Müller, Robert: Soldatenglück. Mein Leben nach dem Überleben. Hamburg 2012.

Sharpless, Rebecca: History of Oral History. In: History of Oral history. Foundations and Methodology. Hrsg. von Thomas L. Charlton, Lois E. Myers u. Rebecca Sharpless. Lanham [u. a.] 2007. S. 21–42.

Sielemann, Jürgen [u. a.] (Hrsg.): Überseeische Auswanderung und Familienforschung. Hamburg 2002 (Veröffentlichungen aus dem Staatsarchiv der Freien und Hansestadt Hamburg 18).

Simon, Fritz B.: Die Unterscheidung Wirklichkeit/Kunst. Einige konstruktivistische Aspekte des „dokumentarischen Theaters". In: Dokument, Fälschung, Wirklichkeit. Materialband zum zeitgenössischen Dokumentarischen Theater. Hrsg. von Boris P. Nikitin, Carena Schlewitt u. Tobias Brenk. Berlin 2014 (Theater der Zeit 110). S. 39–48.

Skriebeleit, Jörg: Das Verschwinden der Zeitzeugen. Metapher eines Übergangs. In: Zeitzeugenberichte zur Kultur und Geschichte der Deutschen im östlichen Europa im 20. Jahrhundert. Neue Forschungen. Hrsg. von Heinke M. Kalinke. Oldenburg 2011/2012. https://www.bkge.de/Downloads/Zeitzeugenberichte/Skriebeleit_Verschwinden_der_Zeitzeugen.pdf?m=1427270921& (1.8.2020).

Steffen, Nils u. Cord Arendes (Hrsg.): Geflüchtet, unerwünscht, abgeschoben. Osteuropäische Juden in der Republik Baden (1918–1923). Heidelberg 2017.

Steffen, Nils u. Benjamin Roers (Hrsg.): Uni für Alle? Zur Gründungsgeschichte der Universität Hamburg. Hamburg 2019.

Steffen, Nils: Vorwort. In: Geflüchtet, unerwünscht, abgeschoben. Osteuropäische Juden in der Republik Baden (1918–1923). Hrsg. von Nils Steffen u. Cord Arendes. Heidelberg 2017. S. 5–12.

Steinweg, Reiner: Das Lehrstück. Brechts Theorie einer politisch-ästhetischen Erziehung. 2. Aufl. Stuttgart 1976.

Stierle, Karlheinz: Die Fiktion als Vorstellung, als Werk und als Schema. In: Funktionen des Fiktiven. Hrsg. von Dieter Henrich u. Wolfgang Iser. München 1983 (Poetik und Hermeneutik 10). S. 173–182.

Stölting, Sigfried (Hrsg.): Auswanderer auf alter Zeitungsgrafik. Worpswede 1987.

Storm, Morten [u. a.]: Agent Storm. Mein Doppelleben bei Al-Qaida und der CIA. München 2015.

Stroh, Wolfgang Martin: „Tsen brider sajnen mir gewesn". Der besondere Humor jiddischer Musik und dessen Erscheinungsformen in Deutschland. https://www.musik-for.uni-oldenburg.de/tsenbrider/ (22.12.2018).

The Poetics of Aristotle. https://www.amherst.edu/system/files/media/1812/The%252520Poetics%252520of%252520Aristotle%25252C%252520by%252520Aristotle.pdf (19.10.2019).
Ther, Philipp: Die Außenseiter. Flucht, Flüchtlinge und Integration im modernen Europa. Berlin 2017.
Tholl, Egbert : Kanonenfutter. In: Süddeutsche Zeitung vom 11./12.8.2018. S. 15.
Thompson, Paul: The Voice of the Past. Oral History. Oxford 1978.
Tschechow, Michael: Werkgeheimnisse der Schauspielkunst. Zürich 1979.
Ulrich, Bernd u. Benjamin Ziermann (Hrsg.): Frontalltag im Ersten Weltkrieg. Wahn und Wirklichkeit. Frankfurt am Main 1994.
Völkel, Markus: Geschichtsschreibung. Eine Einführung in globaler Perspektive. Köln 2006.
Wachsmuth, Wilhelm: Entwurf einer Theorie der Geschichte. Halle 1820.
Waitz, Georg: Die historischen Übungen zu Göttingen. Glückwunschschreiben an Leopold von Ranke zum Tage der Feier seines Fünfzigjährigen Doctorjubiläums 20. Februar 1867. Göttingen o. J.
Walser, Martin: Tagtraum vom Theater. In: Theater heute 11 (1976). S. 22.
Walser, Martin: Theater als Seelenbadeanstalt. In: Die Zeit vom 29.9.1967.
Wannemacher, Klaus: Der Amnesie des Publikums begegnen. Nachkriegstheater als Inkubator des „Aufarbeitungs"-Diskurses. In: Erfolgsgeschichte Bundesrepublik? Die Nachkriegsgesellschaft im langen Schatten des Nationalsozialismus. Hrsg. von Stephan A. Glienke, Volker Paulmann u. Joachim Perels. Göttingen 2008. S. 263–291.
Wege, Carl: Dokumentarisches Theater. In: Theaterlexikon. Bd. 1: Begriffe und Epochen, Bühnen und Ensembles. Hrsg. von Manfred Brauneck u. Gérard Schneilin. 5. Aufl. Reinbek 2007. S. 309f.
Wege, Carl: Piscatorbühne. In: Theaterlexikon. Bd. 1: Begriffe und Epochen, Bühnen und Ensembles. Hrsg. von Manfred Brauneck u. Gérard Schneilin. 5. Aufl. Reinbek 2007. S. 788f.
Weiler, Christel u. Jens Roselt: Aufführungsanalyse. Eine Einführung. Tübingen 2017.
Weiss, Peter: Notizen zum dokumentarischen Theater [1968]. In: Deutsche Dramaturgie der Sechziger Jahre. Ausgewählte Texte. Bd. 4. Hrsg. von Helmut Kreuzer, Benno Wiese u. Peter Seibert. Tübingen 1974. S. 57–65.
Weiss, Peter: Notizen zum dokumentarischen Theater. In: Manifeste europäischen Theaters. Grotowski bis Schleef. Hrsg. von Joachim Fiebach. Berlin 2002 (Theater der Zeit, Recherchen 13). S. 67–73.
Welzer, Harald: Das Interview als Artefakt. Zur Kritik der Zeitzeugenforschung. In: BIOS 13 (2000). S. 51–63.
Werner, Ute S. (Hrsg.): „Ich krieg mich nicht mehr unter Kontrolle". Kriegsheimkehrer der Bundeswehr. Köln 2010.
White, Hayden: Auch Klio dichtet oder Die Fiktion des Faktischen. Studien zur Tropologie des historischen Diskurses. Stuttgart 1986 (Sprache und Geschichte 10).
White, Hayden: Metahistory. Die historische Einbildungskraft im 19. Jahrhundert in Europa. Frankfurt am Main 1991.
Wierling, Dorothee: Zeitgeschichte ohne Zeitzeugen. Vom kommunikativen zum kulturellen Gedächtnis – drei Geschichten und zwölf Thesen. In: BIOS 21 (2008). S. 28–36.
Winkler, Heinrich August: Weimar 1918–1933. Die Geschichte der ersten deutschen Demokratie. München 1993.

Wirth, Uwe: Performanz. Zwischen Sprachphilosophie und Kulturwissenschaften. Frankfurt am Main 2002.
Wizisla, Erdmut: Benjamin und Brecht. Die Geschichte einer Freundschaft. Frankfurt am Main 2004.
Wohlgethan, Achim: Endstation Kabul. Als deutscher Soldat in Afghanistan – ein Insiderbericht. Berlin 2008.
Yeats, William Butler: Samhain. 1904 – First Principles. In: The Collected Works of W.B. Yeats. Bd. 8: The Irish Dramatic Movement. Hrsg. von Mary FitzGerald u. Richard J. Finneran. Basingstoke [u. a.] 2003. S. 52–67.
Zimmermann, Felix: Digitale Spiele als historische Erlebnisräume. Ein Zugang zu Vergangenheitsatmosphären im Explorative Game. Glückstadt 2019 (Game studies).
Zündorf, Irmgard: Zeitgeschichte und Public History. Version 2.0. http://docupedia.de/zg/Zuendorf_public_history_v2_de_2016?oldid=126407 (18.7.2020).

Unveröffentlichte Quellen

Bundesarchiv, Berlin (BArch), R 1501/114048, Erlass des preußischen Innenministers vom 1.11.1919.
Bundesarchiv, Berlin (BArch), R 1501/114048, Telegramm an Reichspräsident Friedrich Ebert vom 30.10.1919.
Bundesarchiv, Berlin (BArch), R 1501/114048, Schreiben des Reichsfinanzministers Matthias Erzberger vom 11.12.1919.
Bundesarchiv, Berlin (BArch), R 1501/114061, Schreiben des preußischen Innenministers vom 6.5.1919.
Bundesarchiv, Berlin (BArch), R 1501/114050, Erlass des preußischen Innenministers vom 17.11.1920.

www.ingramcontent.com/pod-product-compliance
Lightning Source LLC
Chambersburg PA
CBHW020328170426
43200CB00006B/311